THE
잘 풀리는
JPT 독해

나카자와 유키 지음

동양문고

THE 잘 풀리는 JPT 독해 문제집

초판 인쇄 | 2009년 3월 24일
초판 발행 | 2009년 3월 27일

저자 | 나카자와 유키(中澤有紀)
발행인 | 김태웅
편집장 | 김연한
책임 편집 | 김주희
디자인 | 안성민, 차경숙
영업 | 남상조, 한찬수, 육장석, 한승엽, 박종원, 박광균
제작 | 이시우

발행처 | 동양문고 · 상상공방
등록 | 제 10-806호(1993년 4월 3일)
주소 | 서울시 마포구 서교동 463-16호 (121-841)
전화 | (02)337-1737
팩스 | (02)334-6624
웹사이트 | http://www.dongyangbooks.com
　　　　　http://www.dongyangTV.com

Copyright ⓒ 2009 dongyangbooks
ISBN 978-89-8300-641-7 13730

▶ 본 책은 저작권법에 의해 보호를 받는 저작물이므로 무단 전재와 복제를 금합니다.
▶ 동양문고는 동양북스의 아시아권 어학 전문 브랜드입니다.

첫머리에

현재 JPT 시험은 한국 내에서 일본어를 배우는 사람들에게 필수 불가결한 시험이 되었습니다. 자신의 일본어 능력을 확인하는 척도는 물론, 대학입시의 선발기준 및 장학금 수여 기준으로 많은 대학에서 널리 이용되고 있으며, 국내의 여러 기업 및 단체에서 지원 조건으로 JPT 점수가 거론되고 있습니다. 또, 입사 후에도 사내에서의 승진이나 해외출장의 기준으로 JPT를 이용하는 기업도 매우 많아졌습니다. 요구 점수는 경우에 따라 각각 다르지만 중요한 것은 무엇을 위해 JPT 시험을 보는가? 그리고 몇 점이 필요한 것인가? 라는 명확한 목표를 가지고 노력하는 것입니다. 일본어 실력을 익히기 위한 지름길은 없습니다. 착실하게 어휘실력을 늘리고, 꾸준히 노력하는 수 밖에 없습니다.

본서는 단순히 연습문제와 해답만으로 이루어지는 간단한 구성이 아니라 다양한 예문을 들어 자세하고 알기 쉽게 설명해 놓은 것이 특징이라고 할 수 있습니다. 또한, 세심한 해설을 통해 독자들이 왜 틀렸는지를 명확하게 이해할 수 있도록 구성되어 있기 때문에 본서로 JPT 시험의 점수를 올릴 수 있습니다.

JPT 시험에서 고득점을 얻으려면 일본어 실력도 중요하지만 테크닉도 필요합니다. 본서에서는 출제경향이나 문제를 풀 때의 요령 등과 같은 정보도 실었습니다. 진정한 일본어 능력에 고득점을 얻는 테크닉을 익힌다면 호랑이가 날개를 다는 격이 됩니다. 본서가 여러분의 꿈과 목표에 필요한 점수를 얻기 위한 강력한 힘이 될 것입니다.

中澤有紀

차례 contents

PART5 정답찾기

파트별 설명	8
초급	12
중급	15
상급	18
모의TEST1	21
모의TEST2	24
집중공략	28

PART6 오문정정

파트별 설명	42
초급	44
중급	47
상급	50
모의TEST1	53
모의TEST2	56
집중공략	60

PART7 공란메우기

파트별 설명	66
초급	68
중급	74
상급	80
모의TEST1	86
모의TEST2	92
집중공략	98

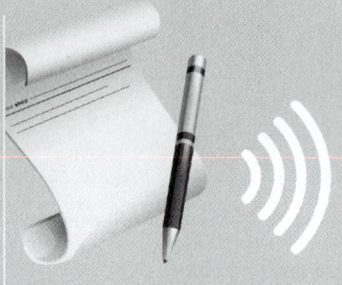

PART8 독해

파트별 설명	104
초급	106
중급	118
상급	130
모의TEST1	142
모의TEST2	156
집중공략	170

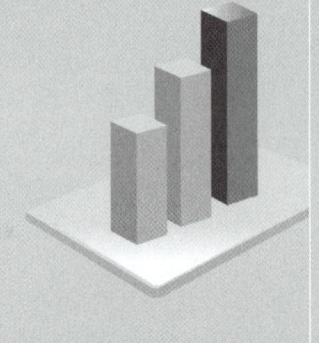

JPT의 구성

구분	파트	문항수		시간	배점
청해	PART 1 사진묘사	20문	100문	45분	495점
	PART 2 질의응답	30문			
	PART 3 회화문	30문			
	PART 4 설명문	20문			
독해	PART 5 정답찾기	20문	100문	50분	495점
	PART 6 오문정정	20문			
	PART 7 공란메우기	30문			
	PART 8 독해	30문			
계		200문		95분	990점

각 PART별 설명

독해(100문항)

정답찾기(20문항)
일본어에서 기본이 되는 한자 및 표기 능력을 통해 한자의 음과 훈에 관한 올바른 이해와 전반적인 문법, 어휘를 통한 일본어 문장 작성의 기초적인 능력과 일본어 전반에 걸친 지식이 골고루 학습되어 있는가를 평가할 수 있다.

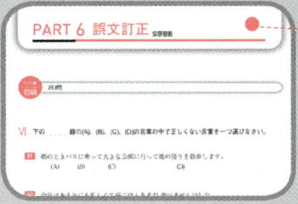

오문정정(20문항)
잘못된 부분이 왜 잘못되어 있는가를 모르고서는 정확히 지적할 수 없으므로 단순한 독해력 테스트가 아닌 표현 능력, 즉 간접적인 작문 능력을 평가할 수 있다.

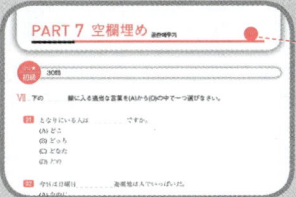

공란메우기(30문항)
불완전한 문장을 전후 관계를 정확히 파악해 완전한 문장으로 완성시킬 수 있는가와 표현력과 문법 그리고 간접적인 작문 능력을 평가할 수 있다.

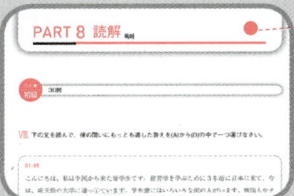

독해(30문항)
표면적인 이해력보다는 일상 생활 속에서 문자를 매체로 얼마나 빨리 그리고 정확하게 파악할 수 있는가를 평가할 수 있다. 또한 독해력의 종합적인 면으로 그 내용에서 결론을 추론해 낼 수 있는가와 그 글의 지향하는 바가 무엇인가를 파악함는 사고력, 판단력, 분석력을 종합적으로 평가할 수 있다.

점수대별 능력 평가표

Level	JPT Score	평가 (GUIDELINE)	
A	880 이상	어떠한 상황에서도 정확한 의사소통이 가능할 만큼 우수한 일본어 능력을 갖추고 있다.	
		청해	**독해**
		• 표현의 미묘한 차이를 간파할 수 있으며 정확한 의사 전달과 이해가 가능하다. • 회의, 협상, 전화 응대 등 상대방이 말하는 내용을 정확히 이해할 수 있다. • 대인 관계에 맞게 유창하고 적절한 언어 표현 사용이 가능하다. • 어휘와 대화 내용에 정확성이 있다.	• 일본어에 대한 정확한 지식과 운용 능력이 있다. • 어떠한 비즈니스 문서라도 정확한 이해가 가능하다. • 문법, 어휘에 관한 지식이 풍부하다. • 문법상 오류는 거의 없다.
B	740 이상	일본어와 접할 수 있는 여러 상황에서 완벽하지는 않지만 적절히 대응할 수 있는 커뮤니케이션 능력을 갖고 있다.	
		청해	**독해**
		• 최근의 시사 문제에 대해 토론하는 것을 듣고 이해할 수 있다. • 관심 있는 주제에 관해 미리 준비된 원고를 여러 사람 앞에서 발표 할 수 있다. • 회의, 협상, 전화 응대 등 상대방이 말하는 내용을 거의 이해하고 답할 수 있다.	• 어휘와 문법에 대한 지식은 풍부하지만 약간의 오류는 있다. • 최근에 참석했던 회의의 주요 내용을 요약하여 적을 수 있다. • 상반되는 의견이나 견해 차이를 파악하고 이해할 수 있다.
C	610 이상	제한적 범위에서 이루어지는 일상 회화 정도의 의사소통이라면 무리 없이 진행할 수 있다.	
		청해	**독해**
		• 일상 회화를 대강 이해할 수 있다. • 회의 진행이나 협상 등 복잡한 문제에 대해 곤란을 겪을 수 있다. • 상황에 어울리지 않는 부적절한 표현을 사용하는 경우가 있을 수 있다.	• 지시문이나 문서를 이해할 때 정확한 해석에 곤란을 겪을 수 있다. • 부분적으로 일본어다운 표현과 어휘 선택에 미숙함이 있을 수 있다. • 문법 지식이 다소 부족하다.
D	460 이상	단순한 내용을 소재로 하는 대화를 진행할 수 있으나 듣고 말하는 데 정확성 등에 오류가 발생한다.	
		청해	**독해**
		• 일상 회화에 있어 간단한 내용만 이해 가능하다. • 취미, 가족, 날씨 등 일반적인 화제에 대해서 쉬운 일본어로 표현이 가능하다. • 자신과 관련된 분야에 대해 간략한 소개 정도는 가능하다.	• 쉽고 간단하게 작성된 지시문이나 문서 등을 읽고 이해할 수 있다. • 자신에게 필요한 자료를 찾거나 문서를 작성하기에는 무리가 있다. • 어휘, 문법, 한자 등의 학습을 좀더 필요로 한다.
E	220 이상	기본적인 인사말과 자기 소개가 가능하며 의사소통 능력은 초보 수준이다.	
		청해	**독해**
		• 취미, 가족 등 상대방이 배려하여 천천히 말하면 이해할 수 있다. • 만날 때나 헤어질 때 사용하는 기본적인 인사말을 할 수 있다. • 자신의 일상 생활을 간단히 이야기 할 수 있다.	• 기본적인 단어와 구문에 대해서만 인지하고 있다. • 단편적인 일본어 지식 밖에 없다. • 간단한 메모 등의 이해만 가능하다.
F	220 미만	의사소통 및 독해가 불가능한 수준이다.	

PART 5
정답찾기

正答探し

초급 20문항

중급 20문항

상급 20문항

모의TEST 1 20문항

모의TEST 2 20문항

PART 5 파트별 설명

> **PART 5**

PART5는 4지 선다형 안에서 옳은 해답을 찾는 문제입니다. 한자 읽는 방법이 문제로 출제되므로, 평소 한자를 읽고 쓰는 연습을 해 두는 것이 중요합니다. 이 책에서는 해설부분에 독음을 달아 놓았습니다. 소리를 내서 읽고, 모르는 것을 확인해 두면 반드시 실전에 도움이 될 것입니다.

Ⅴ. 下の_____線の言葉の正しい表現、または同じ意味のはたらきをしている言葉を(A)から(D)の中で一つ選びなさい。

아래의 _____선의 말이 바르게 표현된 것 또는 같은 의미로 작용하고 있는 말을 (A)에서 (D) 가운데 하나를 고르시오.

この課題(かだい)を終(お)えるまでは寝(ね)るわけにはいかない。
(A) 寝ざるを得ない
(B) 寝る理由(りゆう)がない
(C) 寝ることはできない
(D) 寝ないことになった

이 과제를 끝낼 때까지는 잘 수는 없다.
(A) 자지 않을 수는 없다.
(B) 잘 이유가 없다.
(C) 자는 것은 불가능하다.
(D) 자지 않는 것으로 되었다.

PART 5
문제 Pattern

Pattern A 한자 읽기 – 밑줄 친 부분의 한자 읽는 방법을 4지 선다형에서 선택할 것

この<u>道路</u>はいつもとても混んでいる。 이 도로는 언제나 매우 붐빈다.

(A) どろ　　(B) どおろ　　(C) どうろ　　(D) とおり

〈음+음〉〈훈+훈〉
숙어(熟語)의 읽기는, 重箱読み、湯桶読み라고 불리는 〈音 + 訓〉〈訓 + 音〉 등의 짜임도 있습니다만, 이것들은 일부 예외로, 기본은 音読み(음읽기) + 音読み(음읽기) 혹은 訓読み(훈읽기) + 訓読み(훈읽기)입니다. 한국어의 발음에 가까운 것이 음읽기(音読み)라고 생각하면 됩니다.

한자 읽기에서 출제된 것은 크게 ① 漢語(한자어) ② 和語(일본어) 가 있습니다

① 漢語(한자어)
　　今回は温泉宿に<u>宿泊</u>する予定だ。 이번은 온천숙소에 숙박할 예정이다.
　　(A) しくはく　(B) すくぱく　(C) しゅくはく　(D) やどはく

- 長音(장음-늘린 음) 促音(촉음-っ) 撥音(발음-ん)이 있는 것이 자주 출제됩니다.
- 한국어의 발음에 현혹되지 않도록 바르게 암기해 주세요.
- 音読み(음읽기)와 訓読み(훈읽기)가 섞여있는 것은 예외를 제외하고 정답이 아닙니다.
- 読み方(한자읽기)가 생각나지 않을 때는 같은 한자를 사용한 다른 숙어(熟語) 등을 생각해 주세요.

② 和語(일본어)
　　目上の人を<u>敬う</u>ことが大切だ。 윗사람을 존경하는 것이 중요하다.
　　(A) けいう　　(B) うしなう　(C) したがう　(D) うやまう

- 音読み(음읽기) + 送りがな(오쿠리가나)는 없습니다.
- 오쿠리가나가 같은 한자 중에서 바른 선택지를 고르는 문제는 자주 출제됩니다.
  문맥을 생각해서 선택해 주세요.
- 문법을 바르게 알고 있으면 배제할 수 있는 선택지도 있습니다. 예를들면 예문의
  (C) したがう는 조사 に에 접속하므로, 정답이 아니라는 것을 알 수 있습니다.

PART 5 파트별 설명

Pattern B 한자 쓰기 – 4지 선다형 안에서 올바른 한자를 선택하는 것

その本は小学生を<u>たいしょう</u>に書かれている。
그 책은 초등학생을 대상으로 쓰였다.

(A) 対象   (B) 対照   (C) 対称   (D) 大賞

木のえだに小鳥がとまっている。
나뭇가지에 작은 새가 앉아 있다.

(A) 技   (B) 幹   (C) 板   (D) 枝

毎日外では<u>たらく</u>のは大変だ。
매일 밖에서 일하는 것은 힘들다.

(A) 動く   (B) 働く   (C) 勤く   (D) 労く

- 동음이의어를 제대로 파악하고 있는 것이 중요합니다. 의미와 한자를 일치시켜서 외우세요.
- 형태가 닮아 있는 한자도 주의해야 합니다. 변과 방의 의미를 생각하면서, 바르게 구별하세요.
- 의미가 비슷한 한자에 주의하세요.

Pattern C 어휘나 문장의 의미가 같은 것을 선택하는 문제

문장전체의 의미를 묻는 것, 문중의 말의 의미를 묻는 것, 습관 표현의 의미를 묻는 것 등이 출제됩니다.

私は小学校の先生になるつもりです。

(A) 私は小学校の先生です。

(B) 私は小学校の先生になれませんでした。

(C) 私は小学校の先生になろうと思っています。

(D) 私は小学校の先生にならなければなりません。

나는 초등학교 선생님이 될 생각입니다.
(A) 나는 초등학교 선생님입니다.
(B) 나는 초등학교 선생님이 될 수 없었습니다.
(C) 나는 초등학교 선생님이 되려고 생각합니다.
(D) 나는 초등학교 선생님이 되지 않으면 안됩니다.

Pattern D 문법의 용법이 같은 것을 선택하는 문제

会議に間に合う<u>か</u>どうか分かりません。
(A) 電車<u>か</u>バスで行きます。
(B) その日が何日だった<u>か</u>覚えています。
(C) 失礼ですが、どちら様です<u>か</u>。
(D) だから、言ったじゃないです<u>か</u>。

회의에 맞출 수 있을지 어떨지 모르겠습니다.
(A) 전철이나 버스로 갑니다.
(B) 그 날이 무슨 날이었는지 기억하고 있습니다.
(C) 실례지만, 누구십니까?
(D) 그러니까 말했잖아요?

PART5의 포인트는

지식을 묻는 PART이기 때문에 여기서는 시간 조절을 잘해야 합니다. 출제되는 문법항목은 한정되어 있습니다. 패턴을 익혀서 재빨리 풀 수 있도록 연습하는 것이 필요합니다.

PART 5 正答探し 정답찾기

初級 ☆☆★ 20問

V. 下の＿＿＿線の言葉の正しい表現、または同じ意味のはたらきをしている言葉を(A)から(D)の中で一つ選びなさい。

01 母は台所で料理をしています。
 (A) だいどころ
 (B) たいしょ
 (C) だいところ
 (D) だいしょ

02 週末はたいてい登山をします。
 (A) やまのぼり
 (B) とうざん
 (C) のぼりやま
 (D) とざん

03 この近くに薬屋はありますか。
 (A) やっきょく
 (B) やくや
 (C) くすや
 (D) くすりや

04 ここ数年でずいぶん物価が上がりましたね。
 (A) ぶつか
 (B) かぶか
 (C) ものね
 (D) ぶっか

05 この分野についてはまだ研究不足だ。
 (A) げんくふそく
 (B) けんきゅうふそく
 (C) けんぐぶそく
 (D) けんきゅうぶそく

06 電話料金は月に１万円ぐらいです。
 (A) げつ
 (B) つき
 (C) がつ
 (D) ひ

07 その歌手は世界中でコンサートを行い大成功を収めている。
(A) せけちゅう
(B) せかいなか
(C) せかいじゅう
(D) せかいちゅう

08 ずいぶんくもが出てきましたね。雨が降りそうですよ。
(A) 雪
(B) 雲
(C) 雷
(D) 霧

09 このぐらいの問題、私にはやさしいよ。
(A) 優しい
(B) 易しい
(C) 簡しい
(D) 久しい

10 病気が完全になおったら一緒に旅行に行きましょう。
(A) 良ったら
(B) 直ったら
(C) 治ったら
(D) 改ったら

11 よかったら、お茶をいっぱいいかがですか。
(A) いくらですか。
(B) 飲みませんか。
(C) ください。
(D) おいしいですか。

12 私は弁護士になりたいです。
(A) 弁護士として働いています。
(B) 弁護士になるのが夢です。
(C) 弁護士が必要です。
(D) 弁護士になるのをあきらめました。

13 もうすぐ雨はやむそうです。
(A) もうすぐ雨がやむと聞きました。
(B) 雨がだんだん強くなりました。
(C) これから雨が降ります。
(D) まだ少し雨が降っています。

14 お客様はいつお見えになりますか。
(A) 映画を見ますか。
(B) 本を読みますか。
(C) 帰りますか。
(D) 来ますか。

15 今回のテストは前回ほどよくなかった。
(A) 前回の方がよかった。
(B) 前回と同じぐらいだ。
(C) 前回の方がよくなかった。
(D) 前回も今回もよくなかった。

16 とても腹が立ったが、がまんした。
(A) お腹がすいたが
(B) お腹が痛かったが
(C) 頭にきたが
(D) 頭が切れたが

17 明日からゴールデンウィークだ。
(A) お腹がすいたからたくさん食べた。
(B) 午後の授業は2時から6時までです。
(C) 天気は雪から雨に変わった。
(D) これは母からもらったものです。

18 昨日彼と電話で話をしました。
(A) 8時に駅前で会いましょう。
(B) ナイフでくだものを切ります
(C) それぐらいなら3日でできますよ。
(D) 大雪で飛行機が遅れている。

19 家の掃除をしておくように言われたが、まだしていない。
(A) 傷口にばい菌が入らないように消毒する。
(B) 来週から試験だからしっかり勉強するように。
(C) 明日の試合に勝てるように祈った。
(D) 田中さんのように美しかったらよかったのに。

20 マイホームを買うために一生懸命働いている。
(A) 彼が遅刻したために始まりが30分も遅れた。
(B) 地震のために地下鉄が止まった。
(C) なんでも親がしてあげると子供のためにならない。
(D) 夏に水着を着るためにダイエットしている。

中級 20問

Ⅴ. 下の_____線の言葉の正しい表現、または同じ意味のはたらきをしている言葉を(A)から(D)の中で一つ選びなさい。

01 新年になったので、新たな気持ちでがんばりたい。
(A) あたらたな
(B) しんたな
(C) あらたな
(D) あたらしたな

02 彼は私の依頼を快く引き受けてくれた。
(A) きもちよく
(B) ここちよく
(C) こころよく
(D) いさぎよく

03 度々すみません、先ほどお電話した佐藤です。
(A) とうとう
(B) たびたび
(C) ときどき
(D) どど

04 大切な友達と離れるのはとてもさみしい。
(A) わかれる
(B) はなれる
(C) わすれる
(D) はれる

05 この薬は大変苦い。
(A) くるしい
(B) くるい
(C) にがい
(D) つらい

06 この商品はインターネットのみの販売となります。
(A) ばいばい
(B) やすうり
(C) はんばい
(D) おろしうり

07 病院の医師不足が深刻だ。
(A) しんがく
(B) しんごく
(C) しんかく
(D) しんこく

08 財布を忘れたのでお金をかしてもらえませんか。
(A) 貸して
(B) 借して
(C) 課して
(D) 代して

09 彼女は声にとくちょうがあるのですぐ分かる。
(A) 得微
(B) 特長
(C) 得徴
(D) 特徴

10 私たちはサービスの向上につとめています。
(A) 努めて
(B) 勤めて
(C) 務めて
(D) 仕めて

11 彼女が行くなら私は行かない。
(A) 行くから
(B) 行ったから
(C) 行く場合は
(D) 行くことになったので

12 法律上は罰せられないが道徳的に問題がある。
(A) 法律を守れば
(B) 法律的に見ると
(C) 法律があるので
(D) 法律だけでは

13 彼は見るからに強そうな人だ。
(A) 外見からして
(B) 見た目だけは
(C) 会えば会うほど
(D) 見るたびに

14 先生が出て行ったとたん、教室がうるさくなった。
(A) 出て行ったので
(B) 出て行くやいなや
(C) 出て行ったついでに
(D) 出て行くとなると

15 穴があったら入りたい気分だ。
(A) 懐かしい
(B) 悔しい
(C) 悲しい
(D) 恥ずかしい

16 彼は何でも親の言いなりだ。
(A) 親に口答えばかりしている。
(B) 親の言うとおりにする。
(C) 親の自慢の息子だ。
(D) いつも親に心配をかけている。

17 彼女のほうから好意をよせてきたが僕にその気はない。
(A) 毎日ゲームをしていたらだんだん飽きてきた。
(B) 今日は外でごはんを食べてきたから作らなくていいよ。
(C) 謝ろうとおもっていたら彼のほうから先に謝ってきた。
(D) この１年就職のためにがんばってきたが、だめだった。

18 今回のライブを限りにこのバンドは解散します。
(A) 遠くに友達の姿を見つけて声を限りに友達の名前を叫んだ。
(B) 正々堂々力の限りに戦います。
(C) 今回を限りに花火大会は中止されることになった。
(D) 見渡す限りにきれいな花畑が広がっている。

19 がんばり次第では昇給も夢ではない。
(A) 確認が取れ次第ご連絡します。
(B) 空は次第に曇っていった。
(C) 実現するかどうかはあなた次第だ。
(D) 事の次第を細かく話す。

20 その話題に触れたとたん、彼女の顔が暗くなった。
(A) 大変な仕事を平気な顔でこなしている。
(B) 私は毎日朝晩２回顔を洗っている。
(C) 安藤キャスターはこの番組の顔だ。
(D) 田中部長は本当に顔が広い。

上級 20問

Ⅴ. 下の＿＿＿線の言葉の正しい表現、または同じ意味のはたらきをしている言葉を(A)から(D)の中で一つ選びなさい。

01 彼は弁護士を志しているそうだ。
(A) こころざして
(B) めざして
(C) さして
(D) しして

02 熱湯でやけどしないように気をつけてくださいね。
(A) ねっとう
(B) あつゆ
(C) ねつゆ
(D) ねつとう

03 雪が降って体が凍えるような寒さだ。
(A) ひえる
(B) こごえる
(C) ふるえる
(D) とうえる

04 国際交流に携わる仕事がしたいと思っています。
(A) かかわる
(B) まじわる
(C) ことわる
(D) たずさわる

05 その取引で莫大な利益を得た。
(A) ばくだい
(B) ぼうだい
(C) じんだい
(D) そうだい

06 類似品にご注意ください。
(A) りゅうじひん
(B) るいじひん
(C) るいにひん
(D) るいにしな

07 彼の人生が挫折の連続だっただろうことは想像に難くない。
(A) むずかしく
(B) にくく
(C) つらく
(D) かたく

08 もっと勉強して社会にこうけんできる人間になりたいと思う。
(A) 高見
(B) 宣言
(C) 貢献
(D) 尽力

09 成分のぶんせきを専門の研究所に依頼した。
(A) 分折
(B) 分析
(C) 文祈
(D) 文責

10 せっかくすすめてくださったのだし、少しいただきましょうか。
(A) 薦めて
(B) 勧めて
(C) 進めて
(D) 推めて

11 大企業の社長ともなれば、さぞ裕福に暮らしているのだろう。
(A) ほどの人なら
(B) になったので
(C) になったら
(D) と親しいので

12 このまま放置すると、手遅れになりかねない。
(A) なってしまった。
(B) なる可能性がある。
(C) なるに違いない。
(D) なることはない。

13 彼は本当に非の打ち所のない人間だ。
(A) 完璧な
(B) 記憶力がいい
(C) 冷たい
(D) 傲慢な

14 もうすこしオブラートに包んで話したほうがいい。
(A) わかりやすくはっきり話したほうがいい。
(B) ゆっくり親切に話すべきだ。
(C) 直接的な表現を避けたほうがいい。
(D) 楽しそうに話すことが大切だ。

15 自分で事業を始めるといったって先立つものがなければできないだろう。
(A) 能力
(B) 人材
(C) お金
(D) 運

16 大人から見ると取るに足らないことでも子供にとっては深刻なこともある。
(A) 物足りない
(B) 面白い
(C) 些細な
(D) 簡単な

17 旗を上げたりおろしたりして応援する。
(A) 銀行に行って少しお金をおろした。
(B) 大根をおろして焼き魚にのせる。
(C) 棚の上にある荷物をおろしてください。
(D) 今日おろしたばかりの新しい服を着る。

18 課長に怒られたのが相当こたえたようだ。
(A) 難しい質問だが何とかこたえた。
(B) この暑さは病み上がりの体にはこたえる。
(C) 親の期待にこたえて外交官になった。
(D) クイズにこたえてハワイ旅行を当てよう。

19 彼は口がうまいのでついだまされそうになる。
(A) 口の広いビンにいれて保管する。
(B) 洋子さんの口の形は父親譲りだ。
(C) いい就職の口を探しているが見つからない。
(D) 彼は口は悪いが心根の優しい子だ。

20 部下の仕事ぶりを買ってチーム長に推薦した。
(A) 帰りにスーパーで卵を買って帰る。
(B) 教授は私のことを高く買ってくれている。
(C) 私は売られたけんかは買う主義だ。
(D) 大人げのない発言をしてひんしゅくを買う。

模擬 TEST 1　20問

Ⅴ．下の_____線の言葉の正しい表現、または同じ意味のはたらきをしている言葉を(A)から(D)の中で一つ選びなさい。

01 熱があるので病院に行くつもりです。
(A) びょんいん
(B) びょいん
(C) びよういん
(D) びょういん

02 ここから見える景色は本当にすばらしい。
(A) けしき
(B) けいしき
(C) けしょく
(D) きょうしょく

03 航空会社で飛行機のチケットを予約した。
(A) こうぐう
(B) くうこう
(C) こうこう
(D) こうくう

04 中国を訪問するのは今年で何回目ですか。
(A) なんばんめ
(B) なんぽんめ
(C) ないかいめ
(D) なんどめ

05 その詐欺師は親切を装って彼女に近づいた。
(A) よそお
(B) さそ
(C) いつわ
(D) とまど

06 たばこは健康を損なう恐れがあります。
(A) うしなう
(B) おぎなう
(C) つぐなう
(D) そこなう

07 宣伝費については両社で折半にしましょう。
(A) はんはん
(B) おりはん
(C) せっはん
(D) せっぱん

08 私の誕生日はしがつの終わりです。
(A) 十月
(B) 四月
(C) 五月
(D) 七月

09 身体検査で体重をそくていした。
(A) 測定
(B) 則定
(C) 例定
(D) 側定

10 山本さんはお金に対するしゅうちゃくが強い。
(A) 酬着
(B) 終着
(C) 熱着
(D) 執着

11 中野さんは都合が悪くて行けないそうです。
(A) 体調が悪くて
(B) 行ったことがあるので
(C) 用事があって
(D) 機嫌が悪いので

12 そのことは水に流しましょう。
(A) 洗いましょう
(B) 大切にしましょう
(C) 捨てましょう
(D) 忘れましょう

13 発病する前に予防する予防医療が普及しつつある。
(A) 広く普及するべきだ
(B) 普及したことがある
(C) 徐々に普及が進んでいる
(D) 普及に努めている

14 上司もみんな行くので、私だけ行かないわけにはいかない。
(A) 私しか行かないわけではない
(B) 私だけ行くことができない
(C) 私もいかなければならない
(D) 私だけ行ってはならない

15 私たちの努力もむなしく工場を閉鎖することになった。
(A) 努力したおかげで
(B) 努力したかいがなく
(C) 努力する気がなく
(D) 努力が足りず

16 気が散るから話しかけないで下さい。
(A) 忙しいから
(B) 集中できないから
(C) 腹が立っているから
(D) 気がまぎれるから

17 入社したばかりのころはよく失敗したものだ。
(A) 準備は完了し、あとは出発を待つばかりだ。
(B) その財布はまだ買ったばかりなので新しい。
(C) 兄は食欲旺盛でいつも食べてばかりいる。
(D) 先生は私たちを怒らなかったばかりかご飯まで食べさせてくれた。

18 さっきまで晴れていたのに雨が降りだした。
(A) 人ごみの中からようやく彼女を探しだした。
(B) かばんから本を取りだした。
(C) 突然彼女は歌いだした。
(D) 会議の途中に会議室を抜けだした。

19 会議の準備はできています。
(A) 私は毎日ジョギングをしています。
(B) その皿は割れています。
(C) 母は今夜のご飯の準備をしています。
(D) もうみんな到着していますよ。

20 今から行ったところでもう間に合わないと思います。
(A) お忙しいところ、申し訳ありません。いま少しお時間いただけますか。
(B) 今、ちょうど帰るところですよ。一緒に帰りましょう。
(C) 毎日一生懸命勉強しているのだから一日ぐらい遊んだところでどうってことないよ。
(D) 私がいつも髪を切っているところで切ってもらったらどう。

模擬TEST2　20問

Ⅴ．下の＿＿＿線の言葉の正しい表現、または同じ意味のはたらきをしている言葉を(A)から(D)の中で一つ選びなさい。

01 教科書を開いてください。
(A) きょかしょう
(B) きょがしょ
(C) きょうかしょ
(D) きょかそ

02 飛行機の空席があるかどうか調べてみます。
(A) あきせき
(B) くうせき
(C) そらせき
(D) からせき

03 卒業のお祝いに花束をもらいました。
(A) かそく
(B) はなばた
(C) かびん
(D) はなたば

04 すみませんが、会議の時間を変更してもらえませんか。
(A) こうかん
(B) へんか
(C) へんしん
(D) へんこう

05 娘と一緒に過ごすのに時間を費やすことが多い。
(A) ふ
(B) つい
(C) ひ
(D) い

06 嫌がる子供を強引に歯医者に連れて行った。
(A) つよひき
(B) むりやり
(C) ごういん
(D) つよき

07 子供たちが無邪気に笑っている。
(A) むじき
(B) むじゃき
(C) むさげ
(D) むがき

08 近くのみずうみまで散歩をしましょう。
(A) 水海
(B) 海
(C) 池
(D) 湖

09 仏様にお花をそなえる。
(A) 備える
(B) 供える
(C) 与える
(D) 提える

10 しこうさくごの末ようやく完成した。
(A) 試行錯誤
(B) 思考索語
(C) 施行錯誤
(D) 指向索語

11 田中は席をはずしております。
(A) 田中さんは会社を休んでいます。
(B) 田中さんの席がありません。
(C) 田中さんは席にいません。
(D) 田中さんのいすがこわれました。

12 長男は私の承諾を得ないうちに留学を決めてしまった。
(A) 得られたので
(B) 得るために
(C) 得る前に
(D) 得ることができず

13 クビとは言わないまでも減給処分ぐらいはするべきだと思う。
(A) クビにはしなくてもいいが
(B) クビにするまでの間は
(C) クビにすると言われたので
(D) クビになりたくないのなら

14 探していた飼い犬が半年振りに帰ってきてほっとした。
(A) どきどきした。
(B) びっくりした。
(C) 安心した。
(D) 楽しかった。

15 話が弾んでついこんな時間になってしまった。
(A) 話し合いがうまくいかなくて
(B) 話が盛り上がって
(C) 話が違う方向に行ってしまって
(D) 話が複雑で

16 海外支社設立の話はトントン拍子に進んだ。
(A) 順調に進んだ
(B) 難航した
(C) 緩やかに進んだ
(D) ふりだしに戻った

17 仕事が山のようにあります。
(A) よく聞こえるように話してください。
(B) 部屋には誰もいないようだね。
(C) 冷める前に食べようと思う。
(D) 彼女は人形のようだ。

18 日によって安売り商品が替わります。
(A) 会社帰りにスーパーによってくることが多い。
(B) あなたは本弁論大会で優勝した。よってここに表彰する。
(C) これはわが社の開発チームによって開発された。
(D) 価値観は人によって違うものだ。

19 この会社に入ったのは大企業だからです。
(A) 明日から修学旅行に行きます。
(B) 疲れたからちょっと休みますね。
(C) その箱の中はからだよ。
(D) この財布は友達からもらいました。

20 警察官でありながら法を犯してしまった。
(A) いけないと知っていながらついしてしまう。
(B) 昔ながらの変わらない味です。
(C) 歩きながらたばこを吸わないで下さい。
(D) 我ながらうまくできたと思う。

パート5の問題はこれで終わりです。

PART 5
자주 사용하는 표현

☐ **初耳** 금시초문
　はつみみ

父が若いころボクシングをやっていたなんて初耳だ。
아빠가 젊을 때 복싱을 했다니 금시초문이다.

☐ **一夜漬け** 벼락치기
　いちやづ

一夜漬けで受かるような試験ではない。
벼락치기로 합격할 것 같은 시험이 아니다.

☐ **瓜二つ** 붕어빵(아주 꼭 닮음)
　うりふた

母と私は瓜二つだ。
엄마와 나는 꼭 닮았다.

☐ **取り柄** 취할 점, 좋은 점, 장점
　と　え

私の取り柄は明るいことです。
저의 좋은 점은 밝은 것입니다.

☐ **息抜き** 한숨 돌림
　いきぬ

勉強もいいが、たまには息抜きに運動でもしたらどうだ。
공부도 좋지만, 가끔은 기분전환으로 운동이라도 하면 어떠냐?

☐ **おそろい** 갖추어짐, 짝을 이룸

そのカップルはおそろいのTシャツを着ている。
그 커플은 커플티를 입고 있다.

- **心当たり** 짐작 가는 데, 마음에 짚이는 데

  犯人に心当たりはない。
  범인으로 (범인이 누구인지) 짚이는 데가 없다.

- **手違い** 착오, 차질, 실책

  店の手違いで注文したものと違う商品が入っていた。
  가게의 착오로 주문한 것과 다른 상품이 들어와 있었다.

- **見返り** 담보

  情報を教える見返りに多額の金銭を要求する。
  정보를 가르쳐주는 대가로 고액의 금전을 요구하다.

- **見通し** 전망, 장래

  景気がよくなる見通しは立っていない。
  경기가 좋아질 전망은 서지 않는다.

- **上の空** 주의가 산만함, 건성

  なにか悩みでもあるのか、彼は授業中もずっと上の空だった。
  무슨 걱정이라도 있는지, 그는 수업 중에 계속 주위가 산만했다.

- **醍醐味** 참다운 즐거움, 묘미

  釣った魚でおいしいお酒を飲むことが釣りの醍醐味だ。
  잡은 물고기로 맛있는 술을 마시는 것이 낚시의 묘미이다.

- **土壇場** 막바지판, 막판

  出演予定者の急病で土壇場になってプログラムが変更になった。
  출연예정자가 갑자기 병이 나서 막판에 프로그램이 변경되었다.

□ **畑違い** 전문 분야가 다름
　はたけちが

IT関係の社員から教師という全く畑違いの仕事に転職した。
IT관계의 사원에서 교사라는 전혀 분야가 다른 직업으로 전직했다.

□ **第一線** 제일선, 최전선
　だいいっせん

第一線で活躍している人を見ると、みんな信念とプライドを持って仕事をしている。
제일선에서 활약하고 있는 사람을 보면, 모두 신념과 프라이드를 가지고 일을 하고 있다.

□ **大黒柱** 중심, 기둥
　だいこくばしら

父は一家の大黒柱だ。
아버지는 한집의 기둥이다.

□ **火の車** 살림이 매우 쪼들림
　ひ　くるま

父の会社が倒産して、家計は火の車だ。
아버지의 회사가 도산해서 집안이 무척 어렵다.

□ **かなづち** 맥주병(수영을 못 함)

かなづちだった彼がたった一週間のトレーニングで泳げるようになった。
맥주병이었던 그가 단 1주일간의 훈련으로 헤엄칠 수 있게 되었다.

□ **台無し** 쓸모 없는 모양, 엉망이 된 모양
　だいな

せっかくの衣装が雨に濡れて台無しになってしまった。
모처럼 입은 의상이 비에 젖어서 엉망이 되어 버렸다.

□ **けち** 구두쇠, 짠돌이

あの人は堅実というよりけちだ。
그 사람은 건실하다고 하기보다는 구두쇠다.

□ **まぐれ** 우연

彼がテレビ局の内定を取ったのはまぐれとしか言いようがない。
그가 방송국에 취직된 것은 우연이라고밖에 할 수 없다.

□ **気まぐれ** 변덕스러움

気まぐれな彼女に散々振り回された。
변덕스러운 그녀에게 호되게 농락 당했다.

□ **ネタ** 소재

自分の失敗を小説のネタにする。
자신의 실패를 소설의 소재로 하다.

□ **心残り** 마음에 걸림, 미련

せっかく北海道に旅行に来たのに雪祭りが見れなかったのが心残りだ。
모처럼 홋카이도에 여행 왔는데 눈축제를 볼 수 없었던 것이 미련이 남는다.

□ **八つ当たり** 화풀이

父は会社で嫌なことがあると、家族に八つ当たりをした。
아버지는 회사에서 안 좋은 일이 있으면, 가족에게 화풀이를 했다.

□ **橋渡し** 중개, 다리를 놓음

この美しい自然を次の世代に橋渡しするために努力しています。
이 아름다운 자연을 다음 세대에게 이어주기 위해 노력하고 있습니다.

□ **ちゃら** 비긴 것으로 하다, 같은 것으로 하다

お昼ごはんをおごってあげるから、今回のことはそれでちゃらにしてくれよ。
점심을 한턱 낼 테니까 이번 일은 그것으로 비긴 걸로 해줘.

□ **空耳** 환청
そらみみ

こんなところで彼の声が聞こえるわけがない。空耳だろう。
이런 곳에서 그의 목소리가 들릴 리가 없어. 환청이겠지.

□ **幼なじみ** 소꿉동무, 어린시절의 친구
おさな

幼なじみの弘子とは幼稚園から大学までずっと同じだ。
소꿉동무인 히로코와는 유치원부터 대학까지 계속 같은 학교이다.

□ **コツ** 요령

コツさえつかめればそれほど難しいことではない。
요령만 파악할 수 있으면 그렇게 어려운 것도 아니다.

□ **歯止め** 제동, 브레이크
は ど

少子化に歯止めをかけるにはどうすればよいのだろうか。
저출산에 제동을 걸려면 어떻게 하는 것이 좋을까?

□ **飲み込み** 납득, 이해
の こ

子供は飲み込みが早いので大人よりずっと早く上達する。
아이들은 이해가 빨라서 어른보다 훨씬 빨리 향상된다.

□ **根回し** 사전 공략
ねまわ

交渉を円滑に進めるには周到な根回しが不可欠だ。
협상을 원활하게 진행하려면 용의주도한 사전 공작이 불가결하다.

PART 5
동음이의어

頑張れ! 460点!

- **きかい** 機械 (기계) | 機会 (기회)
- **せいかく** 性格 (성격) | 正確 (정확)
- **いがい** 意外 (의외) | 以外 (의외, 그 밖)
- **かんしん** 関心 (관심) | 感心 (감탄, 감복)

  私はスポーツに全く関心がない。　나는 스포츠에 전혀 관심이 없다.

  自発的にゴミを拾う子供に感心した。 자발적으로 쓰레기를 줍는 아이에게 감탄했다.

- **しょうか** 消化 ((음식물)소화) | 消火 (소화)
- **さいかい** 再開 (재개) | 再会 (재회)
- **しょうひん** 商品 ((물건)상품) | 賞品 (상품)
- **しゅうかん** 習慣 (습관) | 週間 (주간) | 週刊 (주간(주간지))

目指せ! 740点!

- **かくりつ** 確立 (확립) | 確率 (확률)

  その技術は19世紀に確立した。　그 기술은 19세기에 확립됐다.

  明日雨が降る確率は30%だ。　내일 비가 내릴 확률은 30%다.

- **ほうそう** 放送 (방송) | 包装 (포장)
- **しじ** 指示 (지시) | 支持 (지지)

  部下に的確な指示をする。 부하에게 정확한 지시를 하다.

  彼は国民の絶大な支持を得て大統領になった。
  그는 국민의 절대적 지지를 얻어 대통령이 되었다.

- きょうぎ 協議 (협의) | 競技 (경기)
- しきゅう 至急 (지급(급히)) | 支給 (지급)

至急この資料をFAXしてください。 서둘러 이 자료를 팩스로 보내 주세요.
今月はボーナスが支給される月だ。 이번 달은 보너스가 지급되는 날이다.

- いどう 異動 ((인사)이동) | 移動 (이동)

本社から大阪支社へ異動になった。 본사에서 오사카 지사로 이동되었다.
荷物が多いので車で移動しましょう。 짐이 많으니까 차로 이동합시다.

- こうひょう 好評 (호평) | 公表 (공표)
- こうにん 公認 (공인) | 後任 (후임)
- ゆうこう 有効 (유효) | 友好 (우호)
- しょうめい 証明 (증명) | 照明 (조명)
- えいせい 衛星 (위성) | 衛生 (위생)
- いこう 以降 (이후) | 意向 (의향)
- きげん 起源 (기원) | 期限 (기한)
- かいとう 回答 (회답) | 解答 (해답) | 解凍 (해동)

アンケートに回答する。 앙케트에 회답하다.
生徒にテストの解答を配る。 학생에게 테스트의 답안지를 나눠주다.

- いし 意思 (의사) | 意志 (의지) | 医師 (의사)

子供の意志を尊重して、したいようにさせる。
아이의 의사를 존중해서, 하고 싶은 대로 하게 하다.
周りは反対したが、彼の意志は固かった。
주위는 반대했지만, 그의 의지는 확고했다.

- ほしょう 補償 (보상) ǀ 保証 (보증) ǀ 保障 (보장)

  事故の損失を補償する。　　　　　사고의 손실을 보상하다.
  品質の良さは私が保証します。　　품질은 제가 보증합니다
  国が最低限の生活を保障するべきだ。나라가 최저한의 생활을 보장해야만 한다.

- しょうがい 障害 (장애) ǀ 傷害 (상해) ǀ 生涯 (생애)

  多くの障害を乗り越えて結婚した。　많은 장애를 극복하고 결혼했다.
  この近くで傷害事件があったそうだ。이 근처에서 상해사건이 있었다고 한다.

- こうえん 公演 (공연) ǀ 講演 (강연) ǀ 後援 (후원)

  初めての舞台の公演で緊張する。　첫 무대의 공연에서 긴장하다.
  環境保護についての講演を行う。　환경보호에 대한 강연을 행하다.

- たいしょう 対象 (대상) ǀ 対照 (조명) ǀ 対称 (대칭)

  このおもちゃは３歳以上対象です。　이 장난감은 3세이상 대상입니다.
  あの二人の性格は対照的だ。　　　이 두 사람의 성격은 대조적이다.
  左右対称の図形を描く。　　　　　좌우대칭 도형을 그리다.

- ようりょう 要領 (요령) ǀ 容量 (용량) ǀ 用量 (용량{복용량})

- かてい 過程 (과정) ǀ 課程 ((교육)과정) ǀ 仮定 (가정)

狙え! 880点!

- ふきゅう 普及 (보급) ǀ 不朽 (불후)

  ガスも水道も普及していない村。　가스도 수도도 보급되지 않은 마을
  その作家は不朽の名作といわれる作品を次々生み出した。
  그 작가는 불후의 명작으로 불리는 작품을 잇달아 만들어냈다.

□ **いっかん** 一環 (일환) ㅣ 一貫 (일관)

教育の一環としてボランティア活動をさせる。
きょういく いっかん かつどう
교육의 일환으로서 자원봉사 활동을 시킨다.

彼の主張は終始一貫している。 그의 주장은 시종일관되고 있다.
かれ しゅちょう しゅうし いっかん

□ **しゅうしゅう** 収集 (수집) ㅣ 収拾 (수습)

あの人の趣味は切手の収集です。 저 사람의 취미는 우표수집입니다.
ひと しゅみ きって しゅうしゅう
事態が大きくなって収拾がつかなくなってしまった。
じたい おお しゅうしゅう
사태가 커져 수습이 안 되게 되고 말았다.

□ **ひっし** 必死 (필사) ㅣ 必至 (필연, 불가피)

必死に勉強したかいがあって、希望の大学に合格した。
ひっし べんきょう きぼう だいがく ごうかく
필사적으로 공부한 보람이 있어서, 희망대학에 합격했다.

このままでは負けは必至だ。 이대로라면 패배는 불가피하다.
ま ひっし

□ **かいてい** 改定 (개정) ㅣ 改訂 (개정-(이미 발표된 서적, 문서의 수정))

4月から地下鉄の運賃が改定されることになった。
がつ ちかてつ うんちん かいてい
4월부터 지하철 운임이 개정되는 것으로 결정되었다.

ようやく改訂版の問題集が出版された。 드디어 개정판 문제집이 출판되었다.
かいていばん もんだいしゅう しゅっぱん

□ **ついきゅう** 追求 (추구) ㅣ 追及 (추급(추궁))

究極の味を追求する料理人　궁극의 맛을 추구하는 요리사
きゅうきょく あじ ついきゅう りょうりにん
犯人を厳しく追及する。　　 범인을 매섭게 추궁하다.
はんにん きび ついきゅう

□ **たいせい** 体制 (체제) ㅣ 体勢 (체세-{몸의 자세})

国の政治体制に不満を持つ。 국가의 정치체제에 불만을 갖다.
くに せいじたいせい ふまん も
その体勢では、腰に負担がかかる。 그 자세로는, 허리에 부담이 간다.
たいせい こし ふたん

- □ いぎ　意義 (의의) ǀ 異議 (이의)
- □ せいさん　生産 (생산) ǀ 清算 (청산) ǀ 精算 (정산)

借金をきれいに清算する。 빚을 깨끗하게 청산하다.
しゃっきん　　　　　せいさん

レジで買い物の精算をする。 계산대에서 산 물건을 정산하다.
　　　か　もの　せいさん

- □ かくしん　確信 (확신) ǀ 革新 (혁신) ǀ 核心 (핵심)
- □ せいさく　政策 (정책) ǀ 製作 (제작) ǀ 制作 (제작 −{예술작품을 만듦})
- □ へいこう　平行 (평행) ǀ 並行 (병행)
- □ きせい　規制 (규제) ǀ 規正 (규정) ǀ 帰省 (귀성) ǀ 既成 (기성)
- □ とうし　投資 (투자) ǀ 闘志 (투지) ǀ 凍死 (동사)
- □ じたい　自体 (자체) ǀ 事態 (사태) ǀ 辞退 (사퇴)
- □ かいほう　快方 (차도(병이 나아짐)) ǀ 介抱 (간호) ǀ 開放 (개방) ǀ 解放 (해방)

病気はどんどん快方に向かっている。 병은 점점 나아지고 있다.
びょうき　　　　　かいほう　む

彼女の介抱のおかげで怪我が治った。 그녀의 간호 덕분에 상처가 나았다.
かのじょ　かいほう　　　　　　け が　なお

大学の図書館を一般にも開放する。 대학도서관을 일반인에게도 개방하다.
だいがく　としょかん　いっぱん　　かいほう

人質を解放する。 인질을 석방(해방)하다.
ひとじち　かいほう

PART 5
동훈이의어

頑張れ！460点！

- はじめ 始め ((일)처음) ㅣ 初め ((시간) 시작, 시초)
- あく 開く ((문)열다) ㅣ 空く ((자리가)비다)

    ドアが開いている 문이 열려 있다.
    席が空いている 자리가 비어 있다.

- きる 着る (입다) ㅣ 切る (자르다)
- はやい 早い ((시기, 시각이)빠르다) ㅣ 速い ((동작, 과정이)빠르다)
- あつい 厚い (두껍다) ㅣ 暑い (덥다) ㅣ 熱い (뜨겁다)

目指せ！740点！

- のる 乗る (타다) ㅣ 載る (실리다)
- やぶれる 敗れる (지다) ㅣ 破れる (찢어지다)

    試合に敗れてがっかりする。시합에 져서 낙심하다.
    服の袖が破れてしまった。옷 소매가 찢어져 버렸다.

- そなえる 備える (구비하다, 갖추다) ㅣ 供える (신불에게 올리다, 바치다)
- のびる 伸びる (자라다, 늘다) ㅣ 延びる (연기되다, 길어지다)

    子供の背が伸びる。아이의 키가 자라다.
    試験の日程が延びた。시험일정이 연기되었다.

- **うつす** 移す (옮기다) | 写す (베끼다) | 映す (비추다, 상영하다)

  このいすと机を隣の部屋に移してください。
  이 의자와 책상을 옆방으로 옮겨 주세요.

  友達にノートを写させてもらった。친구의 노트를 베꼈다.

  湖に自分の姿を映す。호수에 자신의 모습을 비추다.

- **とる** 取る (취하다) | 採る (채집하다) | 撮る ((사진을)찍다)

- **あらわす** 表す (나타내다) | 現す (드러내다) | 著す (저술하다)

  感謝の言葉を表す。감사의 인사를 표하다.

  山奥から猿が姿を現した。깊은 산 속에서 원숭이가 모습을 드러냈다.

  書物を著す。서적을 저술하다.

- **はなす** 話す (말하다) | 離す (놓다, 풀다) | 放す (놓아주다)

- **つとめる** 勤める (근무하다) | 努める (힘쓰다) | 務める (역할을 하다)

  証券会社に勤めている。증권회사에 근무하고 있다.

  環境保護に努めている。환경보호에 힘쓰고 있다.

  会社の役員を務めている。회사의 임원을 맡고 있다.

- **たつ** 経つ (경과하다) | 立つ (서다) | 建つ (건물)이 서다, 축조되다 | 絶つ (끊다)

  時間が経つのは早いものだ。 시간이 흐르는 것은 빠르기도 하구나.

  立ったり座ったりする。 앉았다 섰다 하다.

  ここにマンションが建つ予定だ。이곳에 맨션이 설 예정이다.

  彼とはもう3年も連絡を絶っている。그와는 벌써 3년이나 연락을 끊고 있다.

狙え！880点！

- おどる　踊る (춤추다) ｜ 躍る (뛰어오르다, 도약하다)
- のぞむ　望む (바라다, 원하다) ｜ 臨む (면하다, 향하다, 임하다)

　親の望む相手と結婚した。 부모가 바라는 상대와 결혼했다.
　海に臨む部屋に泊まった。 바다에 면한 방에 투숙했다.

- はく　履く (신다) ｜ 吐く (토하다) ｜ 掃く (쓸다, 비질하다)
- しめる　閉める (닫다) ｜ 占める (차지하다)
　　　　　締める (묶다, 매다) ｜ 絞める (목을 조르다)

- おさめる　収める (넣다, 담다, 받아들이다, 거두다, 얻다) ｜ 納める(납부하다)
　　　　　修める(닦다, 수행하다) ｜ 治める (가라앉히다, 수습하다, 다스리다)

　争いを丸く収める。　다툼을 원만하게 해결하다.
　税金を納める。 세금을 납부하다.
　柔道を修める。 유도를 익히다.
　国を治める王様　나라를 다스리는 왕

PART 6
오문정정

誤文訂正

초급 20문항
중급 20문항
상급 20문항
모의TEST 1 20문항
모의TEST 2 20문항

PART 6 파트별 설명

**PART 6
오문정정**

PART6은 하나의 문장 안에서 문법·어휘 등, 틀린 부분을 고르는 문제입니다. 특히 틀리기 쉬운 조사, 자동사·타동사, 의성어·의태어 등은 문제의 함정으로 자주 등장합니다.

Ⅵ. 下の_____線の(A)、(B)、(C)、(D)の言葉の中で正しくない言葉を一つ選びなさい。
　　아래의 _____선의 (A),(B),(C),(D) 중에서 바르지 않은 것을 하나 고르시오.

妹は映画を好きですが私はそれほど好きではありません。
いもうと えいが　(A)　　　　(B)　　わたし　(C)　　　　　(D)

여동생은 영화를 좋아합니다만, 나는 그다지 좋아하지는 않습니다.

Ⅵ. 下の_____線の(A)、(B)、(C)、(D)の言葉の中で正しくない言葉を一つ選びなさい。
　　아래의 _____선의 (A),(B),(C),(D) 중에서 바르지 않은 것을 하나 고르시오.

今日は暑い上にずっとなにも飲んでいないのでのどがふらふらだ。
　　　(A)　　　　(B)　　　　　(C)　　　　　(D)

오늘은 더운데다가 줄곧 아무것도 마시지 않아서 목이 마르다.

 PART6의 포인트는

시험에서는 모든 보기가 맞는 것처럼 생각되거나, 반대로 너무 생각해서 모두 틀린 답으로 보이거나 하기 마련입니다. 작게 소리 내어 읽어봤을 때 뭔가 틀린 것 같다는 위화감이 든다면, 감을 믿어봅시다. 단, 연습 때에는 왜 틀렸는지 몰라도 답만 맞으면 된다는 식으로 하면 안 됩니다. 정확하게 왜 틀렸는지까지 확인해 주세요. 그것이 자신감과 확실한 실력으로 이어집니다.

PART 6 誤文訂正 오문정정

 20問

Ⅵ. 下の＿＿＿線の(A)、(B)、(C)、(D)の言葉の中で正しくない言葉を一つ選びなさい。

01　暇のときバスに乗って大きな公園に行って池の周りを散歩します。
　　　(A)　　　(B)　　　(C)　　　　　　　　(D)

02　今日はあまりにも忙しくて昼ごはんをまだ食べませんでした。
　　　　　(A)　　　(B)　　　(C)　　　(D)

03　友達から久しぶりに手紙が来たのでうれしいてすぐに開けて読みました。
　　　(A)　　(B)　　　　(C)　　　(D)

04　辞書を忘れたんですか。よかったら、見せてくれましょうか。
　　　(A)　　　　　(B)　　　(C)　　(D)

05　鈴木さんはきれいし仕事もできるので、他の社員はみんな彼女が好きだ。
　　　　　　(A)　　　(B)　　　　　　　(C)　　(D)

06　この間の店、どこにあったかどうか、ひょっとして覚えていたら教えてもらえる。
　　　(A)　　(B)　　　　　　　　　　　　(C)　　　(D)

07 庭に植えてある木の太いは直径１ｍも ある。
　　　　　(A)　　　　(B)　　　　　(C) (D)

08 その本、読み終わったら机の上で 置いといてくださいね。
　 (A)　　　(B)　　　　　　(C)　　(D)

09 うちの子は試験前なのに勉強もしないで遊んでばかりいるのに心配だ。
　　　　　　　(A)　　　　(B)　　　　(C)　　　(D)

10 大学卒業後はすぐに就職しようと思っていたが、父の勧めで留学するようになった。
　　　　　　　　　　(A)　　　　(B)　　　　　　(C)　　　　　(D)

11 母が痛いので私も会社を休んで母の看病をするつもりです。
　　(A)　　　　　(B)　　(C)　　(D)

12 父の父、つまり私のおじさんは今年６０歳になる。
　　　　(A)　　(B)　　　　(C)　　(D)

13 予約しておいた飛行機のチケットはキャンセルする予定です。
　　　　(A)　　　　(B)　　　　　(C)　　(D)

14 バスを乗って駅まで行って、駅で電車に乗り換えます。
　　　(A)　　(B)　　　　　(C)　(D)

15 私が話せる外国語は３つがあるが、どれも上手ではない。
　　(A)　　　　(B)　(C)　　　(D)

16 冬に なると、長野で スキーに乗る ことが 一番の 楽しみだ。
　　　(A)　　　　　(B)　　　　(C)　　(D)

17 母と私は 毎週末、家の近くに いる スポーツクラブに 行きます。
　　(A)　(B)　　　　　　(C)　　　　　　　(D)

18 定年後は子供や 孫たちと 楽しく 住む のが私の夢です。
　　(A)　　　　(B)　　　　(C)(D)

19 アメリカに来て３ヶ月たちました。毎日うれしく過ごしているので心配しないでください。
　　　　(A)　　　　(B)　　　　(C)　　　　　　　　　　　(D)

20 このお菓子は初めて 食べたけど 思ったより おいしいだと思いました。
　　　　(A)　　(B)　　　(C)　　　(D)

中級 20問

Ⅵ. 下の＿＿＿線の(A)、(B)、(C)、(D)の言葉の中で正しくない言葉を一つ選びなさい。

01 すみませんが、電気代が<u>かかる</u>ので<u>使っていない</u>電気は<u>消えて</u><u>もらえません</u>か。
　　　　　　　　　　　　　(A)　　　　　(B)　　　　　　　(C)　　　　(D)

02 <u>小さい</u><u>お子様用</u>の<u>お食事</u>はこちらに<u>ご用意なさいました</u>。
　　(A)　　(B)　　　　(C)　　　　　　(D)

03 父は弟に<u>厳しく</u><u>勉強する</u><u>一方で</u>弟が<u>欲しがる</u>ものは何でも買い与えた。
　　　　　(A)　　　(B)　　　(C)　　　(D)

04 <u>最近の人</u>は<u>きつい</u>仕事を<u>やりたくない</u><u>傾向</u>がある。
　　(A)　　　(B)　　　　　(C)　　　　(D)

05 お腹が空いて食べる<u>こと</u>を探し<u>回った</u>が、<u>食べかけ</u>のパンがあった<u>だけだ</u>。
　　　　　　　　　　(A)　　　　(B)　　　　(C)　　　　　　　　　(D)

06 仲たがいしてる<u>とはいえ</u>、親子なんだから、<u>腹を開けて</u><u>話し合えば</u>、分かり合える<u>はずだよ</u>。
　　　　　　　　(A)　　　　　　　　　　　(B)　　　　(C)　　　　　　　　(D)

07 退院は<u>したものの</u>、まだ<u>はっきり</u><u>治った</u>わけじゃないので、安静にしていた<u>ほうがいい</u>。
　　　　　(A)　　　　　(B)　　　(C)　　　　　　　　　　　　　　　　(D)

08 その<u>ドラマ</u>は<u>涙なしには</u>とても<u>見えない</u><u>切なくて</u>感動的なドラマだ。
　　　(A)　　　(B)　　　　　(C)　　　(D)

09　私の知っている　どんな女性が宝くじにあたった　そうですよ。
　　　　(A)　　　　(B)　　　　　　　(C)　　　　(D)

10　迷惑をかけて申し訳ないと何度も頭を下げたのに、課長はめったに許してくれなかった。
　　　　　　(A)　　　　　　　　(B)　　　　　　(C)　　　　　(D)

11　今年４０になるが、年の割とそんなに老けていないほうだ。
　　　　　　　　(A)　　(B)　　(C)　　(D)

12　今回の試験ではとても緊張して、大きなミスを起こしてしまった。
　　　(A)　　(B)　　　　　(C)　　　(D)

13　健康のために毎日意識的に体を動く ようにしています。
　　　(A)　　(B)　　(C)　　(D)

14　サッカーの試合なんて せっかく競技場まで見に行かなくてもテレビで十分だ。
　　　　　　　　(A)　　(B)　　　　　(C)　　　　(D)

15　同じクラスの田中君のことが気にしてしょうがないのだけど話しかけることもできない。
　　　　　　　　(A)　　(B)　　　　　　　(C)　　　　(D)

16　今年のお年玉は私と弟がそれぞれ３万円ごと もらった。
　　　(A)　　　　(B)　　(C)　　(D)

17　給料が多少安かろうが プログラマーで働くのが僕の希望だ。
　　　(A)　　　　　　(B)　(C)　(D)

18 私は友達から明るい性格だと聞きますが、実際はそうでもないんです。
　　　　　　(A)　　　　　　　(B)　　　(C)　　　　(D)

19 人数が多いためいくつかのグループに分かって 別々に練習しなければならない。
　　　　　　(A)　　　　　　　　　　　(B)　　(C)　　　(D)

20 彼がこんなところで油を売っているとはどういうことだろう。昨日出張に行ったべきだが。
　　　　　　　　　　(A)　　(B)　　　　(C)　　　　　　　　　　　(D)

上級 20問

Ⅵ．下の＿＿＿線の(A)、(B)、(C)、(D)の言葉の中で正しくない言葉を一つ選びなさい。

01 彼女は突然出て行ったかと思うに、抱えきれないほどの花束を手に戻ってきた。
　　　　　　　　　　　　　(A)　　　　　(B)　　(C)　　　　(D)

02 親の反対をびくともせず、彼は彼女との結婚を強引に押し進めた。
　　　　　(A)　　　　　　　(B)　　　(C)　　(D)

03 ラジウムを発見したキュリー夫人の名声は世界中に知れ広がっている。
　　(A)　　　　　　　　　　　　(B)　(C)　　　(D)

04 もともと美しかったが、前にもかえって美しさに磨きがかかったようだ。
　　(A)　　(B)　　　　　　　(C)　　　　　(D)

05 あの子は私にとって娘も当然だから、たかがその程度のことで縁を切ったりしないよ。
　　　　　　　　　(A)　(B)　　　(C)　　　　　　　　　　　(D)

06 不況の波が全世界を直撃している。もはや、なるようにだけならない。
　　　(A)　　　　　　　　　　　(B)　　(C)　　(D)

07 病院は目と鼻の間なのだからすぐに行けばいいものを、放置して悪化させてしまった。
　　　　　(A)　　　　(B)　　　　(C)　　　　　　　(D)

08 食品の安全に伴う国民の関心が年々高まってきている。
　　　　(A)　(B)　　　　　(C)　(D)

09 結婚する とたん 人が変わった ように 仕事に精を出す ようになった。
　　　　(A)　　　　　(B)　　　　　　　　　(C)　　　(D)

10 かっとする ような ホラー映画の怖い場面が目に焼き付いて離れない。
　　　(A)　　　　(B)　　　　　　　　　　　(C)　　　　　　(D)

11 借金は明日までに必ず顔を揃えて返済しますのでお待ちください。
　　　　　　(A)　　　(B)　　　　(C)　　　　　(D)

12 本当にこれでいいのかと何度も念を入れたが、彼はただ無言で うなずくだけだった。
　　　　　　　　　　　　　　(A)　　　　　(B)　　　　　(C)　　　(D)

13 一言も不満をたやさず黙々と仕事をこなす姿をみて身につまされた。
　　　(A)　　　　　(B)　　　　　　(C)　　　　　　(D)

14 厳しい競争を勝ち越す技術力があったからこそ 今日のわが社の繁栄があるのだ。
　　　　　　　(A)　　　　　　　　　　(B)　　(C)　　　　　(D)

15 例の件に関しては現段階では答えほうがないので質問は控えてください。
　(A)　(B)　　　　　　　　(C)　　　　　　　(D)

16 さんざん迷ったあまりに結局何も買わずじまいで帰ってきてしまった。
　　(A)　　　　(B)　　　　　(C)　　　　　　(D)

17 年末は毎晩のように飲み会続きで、帰宅が遅くなりげなので、妻の機嫌がよくない。
　　　　　(A)　　　(B)　　　　　　　(C)　　　　　(D)

18 大口を言う だけあって、なかなかの腕前だ。
　　(A)　　　(B)　　　　(C)　　　(D)

19 彼ときては、部下の手柄をあたかも自分の功績のように報告したそうだ。
　　(A)　　　　　(B)　　　(C)　　　　(D)

20 先月の調査結果を踏んで、今後の方針を決定いたしたいと思います。
　　(A)　　　　　(B)　　　　(C)　　　　(D)

模擬 TEST 1 20問

Ⅵ. 下の＿＿＿線の(A)、(B)、(C)、(D)の言葉の中で正しくない言葉を一つ選びなさい。

01 ここに肉や魚があるから自分で 料理して食べろう。
　　　　　(A)　　(B)　　　(C)　　　　　(D)

02 今日開校記念日で学校は休みでした。それから家でゆっくり休みました。
　　　　(A)　　　　　　　(B)　　　　　(C)　　　(D)

03 暑いですから、どうぞ 涼しい飲み物でも飲んで少し休んでください。
　　　　　　　　　(A)　(B)　　(C)　　　　　　(D)

04 長男は勉強が上手だが、下の子は勉強が苦手な ようです。
　　　　　　　(A)　　　(B)　　　　　(C)　　(D)

05 論文を書くための本を３本買って、そのあと家に戻った。
　　　　(A)　　　　(B)　　(C)　　　　　(D)

06 天気がよければ自転車に 乗んだり、川沿いを散歩したりします。
　　　　　(A)　　　　(B)　(C)　　(D)

07 鋭い判断力と人脈はビジネスで成功するための必修の条件だ。
　　　(A)　　　(B)　　　　　(C)　　　　(D)

08 母は私に口が痛い話ばかりするが私は言い返す ことさえ出来ない。
　　　　　(A)　　(B)　　　　　(C)　　　　(D)

09 私ぐらいにできることがあったら遠慮せず 何でも おっしゃってください。
　　　(A)　　　　　　　　　　　(B)　　(C)　　(D)

10 今日、人事異動の発表があり、私は大阪に転勤される ことになった。
　　　　(A)　　(B)　　　　　　　　　　　(C)　　　　(D)

11 目を閉めて音楽を聴いていると、あの日の思い出がよみがえった。
　　(A)　　　　(B)　　(C)　　　　　(D)

12 受験を目前に迫って、受験生たちは最後のラストスパートをかけている。
　　(A)　(B)　　　　　　　　　　　(C)　　　　　(D)

13 私自身も両親の希望通り医者になってほしいと思っているが現実はそう甘くない。
　　(A)　　(B)　　　　(C)　　　　　　　　　　　　　　　　　　(D)

14 食べ過ぎてお腹がいっぱいでずいぶんご飯を残りました。
　　(A)　　　　(B)　　　(C)　　　(D)

15 ごく簡単な単語すら間違えるほど彼の日本語能力は退いた。
　(A)　　　(B)　　(C)　　　　　　　(D)

16 彼女とは仕事柄の付き合いでいわば うわべだけの関係だ。
　　　　(A)　　(B)　　(C)　　(D)

17 親の心配をほかに 定職にも就かないなんてもってのほかだ。
　　　(A)　　(B)　　(C)　　　　　(D)

18 学生の皆さま、お忙しいところ 御社の就職説明会にお越しいただきまして、ありがとうございます。
                    (A)   (B)   (C)   (D)

19 どんなに嫌な人だとしても 避けられない相手なので付き合うを得ない。
   (A)   (B)   (C)   (D)

20 ずいぶん親しげに話しているから、すっかり知り合いかと思ってたけど、初対面なんだね。
         (A)   (B)   (C)   (D)

模擬 TEST2　20問

Ⅵ．下の＿＿＿線の(A)、(B)、(C)、(D)の言葉の中で正しくない言葉を一つ選びなさい。

01 もしお金が たくさん あるから、車を 買いたいです。
　　　　　　　　(A)　　　　(B)　　　(C)　(D)

02 とても おしゃれな服だけど、色が少しもう明るいといいと思います。
　　　(A)　　(B)　　　　　　(C)　　　　　　(D)

03 このCD、私にくれるんですか。実は前からずっと欲しいだったんです。
　　　(A)　　　(B)　　　　　　　　(C)　　　　　(D)

04 小さい子にもよく分かられる ようにやさしく話してください。
　　　　　(A)　　　(B)　　　(C)　　　　(D)

05 今日は暑いのでぼうしをはいて、サングラスをかけて きました。
　　　　　(A)　　　　(B)　　　　　　　(C)　　　(D)

06 そんなに無理してやらなくて、少し休みながらしたほうがいい。
　　　　　(A)　　　(B)　　　　(C)　　　(D)

07 私は緊張やすい方だから人前で話すのはあまり得意ではありません。
　　　　(A)　　(B)　　　(C)　　　　　　(D)

08 日本の食べ物とすれば、ねばねばした納豆をまず 思い出す。
　　　　　(A)　　　　(B)　　　　　　(C)　(D)

56

09 山田さん<u>が</u>優秀で<u>安心して</u>仕事を<u>任せられる</u>が、田中さんは<u>心配だ</u>。
　　　　　(A)　　　　　(B)　　　　　　(C)　　　　　　　　　(D)

10 大学に入る<u>ように</u>、<u>寝る</u>時間<u>も</u>惜しんで勉強<u>に</u>励んだ。
　　　　　　(A)　　　(B)　　　　(C)　　　　　　　(D)

11 この本は名作中の名作<u>と</u>言われ、<u>世界中</u>の子供に<u>読まされて</u>いる。
　　　　　　　　　　　(A)　　　　(B)　　　(C)　　　(D)

12 <u>こちら</u>は赤田教授と<u>申しまして</u>大学の学長を<u>なさっている</u>　<u>そうです</u>。
　　　(A)　　　　　　　(B)　　　　　　　　　(C)　　　　　　(D)

13 これまで家族<u>のために</u>　<u>働いていった</u>のだから、これからは自分の時間を<u>持った</u>　<u>ほうがいい</u>よ。
　　　　　　　(A)　　　　(B)　　　　　　　　　　　　　　　　　　　　(C)　　　(D)

14 彼が<u>手伝ってくれた</u>　<u>せいで</u>　<u>思った</u>より仕事が<u>早くすんだ</u>。
　　　　(A)　　　　　(B)　　　(C)　　　　　　　(D)

15 猫の<u>涙</u>ほどの<u>広さ</u>だが<u>念願の</u>マイホームを<u>手に入れた</u>。
　　　(A)　　　(B)　　　(C)　　　　　　　(D)

16 １２月は<u>師走</u>という<u>だけあって</u>目が<u>くらむ</u>ほどの<u>忙しさ</u>だ。
　　　　　(A)　　　　(B)　　　　　(C)　　　　(D)

17 最近、プレゼントに<u>現金</u>や<u>商品券の</u>ような実用的なものを<u>あげる</u>人が増えている<u>ものだ</u>。
　　　　　　　　　(A)　　　(B)　　　　　　　　　　(C)　　　　　　　　(D)

18 今どうしても 目が離せない仕事があって、とてもじゃないが抜けられない。
　　　　(A)　　(B)　　　　　　　　　(C)　　　　　　(D)

19 たかが子供のけんかごときに親が出て行く までじゃない。
　　　(A)　　　　　(B)　　　(C)　　(D)

20 首を長くして待っていた旅行が中止になった ものだから彼女の落ち込み具合といったらなかった。
　　　(A)　　　　　　　(B)　(C)　　　　(D)

パート6の問題はこれで終わりです。

PART 6
의성어 의태어

あるく
걷다, 걸어가다

- ふらふら 휘청휘청, 비틀비틀
- とぼとぼ 터벅터벅
- のろのろ 느릿느릿, 꾸물꾸물
- うろうろ 어슬렁어슬렁, 허둥지둥

落ち着かず、廊下をうろうろしている。
진정하지 못하고, 복도를 어슬렁어슬렁 대고 있다.

- ぶらぶら 어슬렁어슬렁

特に目的もなく街をぶらぶら歩いた。
특별한 목적도 없이 거리를 어슬렁어슬렁 걸었다.

きもち
기분, 느낌

- どきどき 두근두근
- いらいら 안절부절 못하다, 초조해하다
- むかむか 메슥메슥, 울컥
- うきうき 들뜬 모양
- わくわく 두근두근
- しょんぼり 풀 죽은, 쓸쓸히
- うんざり 지긋지긋한
- がっかり 낙심하다, 맥 풀리다
- はらはら 조마조마, 우수수
- すっきり 산뜻이, 말쑥히, 시원해지다, 상쾌해지다

言いたい事を言ってすっきりした。
하고 싶은 말을 해서 속이 시원해졌다.

さわった感じ 만지는 감촉	□ **さらさら** 사락사락, 바슬바슬
	□ **つるつる** 매끈매끈, 반들반들
	□ **ぬるぬる** 미끈미끈
	□ **ざらざら** 까칠까칠
	□ **ふわふわ** 푹신푹신

身体 신체

□ **ぺこぺこ** 배가 몹시 고픔

□ **からから** 속이 비어있는 모양, 바싹 말라 물기가 없는 모양

□ **げっそり** 갑자기 살이 빠져 바싹 여윈 모습

おなかを壊して げっそり やせてしまった。
배탈이 나서 홀쭉하게 말라 버렸다.

□ **がんがん** 지끈지끈, 욱신욱신

□ **ぶるぶる** 부들부들, 덜덜

その女の子は寒さで ぶるぶる 震えている。
여자아이는 추위로 덜덜 떨고 있다.

□ **ひりひり** 따끔따끔, 얼얼

ひざをすりむいて、傷口が ひりひり する。
무릎이 까져서, 상처가 따끔거린다.

はなす 이야기하다	□ ぺらぺら 술술, 나불나불
	彼は秘密の話でもすぐぺらぺらしゃべってしまう。 그는 비밀이야기라도 바로 나불나불 말해 버린다.
	あの人は日本語がぺらぺらだ。 저 사람은 일본어가 유창하다.
	□ すらすら 술술, 척척
	あんな難しいせりふをすらすら言うなんてよっぽど練習したのだろう。 저런 어려운 대사를 술술 말하다니 상당히 연습했겠지.
	□ はきはき 시원시원, 뚜렷뚜렷
	□ きっぱり 딱 잘라, 단호하게
	嫌なことはきっぱりと断ったほうがいい。 싫은 것은 딱 잘라 거절하는 것이 좋다.
おおい・すくない 많다・적다	□ ぎっしり 빽빽이, 꽉, 가득
	□ ぎゅうぎゅう 꽉꽉, 꾹꾹
	□ がらがら 텅텅
	□ ずらり(と) 잇달아 늘어선 모양
	□ たっぷり 잔뜩, 듬뿍
ひかり 빛, 불빛	□ きらきら 반짝반짝
	□ ぴかぴか 번쩍번쩍

わらう 웃다	□ **くすくす** 낄낄, 킥킥(소리 죽여 웃는 모양) □ **にこにこ** 싱글싱글	
ねむる 자다, 잠들다	□ **ぐっすり** 푹 □ **すやすや** 새근새근	
うごき 움직임	□ **くるくる** 뱅글뱅글, 빙빙 □ **ごろごろ** 데굴데굴, 덜컹덜컹 □ **ぐずぐず** 우물쭈물, 꾸물꾸물 ぐずぐずしてないで早く来なさい。 꾸물꾸물 거리지 말고 빨리 오거라. □ **だらだら** 빈둥빈둥 夏休みになって毎日だらだらと過ごしている。 여름방학이 되어 매일 빈둥빈둥 지내고 있다.	
せいかく 성격	□ **しっかり** 확실히, 똑똑히 □ **のんびり** 태평스레, 유유히 □ **ぼんやり** 우두커니, 망연히, 멍청히	
あじ 맛	□ **あっさり** 담백하게, 개운하게 □ **さっぱり** 깔끔하게, 산뜻이	

そのほか
기타

- **ぎりぎり** 빠듯함
- **ばらばら** 뿔뿔이

父の転勤で家族がばらばらに住むことになった。
아버지가 전근해서 가족이 뿔뿔이 살게 되었다.

- **こっそり** 남몰래, 살짝
- **ぴったり** 딱

その服は私にぴったりだった。
그 옷은 나에게 딱 맞았다.

12時ぴったりに到着した。
12시에 정확히 도착했다.

- **どんどん** 착착, 척척, 자꾸자꾸
- **だんだん** 점점, 차차
- **ぐちゃぐちゃ** 엉망진창임
- **めちゃくちゃ** 뒤죽박죽임

PART 7
공란메우기

空欄埋め

초급 30문항

중급 30문항

상급 30문항

모의TEST 1 30문항

모의TEST 2 30문항

PART 7 파트별 설명

PART 7 공간메우기

Ⅶ. 下の_____線に入る適当な言葉を(A)から(D)の中で一つ選びなさい。
아래 _____ 선에 들어갈 적당한 말을 (A)에서 (D) 가운데 하나를 고르시오.

僕が去年まで_____家は福岡市にある。
(A) 住んでいる
(B) 住んでいた
(C) 住んだことのある
(D) 住む

내가 작년까지_____집은 후쿠오카시에 있다.
(A) 살고 있는
(B) 살고 있던
(C) 산 적이 있던
(D) 살

Ⅶ. 下の＿＿＿線に入る適当な言葉を(A)から(D)の中で一つ選びなさい。
아래 ＿＿＿ 선에 들어갈 적당한 말을 (A)에서 (D) 가운데 하나를 고르시오.

この町はどんどん開発＿＿＿＿＿いった。
(A) になって
(B) されて
(C) して
(D) がなって

이 마을은 착착 개발되어 갔다.
(A) 가 되어서
(B) 되어
(C) 해서
(D) 이 되어

PART7의 포인트는

문장 안에 공란이 있는 부분에 들어가는 것을 선택하는 문제입니다. 의미상 비슷하게 보이는 보기 4개 중에서 하나를 고르는 것이므로, 애매한 지식으로는 불충분 합니다. 확실한 지식이 필요합니다. 연습문제를 풀 때에는, 보기를 먼저 보지 말고 정답이 무엇인지를 생각해 보고, 그리고 나서 보기 안에 자신이 생각한 답이 있는지 확인하는 쪽이 보기에 현혹되는 일도 없고 진정한 실력으로 이어집니다.

PART 7 空欄埋め 공란메우기

초급 30問

Ⅶ. 下の＿＿＿線に入る適当な言葉を(A)から(D)の中で一つ選びなさい。

01 となりにいる人は＿＿＿＿＿ですか。
(A) どこ
(B) どっち
(C) どなた
(D) どの

02 今日は日曜日＿＿＿＿＿遊園地は人でいっぱいだ。
(A) なのに
(B) ので
(C) だから
(D) し

03 その店のステーキは安くて＿＿＿＿＿おいしい。
(A) および
(B) または
(C) しかも
(D) だから

04 彼女はきれいな＿＿＿＿＿、頭もいい。
(A) だけで
(B) だけじゃなく
(C) じゃなくて
(D) だけじゃないで

05 女の人はこれから舞台で歌を＿＿＿＿＿。
(A) うっています
(B) うたっています
(C) うたいます
(D) うたいました

06 田中さんはその映画を3回＿＿＿＿＿見たそうです。
   (A) ごろ
   (B) ぐらい
   (C) を
   (D) で

07 このジュース、おもしろい味が＿＿＿＿＿ね。なにが入っているんですか。
   (A) でます
   (B) します
   (C) なります
   (D) 食べます

08 話だけじゃ分からないから、一度行って＿＿＿＿＿どうですか。
   (A) みると
   (B) くるなら
   (C) かえれば
   (D) みたら

09 あなたの時計素敵ですね。ちょっと＿＿＿＿＿ください。
   (A) 見て
   (B) 見えて
   (C) 見せて
   (D) 見つけて

10 彼はたいして勉強も＿＿＿＿＿希望大学に合格した。
   (A) したので
   (B) しないで
   (C) しなくて
   (D) したのに

11 私は時々海外旅行に＿＿＿＿＿＿。
   (A) 行くことがある
   (B) 行ったことがある
   (C) 行くつもりだ
   (D) いくものだ

12 いらっしゃいませ。＿＿＿＿＿＿ご用件ですか。
   (A) そのような
   (B) どうして
   (C) どういった
   (D) どちらの

13 第二外国語としてフランス語＿＿＿＿＿ドイツ語のうち1つを選択しなければなりません。
   (A) も
   (B) か
   (C) うち
   (D) で

14 さっきまでの雨が雪＿＿＿＿＿＿変わった。
   (A) で
   (B) に
   (C) が
   (D) とは

15 あの喫茶店はあまり静かじゃない＿＿＿＿＿、他のところにしましょうよ。
   (A) で
   (B) のに
   (C) し
   (D) たら

16 時間がないので早く＿＿＿＿＿と思います。

(A) 行くよう

(B) 行かない

(C) 行くそう

(D) 行こう

17 雨が降っている日は事故が起こり＿＿＿＿＿から気をつけてね。

(A) がたい

(B) にくい

(C) やすい

(D) やさしい

18 来月会社から特別ボーナスが支給される＿＿＿＿＿。

(A) ことができる

(B) ことにした

(C) ことになった

(D) ようになった

19 多分、昼から雨が降るんじゃない＿＿＿＿＿と思います。

(A) か

(B) だ

(C) ようだ

(D) です

20 赤ちゃんがようやく1人で立てる＿＿＿＿＿なった。

(A) ように

(B) ようで

(C) ことに

(D) ことで

21 テレビの音がうるさくて電話の声がよく＿＿＿＿＿＿＿。
(A) 聞きない
(B) 聞こえない
(C) 聞かない
(D) 聞かせない

22 今日会社に行く電車で寝てしまって、会社に遅刻＿＿＿＿＿＿＿なりました。
(A) することに
(B) しそうに
(C) するように
(D) するところに

23 そんなに怒って＿＿＿＿＿＿＿、いっぱい飲みましょうよ。
(A) いなくて
(B) いれば
(C) いるな
(D) いないで

24 この人形、まるで生きている＿＿＿＿＿＿＿ですね。
(A) らしい
(B) ようだ
(C) みたい
(D) そう

25 私たちが話をしている＿＿＿＿＿＿＿に外は暗くなってしまった。
(A) まえ
(B) ところ
(C) ながら
(D) あいだ

26 昨日、昔の友達と偶然会っちゃって、_____友達と飲んでたんだ。

(A) どの

(B) その

(C) あの

(D) この

27 彼は一日中寝て_____だ。

(A) 過ぎ

(B) だけ

(C) ばかり

(D) しか

28 部長に報告書を提出したんだけど、もう一度書き_____って言われたよ。

(A) 直せ

(B) 足せ

(C) 出せ

(D) 終われ

29 今日は日曜日だから、多分店は閉まっている_____だよ。

(A) はず

(B) こと

(C) わけ

(D) べき

30 今日は料理をたくさん作ったから、どんどん_____してくださいね。

(A) ご遠慮

(B) ご注文

(C) おつかい

(D) おかわり

中級 ★★★ 30問

Ⅶ．下の_____線に入る適当な言葉を(A)から(D)の中で一つ選びなさい。

01 いくらおいしい_____3人分も食べるなんてそれは食べすぎだ。
(A) ても
(B) といって
(C) からって
(D) ので

02 彼は天才という_____努力家なのだ。
(A) ほど
(B) だけ
(C) より
(D) さらに

03 汗をかいたあとにシャワーを浴びて_____した。
(A) すっかり
(B) あっさり
(C) きっぱり
(D) さっぱり

04 この辞書も１０年以上使っているからもう_____だ。
(A) ぼさぼさ
(B) ぼろぼろ
(C) ふらふら
(D) ごちゃごちゃ

05 マイホームを買ったんだ。マイホーム_____ほんの小さなうちだけどね。
(A) といえば
(B) というほど
(C) といっても
(D) といったら

06 彼は＿＿＿＿＿＿サッカーが上手だが、プロのサッカー選手としては通用しないだろう。

(A) 確か

(B) 確かに

(C) 確実な

(D) きっと

07 開店の準備は＿＿＿＿＿＿順調に進んでおり、来月にはオープンできそうだ。

(A) 早々と

(B) 堂々と

(C) 順々と

(D) 着々と

08 店の売り上げは天候に大きく＿＿＿＿＿＿される。

(A) 変更

(B) 場合

(C) 次第

(D) 左右

09 取材に伴う交通費なのに＿＿＿＿＿＿で払うなんてあんまりだ。

(A) 経費

(B) 着払い

(C) 自腹

(D) おごり

10 秘密だといわれたのについ口を＿＿＿＿＿＿しまった。

(A) 転んで

(B) 転ばせて

(C) 滑って

(D) 滑らせて

11 試合終了間近での逆転シュートに＿＿＿＿＿歓声を上げた。
   (A) 知らずに
   (B) 思わず
   (C) うっかり
   (D) ついに

12 長い時間待ったが＿＿＿＿＿彼女はやってこなかった。
   (A) やっと
   (B) ようやく
   (C) とうとう
   (D) ついつい

13 私もよく知らないんですが、彼は＿＿＿＿＿異動になったらしいですよ。
   (A) 十中八九
   (B) きっと
   (C) あるいは
   (D) どうやら

14 プレゼントは値段より、心が＿＿＿＿＿ことの方が重要だと思う。
   (A) 入れている
   (B) 入っている
   (C) こめている
   (D) こもっている

15 また負けたの。だからギャンブル＿＿＿＿＿やめておけばいいのに。
   (A) みたいに
   (B) などと
   (C) なんて
   (D) だろうが

16 彼のことが嫌いっていう＿＿＿＿＿＿ではないけど、僕とは考え方が合わないんだ。

(A) べき

(B) もの

(C) はず

(D) わけ

17 最近、＿＿＿＿＿＿メールばかり送られてくる。

(A) 無差別

(B) 意地悪

(C) 迷惑

(D) 宣伝

18 今日は遠いところ＿＿＿＿＿＿来て下さって本当にありがとうございます。

(A) ついでに

(B) むりやり

(C) わざわざ

(D) わざと

19 今回の失敗は佐藤さんの＿＿＿＿＿＿じゃないですよ。気にしないでください。

(A) おかげ

(B) わけ

(C) 原因

(D) せい

20 今回の不祥事で部長も責任を＿＿＿＿＿＿辞めるそうですよ。

(A) 取って

(B) 持って

(C) 払って

(D) 追って

21 部長、お話中のところ失礼いたします。お客様が＿＿＿＿＿＿。

(A) お見えになりました

(B) 拝見しました

(C) お目にかかりました

(D) お越しいたしました

22 この問題＿＿＿＿＿＿解決できれば、あとは難しい問題はない。

(A) だけに

(B) さえ

(C) すら

(D) しか

23 彼は１０年も前の失敗を＿＿＿＿＿＿悔やんでいる。

(A) いまだに

(B) まだも

(C) まだしも

(D) いまにも

24 妹夫婦は時々けんかをしながらも＿＿＿＿＿＿。

(A) 仲良く暮らしている

(B) 別れてしまった

(C) けがをしてしまった

(D) 妹のほうが強い

25 何でも話せる大親友といえども、これだけは＿＿＿＿＿＿。

(A) 話し足りない

(B) 話せないことだ

(C) ぜひ話したい

(D) 話してしまった

26 冬なのに窓を＿＿＿＿＿＿寝たら風邪をひいた。
   (A) 開けずじまいで
   (B) 開けっ放しで
   (C) 閉めたまま
   (D) 開けずに

27 この橋は本州と四国を＿＿＿＿＿＿橋だ。
   (A) 通る
   (B) 伝う
   (C) 握る
   (D) 結ぶ

28 ちゃんと３食食べないと体を＿＿＿＿＿＿わよ。
   (A) つぶす
   (B) こわす
   (C) 痛める
   (D) 落とす

29 指先をたくさん使うことに＿＿＿＿＿＿脳が活性化される。
   (A) 通じて
   (B) 比例して
   (C) とって
   (D) よって

30 どうぞ、こちらに＿＿＿＿＿＿少々お待ちください。
   (A) おすわりされて
   (B) おすわって
   (C) おすわりになって
   (D) おすわりして

上級 ★★★　20問

Ⅶ．下の＿＿＿線に入る適当な言葉を(A)から(D)の中で一つ選びなさい。

01　雨に濡れて全身＿＿＿＿＿になってしまった。
　　(A) びしょびしょ
　　(B) べたべた
　　(C) ふにゃふにゃ
　　(D) ぐずぐず

02　長年不景気が続いたが、来年度は景気が回復する＿＿＿＿＿だ。
　　(A) 見積もり
　　(B) 見通し
　　(C) 見晴らし
　　(D) 見送り

03　今のところ事件を解決する＿＿＿＿＿は目撃者の証言だけだ。
　　(A) 手取り
　　(B) 手がかり
　　(C) 手づかみ
　　(D) 手探り

04　今まで何度も失敗してきたが、今度＿＿＿＿＿成功させたいと思う。
　　(A) までは
　　(B) こそ
　　(C) さえ
　　(D) すら

05　両親に反抗して家を出るなんて、本当に＿＿＿＿＿としかいいようがない。
　　(A) 挙句の果て
　　(B) 若気の至り
　　(C) 至れり尽くせり
　　(D) うどの大木

06 父が亡くなり、母はショックのあまり、3日間も寝＿＿＿＿＿しまった。

(A) こんで
(B) いって
(C) すぎて
(D) だして

07 この本を出版するに＿＿＿＿＿編集部の山田さんには本当にお世話になった。

(A) つれて
(B) あたって
(C) かえって
(D) したがって

08 合格の知らせを聞いた彼女は喜び＿＿＿＿＿、母親に抱きついた。

(A) が高じて
(B) のあまり
(C) 過ぎて
(D) ついでに

09 開演に＿＿＿＿＿お客様にお願い申しあげます。携帯電話の電源は必ずお切りになってお待ちください。

(A) 始まりまして
(B) まいりまして
(C) おわりまして
(D) 先立ちまして

10 語学も＿＿＿＿＿になるまでには少なくとも3年はかかるだろう。

(A) 上達
(B) もの
(C) マスター
(D) なに

11 子供のしたことだし、今回は＿＿＿＿＿あげましょうよ。
   (A) ひいき目に見て
   (B) 見届けて
   (C) 見落として
   (D) 大目に見て

12 この曲を聴くと、昔を思い出して心に＿＿＿＿＿くるものがありますよ。
   (A) そっと
   (B) どっと
   (C) ぐっと
   (D) ぱっと

13 いくら待っても友達は来ないので、待ち＿＿＿＿＿てしまった。
   (A) に待っ
   (B) くたびれ
   (C) あわせ
   (D) ぼうけ

14 今日田中さんは上から下まで黒＿＿＿＿＿の服を着ている。
   (A) だらけ
   (B) ずくめ
   (C) まみれ
   (D) ぞろい

15 今日は気持ちのいい秋晴れで、遠足＿＿＿＿＿ですね。
   (A) 気取り
   (B) 日和
   (C) 天気
   (D) 好み

16 本屋で高校時代の恩師に＿＿＿＿＿会った。
(A) ぐったり
(B) どっさり
(C) ばったり
(D) ぱったり

17 昨日は、体の調子が悪く仕事＿＿＿＿＿ではなかった。
(A) の場合
(B) どころ
(C) のとき
(D) ばかり

18 そこまで言う＿＿＿＿＿相当自信があるのだろう。
(A) からには
(B) からして
(C) からでは
(D) からこそ

19 恋人の＿＿＿＿＿、ホラー映画が怖いなんて言えなかった。
(A) 顔前
(B) 手前
(C) 目前
(D) 直前

20 あんなに大変な思いをして働いたのにたったこれだけの報酬だなんて、全く＿＿＿＿＿。
(A) 呂律が回らない
(B) 割に合わない
(C) 埒が明かない
(D) 金に糸目をつけない

21 そんなこと＿＿＿＿＿言うまでもないよ。
(A) まして
(B) いまに
(C) あえて
(D) さらに

22 引越し屋は3月から4月に＿＿＿＿＿一番忙しい。
(A) 達して
(B) 通して
(C) かけて
(D) 至って

23 あの部長が＿＿＿＿＿を押しただけのことはある。
(A) 大風呂敷
(B) 正念場
(C) 大目玉
(D) 太鼓判

24 ここは昔＿＿＿＿＿の製法でお酒を造る唯一の酒蔵だ。
(A) まま
(B) ふう
(C) かたぎ
(D) ながら

25 昨日は言い＿＿＿＿＿てしまったが、実は会社を辞めることにしたんだ。
(A) すて
(B) かけ
(C) そびれ
(D) くるめ

26 人間は＿＿＿＿＿＿生きているのだ。1人で生きているのではない。

(A) 食うか食われるかで

(B) 持ちつ持たれつで

(C) 踏んだり蹴ったりで

(D) あの手この手で

27 その子供は今にも転びそうで、見ていて＿＿＿＿＿＿する。

(A) すらすら

(B) よちよち

(C) はらはら

(D) うきうき

28 ＿＿＿＿＿＿と言うが、時間のたつのは本当に早いものだ。

(A) 光陰矢の如し

(B) 蛍雪の功

(C) 時は金なり

(D) 春眠暁を覚えず

29 料理は＿＿＿＿＿＿ご飯だって自分で炊いたことがない。

(A) まさか

(B) おろか

(C) まして

(D) ひきかえ

30 社長のご機嫌取りにかけては吉田部長の＿＿＿＿＿＿に出るものはいないよ。

(A) 上

(B) 下

(C) 右

(D) 左

模擬 TEST1 20問

Ⅶ. 下の_____線に入る適当な言葉を(A)から(D)の中で一つ選びなさい。

01 週末はいつも_____をしていますか。
(A) どこ
(B) なに
(C) どんな
(D) だれ

02 風邪をひいたんですが。じゃあ、薬を_____下さい。
(A) 食べて
(B) 飲んで
(C) 入れて
(D) 取って

03 田中さん、よかったら明日、私と一緒に映画に_____。
(A) 行きます
(B) 行きました
(C) 行きませんか
(D) 行きましたか

04 明日までに電話_____メールで連絡をしてください。
(A) または
(B) かつ
(C) だけど
(D) それとも

05 学校の図書館には_____本があります。
(A) 多い
(B) たくさんの
(C) 多いの
(D) とても

86

06 父は医者で、兄＿＿＿＿＿医者です。

(A) は

(B) が

(C) と

(D) も

07 このCDは私の誕生日に友達が＿＿＿＿＿ものです。

(A) あげた

(B) くれた

(C) もらった

(D) あげてくれた

08 家にいないかもしれないから電話を＿＿＿＿＿訪問したほうがいいですよ。

(A) するから

(B) しながら

(C) してから

(D) するなら

09 どんなに両親が反対＿＿＿＿＿私は私の夢をあきらめるつもりはない。

(A) したら

(B) すれば

(C) しても

(D) したけど

10 明日は＿＿＿＿＿が悪くて集まりに参加することができません。

(A) 事情

(B) 都合

(C) 時間

(D) 予定

11 海外に住む友人が結婚したので_____を送ろうと思うんですが、何がいいでしょうか。
　(A) おみやげ
　(B) おみまい
　(C) おとしだま
　(D) おいわい

12 佐藤さん、帰国子女なんだって。_____発音がいいと思ったよ。
　(A) どうりで
　(B) どうやら
　(C) きっと
　(D) いったい

13 その町は急激に発展し、_____ビルが建っている。
　(A) だんだん
　(B) どんどん
　(C) すくすく
　(D) ばたばた

14 娘は大きくなる_____だんだん母親に似てきた。
　(A) にかけて
　(B) について
　(C) につれて
　(D) によって

15 ストレスを_____ないようにすることが健康の秘訣です。
　(A) もらわ
　(B) つまら
　(C) ため
　(D) たまら

16 今は仕事が忙しくて友人とお酒を飲むなんて＿＿＿＿＿なくなったよ。

(A) ほどほど

(B) たくさん

(C) よく

(D) めったに

17 結婚して１０年＿＿＿＿＿ようやく最初の子供を授かった。

(A) だけに

(B) めに

(C) ぶりに

(D) ごろに

18 書類は迅速＿＿＿＿＿正確に処理するようにしてください。

(A) なお

(B) さて

(C) では

(D) かつ

19 この線路＿＿＿＿＿に歩いていけば駅に出ますよ。

(A) なり

(B) なみ

(C) ぞい

(D) どおり

20 彼女はアナウンサーになりたいそうだが、彼女の声はアナウンサー＿＿＿ではないと思う。

(A) 用

(B) 向き

(C) より

(D) 式

21 ハンサムな上に仕事ができる＿＿＿＿＿、女性社員に人気があるのも当然だ。
   (A) とくれば
   (B) とすれば
   (C) にしては
   (D) となっては

22 私の気持ちは彼を許す方向に傾き＿＿＿＿＿あった。
   (A) ながら
   (B) つつ
   (C) ように
   (D) だして

23 お金がないといっても、毎日の食べるものに困る＿＿＿＿＿。
   (A) ほどだ
   (B) ほどではない
   (C) ぐらいだ
   (D) ぐらいではない

24 30歳の若さ＿＿＿＿＿会社を設立した。
   (A) にもなって
   (B) にして
   (C) において
   (D) におうじて

25 ちょっとそこまで飲み物を買いに行った＿＿＿＿＿時間がかかりすぎているんじゃないか。
   (A) にひきかえ
   (B) にはんして
   (C) にかかっては
   (D) にしては

26 子供を育てるのは本当に手が＿＿＿＿＿。
   (A) 込んでいる
   (B) かかる
   (C) 空いている
   (D) いく

27 結婚して新居に引っ越した矢先に＿＿＿＿＿。
   (A) 妻が病気で倒れた
   (B) 3年つきあった
   (C) 幸せになった
   (D) 喧嘩ばかりしている

28 1人で外国暮らしなんてさぞかし寂しいのではないかと＿＿＿＿＿海外生活が楽しくて日本には帰りたくないそうだ。
   (A) 思う存分
   (B) 思いきや
   (C) 思ったとおり
   (D) 思いのまま

29 さみしさ＿＿＿＿＿子供が非行に走ることもよくあることだ。
   (A) ために
   (B) ように
   (C) ゆえに
   (D) せいで

30 彼は忘れっぽくて、聞いた＿＿＿＿＿忘れてしまう。
   (A) ところから
   (B) すぐから
   (C) そばから
   (D) となりから

模擬 TEST2 　30問

Ⅶ．下の_____線に入る適当な言葉を(A)から(D)の中で一つ選びなさい。

01　お腹がすいて、パンを５つ_____食べました。
　　(A) の
　　(B) と
　　(C) が
　　(D) も

02　友達と３時に待ち合わせをしました。_____いくら待っても友達は来ません。
　　(A) すると
　　(B) それでも
　　(C) それでは
　　(D) ところが

03　あんなに頑張って勉強した_____また試験に落ちてしまった。
　　(A) から
　　(B) けど
　　(C) のに
　　(D) ので

04　先週本を買いましたが、とても_____本なのでまだ全部読んでいません。
　　(A) おもしろい
　　(B) ふとい
　　(C) うすい
　　(D) あつい

05　塩は_____入れればいいですか。
　　(A) どんなに
　　(B) なんにん
　　(C) どのぐらい
　　(D) いくら

06 食事を＿＿＿＿＿後で歯を磨きます。
 (A) 食べた
 (B) 食べる
 (C) した
 (D) する

07 毎年この時期になる＿＿＿＿＿神社でお祭りが開かれる。
 (A) なら
 (B) と
 (C) とき
 (D) ば

08 大学に入る＿＿＿＿＿必死に勉強し、無事合格することができた。
 (A) ように
 (B) から
 (C) なら
 (D) ために

09 テーブルの上にスプーンとフォークを＿＿＿＿＿ください。
 (A) 並べて
 (B) 並んで
 (C) 入れて
 (D) 入って

10 本気で＿＿＿＿＿と思えばできないことはない。
 (A) やろう
 (B) やるよう
 (C) やれ
 (D) やる

11 彼と知り合って3年になる。＿＿＿＿はあまり好きではなかったが今は一番の親友だ。
(A) はじめて
(B) まず
(C) はじめ
(D) さき

12 先生、今日は何時まで研究室に＿＿＿＿んですか。
(A) いらっしゃる
(B) 来られる
(C) ごらんになる
(D) お伺いする

13 蚊が入ってくるので私が窓を＿＿＿＿。
(A) 閉めてあります
(B) 閉まっています
(C) 閉めていました
(D) 閉めておきました

14 この洋服を着ない＿＿＿＿サイズが合わないからだ。
(A) ことは
(B) のは
(C) のに
(D) ので

15 おかしいな、確かここにおいた＿＿＿＿なのに、何でないんだろう。
(A) かも
(B) べき
(C) わけ
(D) はず

16 １人で起きられない患者さんを看護婦さんが＿＿＿＿＿てあげた。

(A) 起こさせて

(B) 起きて

(C) 起きられて

(D) 起こして

17 母が同窓会に行ったため、私は一日中家で留守番を＿＿＿＿＿。

(A) させられた

(B) された

(C) させた

(D) しられた

18 彼女、本当に＿＿＿＿＿ですね。スカートははかないし、力は強いし。

(A) 男らしい

(B) 男みたい

(C) 女らしい

(D) 女のよう

19 山田さん、いいところで会いましたね。＿＿＿＿＿今、山田さんの所に行くところだったんですよ。

(A) ちょうど

(B) たった

(C) さっき

(D) ぴったり

20 朝食を＿＿＿＿＿のは健康によくないから、ちゃんと食べた方がいいよ。

(A) とる

(B) ぬく

(C) ひく

(D) はずす

21 学費を払うために、こつこつと働いてお金を_____いる。
   (A) 集めて
   (B) 損して
   (C) 稼いで
   (D) 儲けて

22 もう今年は旅行には行かないと言ったその_____の根も乾かないうちにまた海外旅行の計画を立てている。
   (A) 舌
   (B) 歯
   (C) 口
   (D) 喉

23 田中さんは出版社で編集の仕事をする_____自分でも小説を書いて発表している。
   (A) 反面
   (B) かたわら
   (C) そばから
   (D) ながら

24 名古屋を_____に日本中で講演をしてまわる予定だ。
   (A) 醍醐味
   (B) 皮切り
   (C) 上出来
   (D) 土壇場

25 秘密にしておいてくれと言った_____彼が話してしまうのではないかと心配だ。
   (A) ものに
   (B) ものの
   (C) もので
   (D) ものが

26 お金を＿＿＿＿＿争いなど、本当に見るに耐えない。
　　(A) まわっての
　　(B) かかっての
　　(C) 通しての
　　(D) めぐっての

27 長年付きあっているけれど、彼は本当に信頼に＿＿＿＿＿人だ。
　　(A) 値する
　　(B) 価値する
　　(C) 相当の
　　(D) ふさわしい

28 百年の長きに＿＿＿＿＿続いたこの政権もとうとう終焉の幕を閉じた。
　　(A) わたって
　　(B) のぼって
　　(C) はしって
　　(D) ながれて

29 資金繰りがうまくいかず、その事業から手を＿＿＿＿＿ことにした。
　　(A) あげる
　　(B) ひく
　　(C) こまねく
　　(D) だす

30 まだこの会社に入社したばかりで＿＿＿＿＿点が多いと思いますが、よろしくご指導ください。
　　(A) 至らない
　　(B) 役不足な
　　(C) ふつつかな
　　(D) ありがちな

PART 7 속담

頑張れ! 460点!

- 馬の耳に念仏 소 귀에 경읽기, 마이동풍
  うま みみ ねんぶつ
- 猿も木から落ちる 원숭이도 나무에서 떨어진다
  さる き お
- 花より団子 금강산도 식후경
  はな だんご
- 石の上にも三年 힘들더라도 참고 견디면 반드시 성공한다
  いし うえ さんねん
- 灯台下暗し 등잔 밑이 어둡다
  とうだいもとくら

目指せ! 740点!

- 雨降って地固まる 비 온 뒤에 땅이 굳어진다
  あめふ じかた
- 飼い犬に手を噛まれる 믿는 도끼에 발등 찍힌다
  か いぬ て か
- ちりも積もれば山となる 티끌 모아 태산
  つ やま
- 絵に描いたもち 그림의 떡
  え か
- 後の祭り 시기를 놓침, 뒷북을 침
  あと まつ
- 親しき仲にも礼儀あり 친한 사이에도 서로 예의를 지켜야 한다
  した なか れいぎ
- 喉もと過ぎれば熱さ忘れる 괴로움도 그때가 지나버리면 잊어버린다
  のど す あつ わす
- 光陰矢のごとし 세월은 화살처럼 빠르다
  こういんや
- 転ばぬ先の杖 넘어지기 전의 지팡이(미리 주의하고 있으면 실패하지 않는다), 유비무환
  ころ さき つえ
- 身から出たさび 자업자득
  み で

98

- **うどの大木** 덩치만 크고 쓸모 없는 사람
  _{たいぼく}
- **後悔先に立たず** 후회막급이다
  _{こうかいさき た}
- **人のうわさも七十五日**
  _{ひと しちじゅう ごにち}
  세상 소문도 75일(세상소문이란 그리 오래가지 않는다)
- **背に腹は代えられぬ**
  _{せ はら か}
  배를 등과 바꿀 수는 없다(중요한 일을 위해 다른 것이 희생되어도 할 수 없다)
- **出る杭は打たれる**
  _{で くい う}
  튀어나온 말뚝은 얻어맞는다(너무 잘나면 남에게 미움 받는다)
- **嘘も方便** 거짓말도 방편
  _{うそ ほうべん}
- **焼け石に水** 언 발에 오줌 누기(노력이나 원조가 부족해 아무런 효과 없음)
  _{や いし みず}
- **泣き面に蜂** 우는 얼굴에 벌침(설상가상)
  _{な つら はち}
- **知らぬが仏** 모르는 게 약이다
  _{し ほとけ}
- **九死に一生を得る** 구사일생하다
  _{きゅうし いっしょう え}

PART 7 사자성어

頑張れ! 460点!

- 以心伝心 (いしんでんしん) — 이심전심
- 一期一会 (いちごいちえ) — 일생에 단 한번뿐인 만남 (만남을 소중히 하라는 의미)
- 一長一短 (いっちょういったん) — 일장일단
- 一石二鳥 (いっせきにちょう) — 일석이조
- 危機一髪 (ききいっぱつ) — 위기일발
- 小春日和 (こはるびより) — 초겨울 따뜻한 날씨
- 自給自足 (じきゅうじそく) — 자급자족
- 良妻賢母 (りょうさいけんぼ) — 현모양처
- 中途半端 (ちゅうとはんぱ) — 어중간함
- 優柔不断 (ゆうじゅうふだん) — 우유부단

目指せ! 740点!

- 一目瞭然 (いちもくりょうぜん) — 일목요연
- 才色兼備 (さいしょくけんび) — 재색겸비
- 賛否両論 (さんぴりょうろん) — 찬반양론
- 起承転結 (きしょうてんけつ) — 기승전결
- 喜怒哀楽 (きどあいらく) — 희로애락
- 一喜一憂 (いっきいちゆう) — 일희일비
- 心機一転 (しんきいってん) — 심기일전

年功序列 ねんこうじょれつ	연공서열
自業自得 じごうじとく	자업자득
自問自答 じもんじとう	자문자답
弱肉強食 じゃくにくきょうしょく	약육강식
男尊女卑 だんそんじょひ	남존여비
単刀直入 たんとうちょくにゅう	단도직입
半信半疑 はんしんはんぎ	반신반의
社交辞令 しゃこうじれい	사교사령, 발림말
終始一貫 しゅうしいっかん	시종일관
一部始終 いちぶしじゅう	자초지종
自画自賛 じがじさん	자화자찬
亭主関白 ていしゅかんぱく	가정에서 폭군같이 구는 남편
三日坊主 みっかぼうず	작심삼일

狙え！ 880点！

順風満帆 じゅんぷうまんぱん	순풍만범
臨機応変 りんきおうへん	임기응변
本末転倒 ほんまつてんとう	본말전도
大器晩成 たいきばんせい	대기만성
紆余曲折 うよきょくせつ	우여곡절
疑心暗鬼 ぎしんあんき	의심을 품으면 있지도 않은 귀신이 보인다
自暴自棄 じぼうじき	자포자기
名誉挽回 めいよばんかい	명예만회
支離滅裂 しりめつれつ	지리멸렬

☐	大義名分 たいぎめいぶん	대의명분
☐	悪戦苦闘 あくせんくとう	악전고투
☐	意気投合 いきとうごう	의기투합
☐	一念発起 いちねんほっき	무슨 일이 있어도 성취하기로 결심함
☐	言語道断 ごんごどうだん	언어도단
☐	時期尚早 じきしょうそう	시기상조
☐	試行錯誤 しこうさくご	시행착오
☐	責任転嫁 せきにんてんか	책임전가
☐	他人行儀 たにんぎょうぎ	남남처럼 서먹서먹하게 대함
☐	波乱万丈 はらんばんじょう	파란만장
☐	反面教師 はんめんきょうし	반면교사(다른 사람이나 사물이 잘못된 것을 보고 가르침을 얻는 것)

PART 8
독해

読解

초급 30문항

중급 30문항

상급 30문항

모의TEST 1 30문항

모의TEST 2 30문항

PART 8 파트별 설명

PART 8 독해

PART8은 장문을 읽고, 질문에 답하는 파트입니다. 장문의 수는 8, 문제수는 30문제로 한 개의 독해문에 이어 3개에서 4개의 질문이 출제됩니다. 독해는 우선, 장문에 익숙해지는 것이 중요합니다. 이 책에서는 장문에 익숙해지도록 읽어서 재미있는 내용도 많이 실었습니다. 장문문제는 문장을 읽는 속도가 고득점으로 이어지는 열쇠가 됩니다. 많이 읽는 연습을 하여 속도를 몸에 익혀 주시기 바랍니다.

Ⅷ. 次の文を読んで、後の問いにもっとも適した答えを（A）から（D）のなかで一つ選びなさい。
다음 글을 읽고 질문에 가장 적합한 대답을 (A)에서 (D) 가운데 하나를 고르시오.

私のうちでは昔 ①「ミル」という白くて小さい室内犬を飼っていました。ミルは散歩とお風呂が大好きでした。ミルの前で「散歩」という言葉を言うと、自分を散歩に連れて行ってくれると思いこんで、大喜びでしっぽを振りながら玄関へ走っていくのです。お風呂も同じで、うっかり「さて、そろそろお風呂に入ろうか」とひとり言でも言ってしまったら大変。嬉しそうにずっとお風呂の前で待っています。そして、結局ミルをお風呂に入れなければならなくなります。だから私たちは②そのことに充分気をつけなければなりませんでした。

1. ①「ミル」について正しいものはどれですか。
(A) 白い犬で、庭で飼われていました。
(B) 小さい犬で、えさの時間が一番好きでした。
(C) 家の中で飼っている、小さい犬でした。
(D) 毎日家族と一緒にお風呂に入りました。

2. ②そのことはどんなことですか。
(A) ミルを怖がらせないようにお風呂に入れること
(B) 「散歩」や「お風呂」とミルの前でむやみに言わないこと
(C) 一人でお風呂に入らないこと
(D) お風呂の前で待たないこと

저희 집에서는 옛날에 ①미르라고 하는 희고 작은 실내견을 키우고 있었습니다. 미르는 산책과 목욕을 매우 좋아했습니다. 미르 앞에서「산책」이라는 말을 하면, 자신을 산책에 데리고 가 준다고 믿어버리고는, 무척 기뻐하면서 꼬리를 흔들면서 현관으로 달려가는 것입니다. 목욕도 마찬가지로, 무심코 "자. 이제 슬슬 목욕할까?"라고 혼잣말이라도 해버리면 큰일나지요. 기쁜 듯이 계속 목욕탕 앞에서 기다리고 있습니다. 그래서 결국, 미르를 목욕시키지 않으면 안 되게 됩니다. 때문에 우리들은 ②그 일에 충분히 조심하지 않으면 안 되게 되었습니다.

1. ①미르에 관해서 옳은 것은 무엇입니까?
(A) 하얀 개로, 마당에서 키우고 있었습니다.
(B) 작은 개로, 먹이 주는 시간을 가장 좋아했습니다.
(C) 집안에서 키우고 있는 작은 개였습니다.
(D) 매일 가족과 함께 목욕했습니다.

2. ②의 그 일은 어떤 것입니까?
(A) 미르가 두려워하지 않도록 목욕시키는 것
(B) 산책이나 목욕이라는 말을 미르 앞에서 함부로 말하지 않는 것
(C) 혼자서 목욕탕에 들어가지 않는 것
(D) 욕실 앞에서 기다리지 않는 것

PART8의 포인트는

독해 문제를 풀 경우에는 우선 문제를 읽고 나서 지문을 읽습니다. 지문을 읽을 때는 막연하게 읽는 것이 아니라 문제를 확실히 머릿속에 넣어 그 답을 찾으면서 읽는 것이 중요합니다. 문제에는 전체의 내용에 대해 묻는 문제와 밑줄 친 부분이 있는 곳만 읽어도 풀 수 있는 문제, 많지는 않지만 접속사 등의 문법문제가 있습니다. 우선은 간단히 풀 수 있을 것 같은 문제를 풀고, 전체의 내용에 대해 생각하면 시간을 단축할 수 있습니다. JPT는 시간과의 싸움입니다. 연습할 때에는 모르는 어휘나 문법 등을 세세하게 체크하는 것이 중요하지만, 실제시험에서는 본문의 내용을 하나하나 전부 이해하는 것이 아니라 포인트를 잡아서 내용을 파악해야 합니다. 본서에서는 모의 TEST가 2회분 구성되어 있으니 연습문제에서는 어휘나 문법을 세심하게 학습하고 모의 TEST에서는 실제시험처럼 시간을 재면서 풀어보면 효과적일 것입니다.

PART 8 読解 독해

初級 30問

Ⅷ. 下の文を読んで、後の問いにもっとも適した答えを(A)から(D)の中で一つ選びなさい。

01-05

こんにちは。私は中国から来た留学生です。経営学を学ぶために３年前に日本に来て、今は、埼玉県の大学に通っ①ています。学生寮にはいろいろな国の人がいます。韓国人やタイ人、もちろん日本人もいます。日本に来たばかりのとき一番困ったことは、アルバイトをするためにアルバイト情報誌で探して電話をしても、日本語がうまく話せないのでいつも断られてしまったことです。どうしても言葉が分からないときは紙に漢字を書いて見せたりしましたが、日本の漢字と中国の漢字は意味が違うことも多くて通じないこともありました。今は日本語も話せる　　②　　、毎日楽しく過ごしています。

01 この人はどこから来ましたか。

(A) 中国です。

(B) 埼玉県です。

(C) 韓国です。

(D) タイです。

02 この人が日本に来て一番困ったことは何ですか。

(A) アルバイトでたくさん失敗したこと。

(B) アルバイト雑誌の日本語が読めないこと。

(C) 日本語ができなくて、アルバイトができなかったこと。

(D) 中国語と日本語の漢字が違うこと。

03 この人が日本に来たのはどうしてですか。

(A) 仕事をするため。

(B) 大学で学ぶため。

(C) 友達に会うため。

(D) 日本文化を知るため。

04 ①ていますと同じ用法のものはどれですか。

(A) 子供は今、本を読んでいます。

(B) その人は太っています。

(C) 毎週ピアノを習っています。

(D) 父はもう寝ています。

05 ____②____ に入る言葉はどれですか。

(A) ようですから

(B) ようになって

(C) ことになって

(D) ことですから

06-10

ぼくはたいてい朝6時に起きます。①長い間の習慣のおかげで、目覚まし時計がなくても、この時間になると自然に目が＿＿②＿＿。それからシャワーを浴びます。平日はシャワーですが、休日にはお風呂に入ります。普通、お風呂は夜に入る人が多いのだけど、ぼくは朝にのんびり入るお風呂は特別にリラックスできると思います。それから、健康のためにジョギングをしています。夜ご飯を食べる前に川辺を走るのが日課です。これだけしていれば食べ物に特に気を使わなくても＿＿＿③＿＿＿。

06 男の人の①長い間の習慣は何ですか。

(A) 夜にお風呂に入ること。

(B) 朝、6時に起きること。

(C) 毎日ジョギングをすること。

(D) 目覚まし時計をかけること。

07 ＿＿②＿＿に入る適当な言葉はどれですか。

(A) 開けます。

(B) 覚まします。

(C) 起きます。

(D) 覚めます。

08 ＿＿＿＿③＿＿＿＿に入る適当な文はどれですか。
(A) ジョギングをするのが楽しいです。
(B) 健康を保つことができません。
(C) 元気でいられるのです。
(D) ご飯がおいしく感じます。

09 男の人が毎日必ずすることはどれですか。
(A) シャワーを浴びます。
(B) 朝、お風呂に入ります。
(C) ジョギングをします。
(D) 散歩をします。

10 本文の内容に合っているものはどれですか。
(A) 走ることが男の人の健康法です。
(B) 男の人は夜にお風呂に入るのが好きです。
(C) 男の人は寝る前に必ずジョギングをします。
(D) 男の人は朝起きるのが苦手です。

11-15

原田さんが小学校の先生になったのは、子供たちに「①あること」を伝えたい　②　です。原田さんはいいます。「僕は『③一人一人、みんな違っていていいんだよ』っていうのを教えたいんです。みんなと違うということは、恥ずかしいこと　④　すばらしいことなんです。」原田さんは、生まれた時から足がありません。でも、これが自分の個性だと原田さんは明るく言います。

11 ①あることとは何ですか。

(A) 人と違うことはすばらしいということ。

(B) 間違ったことをしてはいけないということ。

(C) あいさつのできる人になってほしいということ。

(D) 人間を愛する心を持ってほしいということ。

12 　②　に入る言葉はどれですか。

(A) から

(B) ので

(C) なの

(D) こと

13 ③一人の一と同じ読み方をするものはどれですか。
   (A) 一番
   (B) 一回
   (C) 一言
   (D) 一本

14 ＿＿④＿＿に入る言葉はどれですか。
   (A) じゃないで
   (B) だけど
   (C) だから
   (D) ではなくて

15 原田さんについて正しいものはどれですか。
   (A) 原田さんは足をけがしています。
   (B) 原田さんは学校の先生です。
   (C) 原田さんは先生になりたいです。
   (D) 原田さんは自分を恥ずかしく思っています。

16-20

さやかさん、暑中お見舞い申し上げます。いつも連絡しようと思いながら、ずいぶん長い間　①　してしまいました。すみません。さやかさんは元気にお過ごしですか。長い休みがはじまりましたね。去年は一緒に英語の学校に行きましたね。覚えてますか。今年は映画をたくさん見たり、買っておいた本を読んだりと、いつもは　②　できないことをするつもりです。さやかさんはどのように過ごす予定ですか。まだまだ、暑い日が続きますので体に気を付けて過ごしてくださいね。

春田友子より

16 いつの季節のあいさつですか。

(A) 春

(B) 夏

(C) 秋

(D) 冬

17 　①　に入る言葉はどれですか。

(A) おとさた

(B) おひさしぶり

(C) おやすみ

(D) ごぶさた

18 　②　 に入る言葉はどれですか。

(A) ようやく

(B) けっこう

(C) なかなか

(D) そろそろ

19 友子さんは休みに何をするつもりですか。

(A) 海外旅行に行くつもりです。

(B) 英語の勉強をするつもりです。

(C) 映画をたくさん見るつもりです。

(D) 本をたくさん買うつもりです。

20 本文の内容に合っているものはどれですか。

(A) 友子さんはさやかさんにいつも連絡します。

(B) 友子さんはさやかさんの体が弱いので心配です。

(C) 友子さんはさやかさんを旅行に誘っています。

(D) 友子さんはさやかさんの休みの予定を知りません。

21-25

みなさん、①今日はこの寒い中、わざわざ来てくださってありがとうございます。私と明子が初めて会ったのは、大学のテニスサークルでした。彼女が1年後輩で入ってきたんですが、②彼女は、おとなしい私とはちがって、元気で名前の通り明るい子という印象でした。あれから6年という長い年月が経ちましたが、彼女はいつも笑顔で私の心の支えになって　③　。今日から夫婦になりますが、これからは彼女と2人で楽しい家庭を作りたいと思っています。みなさん、暖かく見守ってください。

21 ①今日は何の日ですか。

(A) 卒業記念パーティ

(B) 大学の同窓会

(C) テニスサークルの集まり

(D) 男の人と明子さんの結婚式

22 明子さんはどんな人ですか。

(A) おとなしいけど明るい人

(B) テニスが上手な人

(C) 短気ですぐ怒る人

(D) 元気でいつも笑顔の人

23 ②彼女は、おとなしい私とはちがってとはどんな意味ですか。

(A) 彼女はおとなしいですが、私はそうではありません。

(B) 私はおとなしいですが、彼女はおとなしくありません。

(C) 彼女は私のことをおとなしいと思っていますが、ちがいます。

(D) 私はおとなしい時もありますが、元気な時もあります。

24 ＿＿＿③＿＿＿ に入る言葉はどれですか。

(A) くれました。

(B) あげました。

(C) もらいました。

(D) いただきました。

25 本文の内容と合っているものはどれですか。

(A) 2人が出会ってから1年になります。

(B) 男の人は明子さんの先輩です。

(C) 2人は友達の紹介で出会いました。

(D) 今日は気温が暖かいです。

> **26-30**
>
> 卒業旅行のことだけど、次のような条件で選ぼうと思います。
> 1. 治安がいい　2. 遊ぶ手段が豊富　3. 直行便がある　4. 手頃な値段、この4つです。候補にケアンズ、グアム、サイパンを考えてるんだけど、①みんなの意見はどうですか。この中　②　希望の多い場所に決めたいと思うので、このアドレスに希望の場所を書いて返信してください。日程はみんなで相談した③通り、3月20日　②　1週間にします。その後のホテルの手配は私に任せてくださいね。では、返信待ってます。
>
> 　　　　　　　　　　　　　　　　　　　　　　　　　　　　　　　田中より

26 旅行先の条件ではないものはどれですか。

(A) 安全なところ

(B) 値段が高くないところ

(C) 距離が近いところ

(D) 色々な遊びを楽しめるところ

27 ①みんなの意見をどのような方法で集めますか。

(A) 田中さんに電話をします。

(B) 田中さんにメールをします。

(C) 田中さんに手紙を書きます。

(D) 田中さんのホームページに意見を書きます。

28 ② の両方に入る言葉はどれですか。
(A) で
(B) から
(C) の
(D) に

29 ③通りと同じ用法のものはどれですか。
(A) 私の意見が通り、とても嬉しい。
(B) この通りは車がとても多い。
(C) みんなの予想通り、彼が優勝した。
(D) 彼は学校の前を通り、右に曲がった。

30 本文の内容に合っているものはどれですか。
(A) 卒業旅行はケアンズとグアムとサイパンです。
(B) 田中さんが旅行の日程を決めます。
(C) ３月２０日までに田中さんに返信します。
(D) ホテルの予約は田中さんがします。

30問

Ⅷ. 下の文を読んで、後の問いにもっとも適した答えを(A)から(D)の中で一つ選びなさい。

01-05
私は昨日妻と近くのショッピングセンターに行った。妻はここは野菜は高いから家の近くのスーパーで買うのだと言い、私たちは肉と魚を中心に買い物をした。会計を待って並んでいる時、妻が急に「あっ」と声を上げた。「どうしたの」と私が聞くと「そうそう、忘れてた。ここで３０００円以上買う　①　500円引きっていうクーポン持ってたのよ。今いくら買った。」そこで、私たちは急いで②ざっと計算してみると、3000円には若干足りない③ようだった。妻は、「じゃあ、せっかくだから野菜もここで買っちゃおうか。」と言い、私たちは再び売り場に戻った。野菜を買いながら、近くのスーパーで野菜を買うのと、クーポンを使うのとどちらが得なんだろうと考えたが、正直よく分からなかった。いずれにせよ、④この店の戦略にまんまとはまってしまったことだけは間違いない。

01 　①　に入る適当な言葉はどれですか。
(A) なら
(B) と
(C) とき
(D) のに

02 ②ざっとの意味として正しいものはどれですか。
(A) おおまかに
(B) すべて
(C) こまかく
(D) 頭の中で

03 ③ようと同じ用法のものはどれですか。
(A) 踊っている彼女の姿はまるで妖精のようだ。
(B) 冷めないうちに、早く食べようと彼は言った。
(C) 返事がないところをみると、まだ怒っているようですね。
(D) 部長、みんなが思っているような悪い人じゃないよ。

04 ④この店の戦略とは何ですか。
(A) 売り上げを伸ばすため野菜を高くしてあること。
(B) ３０００円以上買った方が得だと思わせること。
(C) クーポン発行によって店の評判をあげること。
(D) クーポンを使って野菜を安くすること。

05 本文の内容に合っているものはどれですか。
(A) 結局、野菜だけスーパーで買うことにした。
(B) ショッピングセンターに来たのはクーポンを使うためだ。
(C) スーパーには行かず、ショッピングセンターですべて買った。
(D) クーポンを使ったのでスーパーに行くよりやや安かった。

06-10

この頃話題になっている①下流くん。稼ぎも少なく、上昇志向もなく、毎日楽して生きられればいい……社会的な格差が広がっているとされる昨今、下流くんはますます増加すると言われています。そんな下流くんに目を____②____のが食品業界。下流くんの特徴のひとつである「食事にこだわりがない」を逆手にとって、新しい③市場を模索しているのです。下流くんは収入も少なく、食にこだわりがないので、食事は____④____。そこで食品業界も、「安くて味はそこそこ」の食品を開発しているのです。

06 ①下流くんとはどんな人を指しますか。

(A) 社会との関わりを避けて家の中だけで過ごしている人

(B) 安定した仕事がなく、アルバイトで生活している人

(C) 低収入に満足し、努力して上を目指そうとしない人

(D) 食べ物は安ければいいと思っている人

07 ____②____に入る言葉はどれですか。

(A) 入れた

(B) かけた

(C) つけた

(D) まるくした

08 ③市場の読み方として正しいものはどれですか。
(A) しじょん
(B) しじょう
(C) いちば
(D) しば

09 _____④_____ に入る最も適当な文はどれですか。
(A) 一日で最も幸せなひとときです。
(B) 他人とのコミュニケーションの手段の一つです。
(C) おいしいものをいかに安く食べるかが重要です。
(D) 空腹を満たすだけの行為に過ぎません。

10 食品業界はどんな食品の開発をしていますか。
(A) 安いけどおいしくない食品
(B) まずくなくて、値段も安い食品
(C) デザインなど細部までこだわった食品
(D) 簡単に食べられるインスタント食品

11-15

現在の医学では、ギャンブル依存症になってしまった患者を「適度に楽しめる」ように戻してくれる治療法はありません。唯一の解決策は、一生ギャンブルに　①　を出さないことです。②ブレーキの壊れた車は止めておけば何の害もありませんが、いったん走り出すと何かに衝突するまでは止まりません。しかし、衝突して壊れてからでは遅いのです。「節度を心がければ大丈夫」と考える人もいるでしょう。しかしそれは、ブレーキの壊れた車でも　　③　　という考えに似ています。実はギャンブルの回数を減らすことは、完全に止めることよりも難しいのです。そしてそれは依存症という進行性の病気の長い長い下り坂をただゆっくり　④　だけにすぎないのです。

11　　①　に入る適当な言葉はどれですか。

(A) 口

(B) 手

(C) 足

(D) 顔

12　②ブレーキの壊れた車とは何を指しますか。

(A) 現在の医学

(B) 依存症患者

(C) ギャンブル

(D) 長い下り坂

13 ＿＿＿③＿＿＿ に入る適当な文はどれですか。

(A) 車を走らせることはできる

(B) 止めておけば危険はない

(C) 修理すれば元通りになる

(D) ゆっくり走れば事故にならない

14 ＿＿＿④＿＿＿ に入る言葉はどれですか。

(A) さがっている

(B) おちている

(C) くだっている

(D) のぼっている

15 本文に合っているものはどれですか。

(A) ギャンブルをやめるには節度を守ることが大切だ。

(B) ギャンブルは車の運転のようなものだ。

(C) 一度依存症になったら治す方法はない。

(D) ギャンブルは完全にやめる以外解決法がない。

16-20

最近とても ___①___ 言葉がある。「すみません、打ち合わせしたときの話と《違く》て…」「前にお渡しした資料と《違かった》ですね。」クライアントの若い社員が当たり前のように発していて、本人は正しい言葉だと信じているようだ。テレビを観ていても、若いタレントが同じ言い回しをしている。ひどい場合には局アナまでが言っているのを見てイライラ ___②___ 。「違くて」「違かった」は本来、日本語には存在しない言い回し、つまり誤用である。「違かったですね」は正しくは ___③___ だ。こういう言葉の間違いを指摘すると、必ず ④言葉は生き物だ、という反論を受ける。それは事実なので否定しない。しかし、変化は受容するべきだが、乱れと変化を混同してはいけない。乱れを修正しつつ、伝統的な日本語を大切にしたい。

16 ___①___ に当てはまる言葉はどれですか。

(A) 耳を澄ます

(B) 耳に挟む

(C) 耳が痛い

(D) 耳に障る

17 ___②___ に入る正しいものはどれですか。

(A) させられる

(B) される

(C) させれる

(D) させる

18 ___③___ に入る正しいものはどれですか。

(A) 違うでしたね

(B) 違いましたね

(C) 違ったんですね

(D) 違いでしたね

19 ④言葉は生き物とはどういう意味ですか。

(A) 言葉には魂がこもっている。

(B) 言葉は本来変わり行くものだ。

(C) 言葉は丁寧に扱うべきものだ。

(D) 言葉は使い方によって意味が変化する。

20 本文の内容と合っているものはどれですか。

(A) 伝統的な日本語を守るためには言葉の変化を容認すべきでない。

(B) 言葉の変化と言葉の乱れは切り離して考えるべきだ。

(C) 若者の言葉が乱れているのはテレビの影響が大きい。

(D) 「違くなる」や「違かった」は言葉の変化である。

21-25

木曜日、オースティン郊外で銀行強盗事件が発生した。銀行にやってきた男は　①　と受付にいた職員を脅迫した。　②　、金を奪った男は逃げようともせず、それから約1時間も銀行内で雑誌を読んでいたため、駆けつけた警察官に簡単に逮捕された。警察当局の発表によると、男は犯行の動機を「映画館から出てきた③ばかりで、今見た映画の真似をしてみたかった」と供述しているそうだ。犯行において男は一切武器を使用せず、ケガをした人もいないとのことだ。

21　　①　に入る最も適切な文はどれですか。

(A) 金を払え

(B) 金をあげろ

(C) 金を出せ

(D) 金をくれ

22　　②　に入る言葉はどれですか。

(A) そのため

(B) やはり

(C) ところが

(D) なおさら

23 ③ばかりと同じ用法のものはどれですか。

(A) 先生になったばかりでまだうまく教えられない。

(B) よっぽど気に入ったのか、その曲ばかり聴いている。

(C) 彼女の努力にはただ感心するばかりだ。

(D) 彼は転勤を断ったばかりか会社まで辞めてしまった。

24 この記事のタイトルとして最も合っているものはどれですか。

(A) 凶悪強盗犯。ついに逮捕

(B) 犯人逃走。警察官が負傷

(C) 銀行員の機転で犯人逮捕

(D) 強盗シーンに憧れ銀行強盗

25 本文の内容に合っているものはどれですか。

(A) 男は雑誌を読むために銀行に来た。

(B) 今回の犯行は借金を返すためのものだった。

(C) 男は職員に銃を突き付け脅迫した。

(D) 男は雑誌を読んでいる間に逮捕された。

26-30

スポーツの競技であれば、勝敗やタイムなどの数値で能力が表されるので、誰が優勝したかは誰の目にも明らかです。しかし、「絵」の場合はどうでしょうか。どの絵が素晴らしいと思うかは見る人　①　違うし、時代　①　も違うのではないでしょうか。例えば、多くの人が②絶賛する絵であっても「こんな絵のどこがいいのか　③　分からない」と思う人もいるように、絵の好みというのはさまざまです。多くの人に認められなくても権威者一人に認められたがために有名になった人もいますし、後世に名を残した偉大な画家でも、生きている間には認められず、死後にようやく認められた人もいます。絵画の世界で認められるには実力はさることながら、運が必要なのかもしれません。

26 　①　に入る適当な言葉はどれですか。

(A) において

(B) につれて

(C) によって

(D) について

27 ②絶賛すると最も意味が近い言葉はどれですか。

(A) 尊敬する。

(B) 絶交する。

(C) 称賛する。

(D) 推薦する。

28　　③　に入る適当な言葉はどれですか。

(A) てっきり

(B) すっきり

(C) さっぱり

(D) すっかり

29　絵画の世界で認められるために必要なことは何ですか。

(A) 運は必要だが、実力が最も必要だ。

(B) 実力よりも、運がなければならない。

(C) 実力と運の両方がなくてはいけない。

(D) 実力を発揮するために運が必要だ。

30　本文の内容に合っているものはどれですか。

(A) スポーツ競技に勝つには運がよくなければならない。

(B) 有名な画家はたいてい死後に認められている。

(C 絵の良し悪しは誰がみても明確だ。

(D) 絵の評価は運や時代に左右されることが多い。

上級 30問

Ⅷ. 下の文を読んで、後の問いにもっとも適した答えを(A)から(D)の中で一つ選びなさい。

01-05

主婦のアイデアによる多くの発明商品が生まれている。2児の母親である安井さんは、夏の暑い日に子供をベビーカーに乗せてショッピングに出かけていたが、乗り換えで地下鉄の中を歩いているうちに、あまりの暑さに子供がぐったりしてしまったそうだ。この時、「階段やエスカレーターの場所が前もって分かるものがあると便利」と考えたのだ。そして、それからの行動がすごい。子供をおんぶしながら、東京の地下鉄の階段やエスカレーターを ① 調べ② あげたそうだ。そして、車両のどの辺に乗れば乗り換えが楽に出来るかが分かるマップを作ったのである。このように主婦の発明は ③ 体験から生まれているものが多く、なるほどこれは便利とうなずけるものが多い。その後、安井さんはこれを何とか商品化したいと約50社に売り込んだ。しかし、結果は全て不採用。それでも諦めずに売り込み続けた結果、ついにあるシステム手帳会社が採用してくれた。それを機に彼女は会社を興し、現在では年商は約1億5000万円になっているそうである。

01 安井さんが作ったものは何ですか。
(A) 地下鉄の乗換えが楽にできる車両に位置を示したマップ
(B) トイレや授乳室など地下鉄内の施設を示したマップ
(C) エスカレーターがある駅とない駅を示したマップ
(D) 目的地までの最短の行き方を示したマップ

02 　①　に入らないものはどれですか。
　　(A) くまなく
　　(B) 根掘り葉掘り
　　(C) 片っ端から
　　(D) 徹底的に

03 　②あげたと同じ用法のものはどれですか。
　　(A) 差しあげたサンプルは１週間分です。
　　(B) 事故のニュースを大きく取りあげた。
　　(C) ようやく原稿を書きあげた。
　　(D) 沈没した船を海から引きあげた。

04 　③　に当てはまる言葉はどれですか。
　　(A) 仕事上の
　　(B) 長年の
　　(C) 特別な
　　(D) 日常的な

05 　本文の内容と合っているものはどれですか。
　　(A) 安井さんは少ない主婦の発明家である。
　　(B) ショッピング中の出来事が発明につながった。
　　(C) 安井さんの行動力が成功につながった。
　　(D) マップは売り込んだ会社すべてに採用された。

06-10

青森大学が2005年に開発した「①携帯電話による出欠確認システム」がほかの大学でも　　②　　。学生の履修科目の出席状況が一目で分かり、教員の労力も大幅に軽減できるのがメリット。導入した大学では「携帯全盛の時代にぴったり。休み　　③　　な学生の指導や授業改善に役立つ」と好評だ。システムは青森大が開発し、青森共同計算センターが実用化した。確認方法は、講義中に教員が1桁の数字を発表、学生は携帯電話で1分以内に数字と講義名を専用サイトに入力する。携帯を忘れたり、持っていなかったりした学生は出席カードで対応する。学生160人が履修する歴史学の講義を持つ田村教授は「出席者が増え、遅刻も減った」と効果を指摘。また「最近はまじめに出席しても講義を理解できない学生がいる。出欠の手間が省けた分、学生の指導に力を注ぐことができる」と歓迎する。

06 ①携帯電話による出欠確認システムではどのように出欠を確認しますか。
(A) 授業の最後に発表されるキーワードをメールで先生に送る。
(B) 当日に発表された数字と講義名をサイトに入力する。
(C) 欠席する人は先生に携帯電話で連絡する。
(D) 出欠サイトで講義名と番号を選択してチェックする。

07 ①のシステムのいい点として正しくないものはどれですか。
(A) 学生一人一人の授業への出席率が把握しやすい。
(B) 出席をとるのに時間がかからない。
(C) 携帯電話のサイトで休講などの情報が分かる。
(D) 学生の出席率が高くなった。

08 ＿＿＿②＿＿＿に入る適当な語はどれですか。

(A) 使い始めた

(B) 使い始まった

(C) 使われ始めた

(D) 使われ始まった

09 ＿＿＿③＿＿＿に入る適切な語はどれですか。

(A) っぽい

(B) だらけ

(C) 気味

(D) がち

10 本文の内容に合っているものはどれですか。

(A) このシステムを導入した大学では携帯電話が必ず必要だ。

(B) このシステムの導入により、学生の学力が向上した。

(C) このシステムの導入により、授業により専念できるようになった。

(D) このシステムは開発されるやいなや全国に広まった。

11-15

「子供は言うことを聞きません。親は叱り続けるものです。それで子供も親も正常です。」子育て講演会での講師の言葉だ。どうしようもない子供も、ヒステリックな私も「それで正常ですよ」という診断なのだ。何となく①気が抜けた。叱られる子供の方が親から学ぶことが多い。多く叱られている子供の方が、親や他人とのコミュニケーションの量が圧倒的に多く、小さい頃からの人間形成には、叱られることが欠かせないのだそうだ。また、親が　②　叱ることも大切だそうだ。自分の親があきらめずに子供に関わり続けようとする行為そのものが、信頼関係や絆をはぐくむ基礎となる。「だから叱り続けなさい」きっぱりと言われた。子供を叱るのは疲れ果てることだが、「　③　」という先生の言葉を信じてしっかり子供と向かい合ってみようと思う。

11 ①気が抜けたの意味に一番近いものを選びなさい。
(A) 見損なった
(B) 落ち込んだ
(C) 拍子抜けした
(D) 気が引けた

12 叱ることのいい点として正しくないものはどれですか。
(A) 子供とのコミュニケーションが増える。
(B) 子供の信頼を得ることができる。
(C) 子供にさまざまなことを教えることができる。
(D) 子供に親の権威を示すことができる。

13 _____②_____ に入る言葉はどれですか。

(A) 大きな声で

(B) 一度だけ

(C) やさしく

(D) 繰り返し

14 _____③_____ に入る最も適切な文はどれですか。

(A) 叱ることによって親子の間に溝ができますよ。

(B) 子供は褒めて育てるものですよ。

(C) 叱られる子供の方が豊かに育つのですよ。

(D) 親と子は対等な関係でなければならないのですよ。

15 本文の内容と合っているものはどれですか。

(A) 子供には両親が揃っていることが必要だ。

(B) 子供を叱ることによって親が学ぶこともある。

(C) 見離さずに叱ることによって子供は親を信頼する。

(D) 親がヒステリックになると子供は言うことを聞かない。

16-20

夏休みを利用して、小学生に投資や金融の仕組みを教える教室が証券業界で広がっている。敵対的企業買収など証券市場に　①　ニュースが増加する中、投資への関心が子供の間でも　②　進んで参加を希望する小学生も少なくないという。昨年は１２回開催したが、希望者が多数で断る場合が多く、今年は約５０回開く。講師を務めるのは大手企業の現役役員らで、実際の経済活動などを紹介する。小学生など子供向けの投資・経済教室はここ数年増加しているが、　③　あるのも事実だ。昨年１月には、Ｔ証券が「株のがっこう」を開講。参加した小中学生２８人に、１人あたり１０万円を支給し、数カ月にわたり株取引を実体験してもらった。しかし「自立していない子供への教育としてはやり過ぎ」などの④批判が起きた。これに対しＴ証券側は「株取引は金もうけの手段と考えている子供が実際には多い。私たちは株取引そのものではなく、会社や経済の仕組みを正しく理解し、将来の生活や職業に役立ててもらうのが狙い」と話している。

16　　①　に入る適切な言葉はどれですか。

(A) 関する

(B) 基づいた

(C) 通じた

(D) 対する

17　　②　に入る適切な言葉はどれですか。

(A) 高なり

(B) 高まり

(C) 高ぶり

(D) 高じて

18 ＿＿＿③＿＿＿に入る最も適切な四字熟語はどれですか。
　(A) 悪戦苦闘
　(B) 波乱万丈
　(C) 紆余曲折
　(D) 賛否両論

19 ④批判の内容として正しいものはどれですか。
　(A) 子供に月１０万円の小遣いは多すぎる。
　(B) 株を金儲けの手段にすべきではない。
　(C) 経済については小中学校で教えるべきではない。
　(D) 子供に現金を使った株体験までさせる必要はない。

20 本文の内容に合っているものはどれですか。
　(A) 最近投資について教える小中学校が増えている。
　(B) 「株のがっこう」に参加した子供たちは10万円の利益を上げた。
　(C) T証券は投資家になりたい子供を育てたいと考えている。
　(D) 経済教室の目的は経済の仕組みを理解させることだ。

21-25

コンビニやマーケット、居酒屋、八百屋と、普段なにげなくつり銭を受け取っているが、たったそれだけの動作で①実にいろいろな渡し方があるのに驚かされる。レシートの上に置く人、レシートと小銭を別々に渡す人、手が触れないように落っことす人などいろいろだ。この２～３年で多くなったと感じるのは、＿＿＿②＿＿＿ような渡し方をする人だ。こちらとしては若い売り子さんに手を握られるような錯覚をおこし悪い気はしないが、なにせ他人にいきなり握ぎられる感覚なので時々③赤面してしまうほどだ。実は今日CDレンタル店に行ったのだが、つり銭を渡される時、手のひらの２センチくらい上から落とすので、あぶなく小銭を落とすところだった。確かに見ず知らずの人の手に少しでも触れるのは、ちょっと勇気がいるかもしれない。また、小銭が多い場合はお客さんの片手に載らず、落としてしまう場合もある。いっそ「トレー（お盆）」を用意して、レシートもつり銭も一緒に載せたらお互い気持ちが楽になるのではないだろうか。

21 ①実にと同じ意味のものはどれですか。

(A) 実は

(B) 本当に

(C) 実際には

(D) 意外に

22 ＿＿＿②＿＿＿に入る最も適切なものはどれですか。

(A) 手のひらにつり銭を載せて客に取らせる。

(B) 人差し指と親指で小銭をつまむ。

(C) お客さんの手の上に投げる。

(D) お客さんの手を両手ではさむ。

23 ③赤面してしまうはどんな気持ちを表しますか。

(A) びっくりする

(B) 腹が立つ

(C) 恥ずかしい

(D) 不思議だ

24 この人が提案するつり銭の渡し方はどれですか。

(A) レシートを渡してから小銭を渡す。

(B) 手を握るように小銭を渡す。

(C) トレーの上にレシートと小銭を置く。

(D) 手が触れないように気をつけて渡す。

25 本文の内容と合っているものはどれですか。

(A) つり銭を落とすように渡すのは勇気がいることだ。

(B) ここ２～３年でつり銭の渡し方が改善された。

(C) つり銭の渡し方は千差万別だ。

(D) CDレンタル店でのおつりの渡し方を見習うべきだ。

26-30

千葉県にある研究所「ソマテックセンター」でカレーのルーやカレーパウダーの開発や、スパイス、ハーブの研究をするのが彼の主な仕事だ。社内では「①キング・オブ・スパイスマスター」と呼ばれる。２０～５０種類のスパイスを配合して製造されるカレーパウダー。その香りも味も、スパイスの中で最も複雑なものだが、「鼻」「舌」「目」の３つの感覚を駆使して、出来上がったカレーの香り、味、彩りを　②　言い当てることができる。大学時代は微生物の研究をし、食品への関心からハウス食品を志望した。当初はスナック菓子の開発などに携わり、約１０年前からスパイス研究に携わるようになった。以前は「スパイスは品質が一定の工業製品のようなもの」という印象を持っていたが、実際に関わってみると、産地や収穫年によって香りや味が全く違うことを知った。カレールーの製品化に当たっては、出来上がりをいかに一定に保つかが　③　の見せ所だという。スパイスやハーブは、大半が漢方薬として利用されているもので、食べると健康になるカレーや香辛料などの開発に全力を挙げているそうだ。

26 彼が①キング・オブ・スパイスマスターと呼ばれる理由は何ですか。
(A) 食べると健康になるカレーを開発したから。
(B) 社内で一番長い間スパイス研究に携わっているから。
(C) カレーを食べただけでスパイスの調合が分かるから。
(D) カレーパウダーだけでどんなカレーができるか分かるから。

27　②　に入る適当な言葉はどれですか。
(A) ぴたりと
(B) ぽろりと
(C) ごろりと
(D) ずしりと

28 ③ に入る適当な言葉はどれですか。

(A) 頭

(B) 目

(C) 腕

(D) 腹

29 カレールーを製品化するのにもっとも難しいことは何ですか。

(A) 誰が食べてもおいしいと思うカレーを作ること。

(B) 原料をできるだけ同じ産地で仕入れること。

(C) 製品によって品質が変わらないようにすること。

(D) 出来上がりのカレーの味を予測すること。

30 本文の内容に合っているものはどれですか。

(A) 彼は入社以来スパイスの研究をしている。

(B) スパイスは産地や年で味が異なる。

(C) スパイスは品質が常に一定している。

(D) ソマテックセンターでは微生物の研究をしている。

Ⅷ. 下の文を読んで、後の問いにもっとも適した答えを(A)から(D)の中で一つ選びなさい。

01-03

小学生の時、私たちは運動場を毎日はだしで走りました。雪の降った日は、本当に冷たくて①つらかったです。でも、先生たちは、がまんできない子は弱い子だと言って、私もずっと「がまんすること」はいいことだと思っていました。それで、今の会社に入って初めての大切なプレゼンテーションに、高い熱があるのにがまんして参加しました。　　②　　途中で具合が悪くなって、みんなに迷惑をかけてしまいました。③そのことがあってから、わたしはがまんすることが必ずしもいいことではないと学びました。

01 私はどうして①つらかったのですか。
(A) 雪が降った日に学校に行くのが大変だったから。
(B) 雪が降っている中を靴をはかないで走ったから。
(C) 雪が降っているのに、かさがなかったから。
(D) 冬は寒くて、よく風邪をひいたから。

02 ＿＿＿②＿＿＿に入る言葉はどれですか。
(A) でも
(B) ところで
(C) それに
(D) また

03 ③そのこととはどんなことですか。
(A) 雪の日にはだしで走ったこと。
(B) 我慢してみんなに迷惑をかけたこと。
(C) 今の会社に入ったこと。
(D) 初めてのプレゼンテーションに参加したこと。

04-07

私は最近小説をよく読みます。小説といっても①携帯小説です。これは、携帯電話で読む小説で、電車やバスの中、駅のホームなど　②　手軽に読むことができますから、私はよくバスを待っている時に読みます。普通の小説と違うのは、まず小さな画面でも読みやすいように文章が短いこと、文章のほとんどが会話であることです。メールを読むように読めるので、メールに親しんでいる女子高生に特に人気があります。それから、ストーリーは毎日少しずつ更新されるので、私たちの意見によって結末が変わることもあります。

04 ①携帯小説の特徴として正しくないものはどれですか。

(A) どんな場所でも気軽に読めます。

(B) 物語が毎日少しづつ発表されます。

(C) 会話文が多いので簡単に読めます。

(D) 携帯電話サイズの本なので持ち運びに便利です。

05 この人はどこで携帯小説を読みますか。

(A) 電車の中

(B) バスの中

(C) バス停

(D) 駅のホーム

06 _____②_____ に入る言葉はどれですか。

(A) なんでも

(B) どこでも

(C) どうでも

(D) だれでも

07 女子高生に特に人気があるのはどうしてですか。

(A) 忙しい高校生にも手軽に読めるから。

(B) 高校生で本を買うお金がないから。

(C) 小説の内容が恋愛中心だから。

(D) メールを読むことに慣れているから。

08-11

私の家の前には、花の湯という銭湯があります。花の湯の入浴料は３００円でしたが、去年から４００円になりました。少し高いのでいつも行くことはできませんが、広いお風呂でゆっくりしたい時には行きます。この間、あるおじいさんが銭湯で①こんな話をしました。「私たちの時代の子供はいつも銭湯に来てね、風呂で泳ぐなとか、挨拶をしろとか怒られながら社会のルールを学んだんだよ。最近の子供は銭湯に来ないね。」私は銭湯には体を温めるだけでなく、それ以外にも②大切な役割があるのだと思いました。

08　私はどんな時に銭湯に行きますか。
　　(A) あまり時間がないとき
　　(B) 家の風呂がこわれたとき
　　(C) 広い風呂にゆっくりしたいとき
　　(D) 友達と話をしたいとき

09　①こんな話とはどんな話ですか。
　　(A)　最近、社会のルールを守らない大人が多い。
　　(B)　昔の子供は銭湯で社会のルールを学んだ。
　　(C)　最近の親は子供を怒らなくなった。
　　(D)　昔の子供は泳ぐのが上手だった。

10 ②大切な役割とは何ですか。

(A) 体を温めること。

(B) おじいさんと話をすること。

(C) 公共マナーを学ぶこと。

(D) 気持ちをリラックスすること。

11 本文の内容に合っているものはどれですか。

(A) 銭湯はマナーを守らない人がいるので行きたくない。

(B) 花の湯の入浴料は子供３００円、大人４００円だ。

(C) 花の湯は私の家から近いのでいつも行く。

(D) おじいさんが子供の頃はいつも銭湯に行った。

12-15

毎年日本漢字協会が、その年を最もよく表す「①今年の漢字」を発表します。「今年の漢字」は一般の人からの公募で一番多かったものが選ばれます。２００７年の漢字は「偽」に決まりました。「偽」は「嘘をつく」「事実を隠す」という意味ですが、２００７年は政界や食品業界、スポーツ界などで多くの偽装が発覚したため、この漢字が最もふさわしいと考える人が多かったのです。「今年の漢字」を見ると、その1年がどんな年だったかよく分かって②面白いです。来年はいい年になるといいですね。

12 ①今年の漢字とは何ですか。
- (A) その年に新しくできた漢字
- (B) その年を象徴する漢字
- (C) その年への希望を込めた漢字
- (D) その年に一番多く使われた漢字

13 ①今年の漢字はどうやって決まりますか。
- (A) 毎年、天皇陛下がその年に一番合う漢字を選ぶ。
- (B) 日本漢字協会で会議をして決める。
- (C) 一般の人の応募の中から多数決で決める。
- (D) 政界やスポーツ界などの人にアンケートをとる。

14 ２００７年の漢字が「偽」に決まった理由は何ですか。
(A) この年、日本中で多くの偽装が明らかになったから。
(B) 偽装問題に反対する大きなデモが起こった年だから。
(C) 子供に嘘をつく大人が増えてきたから。
(D) 偽物のブランド品がたくさん出回った年だから。

15 この人は何が②面白いと言っていますか。
(A) ２００７年に多くの偽装が発覚したこと。
(B) 今年の漢字が１年をよく表していること。
(C) 今年の漢字が発表されたこと。
(D) 来年がいい年になるということ。

16-19

みんながやっていない珍しいスポーツをやってみたい方、ロックラグビーはいかがでしょうか。これはただのラグビーではなく、ボールほどの大きさの岩を持って海底で行うラグビーで、ハワイで生まれました。もともとは海で人を助けるライフガードたちのトレーニングからできたものです。水中にコートを設置し、その両側に置かれた大きな岩の上にボール代わりの岩を置けば得点となります。息が苦しくなるのでチーム員が一度にもぐるのではなく、＿＿＿①＿＿＿パスを続けていくことがポイントです。ロックラグビーは誰にでもできる楽しいスポーツです。ロックラグビー協会では、ロックラグビーを安全に楽しむための講習会を開催しています。ぜひ一度問い合わせてみてはいかがでしょうか。

16 ロックラグビーとはどんなスポーツですか。
- (A) 水の入ったボールを使ってするラグビー
- (B) 海の中で岩をボールとして使うラグビー
- (C) トレーニングのための激しいラグビー
- (D) 大きな岩の上でプレーするラグビー

17 ロックラグビーはどのように生まれましたか。
- (A) ロックラグビー協会が新しいスポーツとして開発した。
- (B) ライフガードのトレーニング用として開発された。
- (C) ハワイでできる珍しいスポーツとして観光局が開発した。
- (D) 水泳選手の体力づくりのために開発された。

18 ①　　　に入る言葉はどれですか。

(A) 少しずつ走りながら

(B) 連続して走りながら

(C) 次々ともぐりながら

(D) 同時にもぐりながら

19 本文の内容に合っているものはどれですか。

(A) ロックラグビーは資格がないとできないスポーツだ。

(B) ロックラグビーは岩をボールの代わりとして使う。

(C) ロックラグビーは現在世界中でブームになっている。

(D) 講習会に申し込めば、ロックラグビーを体験できる。

20-22

「自分の住む地域の医療に満足しているか」という質問では、「非常に」と「多少は」を合わせて「満足している」人が７０％で、「不満だ」の計２７％を大きく上回った。ただ、不満に感じている人を都市規模別に見ると、小都市が大都市・中都市よりもはるかに多く、都市規模が小さくなるほど満足度が低くなる傾向が見られ、満足度が低かった理由のトップに医師不足が挙げられた。医師不足を感じている人を年代別で見ると、３０代が最も高かった。この世代は＿＿①＿＿で、医師不足に対する危機感や不安が強いようだ。この医師不足を解決するため、全国の病院や医療施設で結婚や育児、介護、配偶者の転勤などを理由に退職した社員が、元の職場に復帰できる制度を導入する動きが広がっている。

20 医療の満足度に関して正しいものはどれですか。
(A) 地域の医療に満足している人は約半数だ。
(B) 満足度は年代によって大きく異なる。
(C) 70％の人が医療に非常に満足している。
(D) 都市の大きさと満足度は比例している。

21 ＿＿①＿＿に入る適切な文はどれですか。
(A) 就職や進学で悩みの多い世代
(B) 年金生活で金銭的余裕のない世代
(C) 出産や子育てに直面している世代
(D) 体の成長が最も著しい世代

22 医師不足を解決するためにどんな動きがありますか。
(A) 一度辞めた医師や看護婦が復帰できるようにする。
(B) 都会から地方へ医師を派遣する制度を導入する。
(C) 医療施設の社員の新規採用を増やしていく。
(D) 地方勤務者の勤務待遇を都市よりも優遇する。

23-26

神社でおさい銭を入れるとき、「○○になってほしいなぁ」と願いながら入れると思いますが、①そのことが叶わなかったからといって金を返せと怒り出す人はいません。結婚相手に対しても同じ。もし、「優しさ」や「親切」をたくさんあげたのに、相手が返してくれなかった時、「　　②　　」という気持ちになると、相手との関係が悪くなってしまいます。「いつか返ってくればいい」「返ってこなければ、それはまぁ、しょうがない」くらいの軽い気持ちでいれば、相手との関係もうまくいきます。そして大切なのは「あなたが余裕があるときに、相手に優しくしろ」ということ。おさい銭に全財産を使う人はいませんよね。自分の時間の大部分を犠牲にしたり、ものすごく労力をかけてまで、相手に尽くす必要はないのです。大切なのは「自分の幸せを最優先にする」ことです。

23 ①そのこととは何ですか。
(A) 願い　　　　　　　　　　(B) 結婚
(C) おさい銭　　　　　　　　(D) 幸せ

24 　　②　　に入る言葉はどれですか。
(A) わたしだけ損をしている。　　(B) 返してくれなくて当然だ。
(C) あげた金がもったいない。　　(D) もっと優しくしよう。

25 この文でおさい銭とは何を例えていますか。
(A) 神社　　　　　　　　　　(B) 結婚相手
(C) 優しさ　　　　　　　　　(D) 余裕

26 この人の考えと合っているものはどれですか。
(A) 相手の幸せをまず第一に考えて行動することが大切だ。
(B) 優しくすればするほど相手も優しくしてくれるものだ。
(C) 与えただけの見返りが返ってくることを期待しないほうがよい。
(D) 自分を犠牲にして相手に尽くせば自分も幸せになれる。

27-30

世界中のレストランを厳しく格付けしてきた「①ミシュランガイド」の東京版がついに登場した。星の付いたレストランは、パリの６４店を大幅に上回る１５０店と驚くべき結果となった。星の数は評価を表す。一つ星は特に美味しい料理を提供するレストラン。二つ星が「遠回りしてでも訪れる価値があるレストラン。三つ星はそれを味わうために訪れる事自体が旅の目的になり得る、という判断基準である。評価は正体を隠した５人の覆面調査員が１年半かけて味やサービス、見た目の美しさなどを評価する。星を与えられた店は予約が殺到し、星を与えられることは料理人にとっても最高の名誉といえる。　②　星を辞退した店もあった。５０年の歴史を持つその老舗店のオーナーは「うちの店はカードが使えないし、従業員に語学ができるものがいない。外国人のお客さまが来ても満足なサービスができない」と話す。

27 ①ミシュランガイドとは何ですか。
(A) 有名レストランのシェフを紹介する本
(B) 世界中のレストランを格付けする本
(C) レストランの内部調査の結果をまとめた本
(D) 東京のおいしいレストランを紹介する本

28 評価はどのように行いますか。
(A) ミシュランガイドの読者からの人気投票で決める。
(B) レストランの売り上げと客数の多さで決める。
(C) 一般の客を装った調査員がさまざまな観点から評価する。
(D) 候補のレストランが調査員の前で料理を作って競い合う。

29 ___②___ に入る言葉はどれですか。
(A) それにしても
(B) もしくは
(C) しかも
(D) その一方で

30 本文の内容と合っていないものはどれですか。
(A) 一番評価が高いのは三つ星である。
(B) 星のついた店はパリより東京が多い。
(C) 外国人客に対応できないと星はもらえない。
(D) 星がついた店はすべておいしい店だ。

模擬 TEST2　30問

Ⅷ. 下の文を読んで、後の問いにもっとも適した答えを(A)から(D)の中で一つ選びなさい。

01-04

①高浜旅館の料理は魚料理がメインです。おいしい料理がとてもたくさん出てきて、最後のほうはおなかがいっぱいで全部食べられなかったのが残念でした。近くに海岸がありますが、私たちの部屋からは見えませんでした。場所は駅から少し遠いですが、電話をすれば駅まで旅館の人が車で迎えに来てくれるので安心です。また、希望者には車で近くの観光名所を案内してくれるそうです。②このサービスを希望する人は、予約をする時に申し込めばいいそうです。私は来年もまたこの旅館に泊まりたいです。

01 ①高浜旅館はどこにありますか。

(A) 駅の近く

(B) 山の近く

(C) 海の近く

(D) 街の中

02 どうして全部食べられなかったのですか。

(A) おいしくなかったから。

(B) 魚が好きではないから。

(C) 量が多かったから。

(D) 時間が足りなかったから。

03 ②このサービスとはどんなサービスですか。

(A) 釣った魚を料理してくれるサービス

(B) 駅まで迎えに来てくれるサービス

(C) 観光名所を案内してくれるサービス

(D) 早く予約すると宿泊代が安くなるサービス

04 この文の内容に合っているものはどれですか。

(A) 私は料理を少ししか食べませんでした。

(B) 私は高浜旅館に満足しています。

(C) 私たちは海岸で泳ぎました。

(D) 私たちは次の日も高浜旅館に泊まります。

05-07

私には年の離れた弟がいます。私は高校に通っていますが、弟はまだ５才です。ある日の夜、弟が泣きながらやって来て、眠れないと言いました。寝ようと思っても眠くならないというのです。すると母が「これは魔法の薬よ。」と言って弟に白い粉をあげました。次の日、弟が嬉しそうにやって来て「お母さん、①魔法が効いたよ。」と言いました。私はびっくりして母に「どんな薬なの。」と聞くと、母は「これよ。」と言って、台所の砂糖を見せてくれました。

05 弟はどうして泣きながら私のところに来たのですか。

(A) まだ、寝たくないから。

(B) 寝たいのに眠れないから。

(C) こわい夢をみたから。

(D) 勉強をやりたくないから。

06 ①魔法が効いたとはどういう意味ですか。

(A) 薬を飲んだ

(B) よく眠れた

(C) 魔法を覚えた

(D) 薬を下さい

07 正しいものはどれですか。

(A) 私と弟の年の差は５才だ。

(B) 私は高校で働いている。

(C) 弟は魔法が使えると嘘をついた。

(D) 母は砂糖を薬だと言った。

08-11

小橋さん、面倒なことをお願いしてすみません。小包は多分８日の夜に届くと思います。小橋さんが帰宅するのが７時ぐらいだと聞きましたので、さっき郵便局に電話をして「私が留守にするので、９時ごろ隣の201号室に届けてください」と言いました。それから、小包の中身は食べ物なので箱から出して冷蔵庫で保管してください。急な海外出張で小橋さんに迷惑をかけてしまってすみません。私は１３日の日曜日に帰る予定です。８時ごろ小包を取りに行きます。それまでよろしくお願いします。

08 小橋さんに何をお願いしましたか。
(A) 小包を郵便局に取りに行くこと。
(B) 小包をあずかって保管すること。
(C) 小包を海外に送ること。
(D) 小包を隣の部屋にもって行くこと。

09 小包が来るのは何時ごろですか。
(A) 8日の7時
(B) 13日の8時
(C) 8日の9時
(D) 13日の10時

10 この人はどうして家にいないのですか。
(A) 残業で遅く帰宅するから。
(B) 外国に旅行に行くから。
(C) 急に故郷に帰ることになったから。
(D) 仕事で出張するから。

11 本文の内容と合っているものはどれですか。
(A) 小包は箱のまま冷蔵庫に入れる。
(B) 小包には本や洋服が入っている。
(C) 私と小橋さんは部屋が隣だ。
(D) 私は土曜日に帰ってくる予定だ。

12-15

お客様へ①お知らせ

北村屋新宿店をいつもご利用いただきまして、誠にありがとうございます。
このたび、弊社が販売いたしましたベビーカー（品名パッソン）にボタンを押さなくても、ベルトが外れてしまうものが発見されましたため、弊社では万全を期して回収をさせていただくことにしました。つきましては、該当商品をお買い上げのお客様には誠にお手数ですが、全国の北村屋チェーン各店に申し出ていただくか、送料着払いで　②　。お客様には多大なご心配とご迷惑をおかけしますことを深くお詫び申し上げます。今後、より一層の品質管理の強化に努めてまいりますので、どうぞご理解とご協力をお願い申し上げます。

株式会社北村屋

12 何についての①お知らせですか。

(A) 新商品のお知らせ

(B) 商品回収のお知らせ

(C) 年末休業のお知らせ

(D) 商品発送のお知らせ

13 ___②___ に入る言葉はどれですか。
   (A) お送りになってください。
   (B) お送りください。
   (C) お送りしなさい。
   (D) お送りされてください。

14 商品にはどんな問題がありましたか。
   (A) ベルトがきちんと締まらない。
   (B) ベルトが勝手に外れる。
   (C) ボタンを押してもベルトが外れない。
   (D) ベルトを外すボタンがついていない。

15 本文の内容に合っているものはどれですか。
   (A) 北村屋は紳士服の専門店だ。
   (B) 北村屋は新宿店しかない。
   (C) 北村屋は店の評判がよくない。
   (D) 北村屋は品質管理を徹底するつもりだ。

16-18

メールや電話で事足りる現在、手紙やはがきの嬉しさは昔よりも倍増していますが、近頃はスゴイです。手紙なのに文字だけではなく声まで届くんです。これは「①しゃべレター紙レコ」といい、用紙の中にIC録音装置、スピーカー、電池を内蔵しているため、声や音を自由に録音・再生できる機能をもっています。使い方はまず録音ボタンを押して、用紙に録音します。録音時間は20秒。大きな声で話すのがポイントです。メッセージだけでなく、バースデーソングなどを歌ってみてもいいかもしれません。出来上がりは手紙と全く同じ。そのまま封筒に入れて投函できます。メールや電話は便利ですが、②手間暇かけてやってくる手紙には、なんともいえないぬくもりがあります。また、声も届けてくれるのですから、喜びもひとしおでしょう。

16 ①しゃべレター紙レコとは何ですか。

(A) 自分の歌を録音できるレコード

(B) 自分の声を録音できる用紙

(C) 手紙を届けてくれるロボット

(D) 相手に電話でメッセージを伝えるサービス

17 ②手間暇かけての正しい意味はどれですか。
(A) 暇な時間を使って
(B) 労力と時間を費やして
(C) 手書きの文字で
(D) 思いがけずに

18 本文の内容と合っているものはどれですか。
(A) 最近メロディが流れるカードが発売された。
(B) メールや電話より手紙の方が心が込もっている。
(C) しゃべレター紙レコを送るときは小包扱いだ。
(D) 録音時間が短いので気をつけなくてはならない。

19-22

仙台市の学習塾が夏期講習の無料化合戦を繰り広げている。仙台市に進出した大手学習塾が教材費を除いてゼロ円にすることを決めたのが引き金だ。それを受けて地元の塾も教材費以外は無料にしている。少子化で塾の経営が厳しくなり、塾生の争奪競争は過熱する一方だ。ゼロ円講習で受講生を呼び込み、夏休み明けの有料の通常授業に誘導しようという「①損して得取れ作戦」だ。この大手学習塾経営者は「１００万人都市仙台は魅力的な市場。無料化でも採算が合うと判断した。」と自信を見せる。一方、地元の塾も②同様のサービスで迎え撃つ。仙台圏に３０校を構えるある学院は「無料化だけでなく、地元で長年培った経験を生かし、きめ細かいサービスで勝負する」と対抗心を燃やす。ただ、ゼロ円競争のあまりの加熱ぶりに、塾関係者の間では「これでは経営基盤の弱い小規模な塾は厳しい状況に置かれるのではないか」と見通す③声が上がっている。

19 ①損して得取れ作戦とはどんな作戦ですか。

(A) 授業料をすべてゼロ円にして塾の知名度を上げる作戦

(B) 一定期間無料にして生徒を集めようという作戦

(C) きめ細かいサービスで生徒を満足させようという作戦

(D) 小規模な塾と合併して、塾の規模を大きくする作戦

20 ②同様のサービスとはどんなサービスですか。

(A) 親身な進路相談

(B) 教材費無料

(C) 夏期講習費無料

(D) 有名講師による指導

21 ③声と用法が同じものはどれですか。
    (A) 風邪を引いて声ががらがらだ。
    (B) 政治家は国民の声に耳を貸すべきだ。
    (C) 困っている人がいたので声をかけた。
    (D) 声を大にして言う。私は無実だ。

22 本文の内容に合っているものはどれですか。
    (A) 無料化競争は地元の塾から始まった。
    (B) 地元の塾は授業料無料化ではなく授業の質で勝負する。
    (C) 争奪競争が厳しくなった一因は少子化である。
    (D) 夏期講習の無料化は大手塾の経営も圧迫するだろう。

23-26

ひきこもりの男女比は、男性7女性3と言われる。男性が女性の約2倍の現象といって他に思いつくのが、不登校や自殺である。これらの現象は、「社会からの撤退行動」という形でくくることができ、①共通の根をもっていると推察できる。アメリカの社会心理学者ネッセは、希望という感情は努力が報われると感じた時に生じ、絶望は努力しても同じだと感じたときに生じるという。「社会からの撤退行動」が男性に多いのは、絶望感を感じる人が男性に多いからではないのか。現在の男らしさは、「競争に勝つこと」によってもたらされる。この競争社会に適応できないと、ひきこもりを誘発するという側面があるのではないか。　②　男らしくあれ＝競争に負けるな、というプレッシャーが関係していると考えられるのである。

23 ①共通の根とは何ですか。

(A) ジェンダー論

(B) 絶望感

(C) 男らしさ

(D) 撤退行動

24 本文では男性のひきこもりの原因を何だと考えていますか。

(A) 競争社会からの脱落

(B) 人間関係の欠如

(C) 精神的な弱さ

(D) 社会への反発

25 ___②___ に入る接続詞はどれですか。

(A) つまり

(B) しかし

(C) その上

(D) だから

26 本文の内容に合っているものはどれですか。

(A) 希望という感情は努力が実った時に生じる。

(B) 女性は男性よりも絶望感を感じやすい。

(C) 現在の男らしさとは競争に勝つことである。

(D) ひきこもりや自殺は中高年の男性に多い。

27-30

「1日2パック納豆を食べるとダイエット効果がある」と、人気テレビ番組で紹介されました。番組が放送された翌日から、全国では納豆を買い求める人が急激に増えて、納豆が売り切れるスーパーが相次ぎました。納豆メーカーにはいつもの何倍もの注文が舞い込んで、急いで生産しました。ところが番組が放送されてから約2週間後になって、その実験結果がほとんどでたらめだったことが判明。番組を放送した関西テレビは謝罪し、この番組を打ち切ると発表しました。しかし、困ってしまったのは①納豆メーカーです。スーパーなどからの大口の注文はキャンセルとなり、納豆メーカーは納豆を処分しなければならなくなりました。番組を信じて納豆を食べていた視聴者も怒りをあらわにし、「信じていたのに裏切られた」「過去の番組で、同じようなでたらめはなかったのか」と、テレビ局には＿＿②＿＿の電話が殺到しています。正確な事実を伝えなければならないテレビ局が嘘の情報を流した責任は重大です。しかし、視聴者も③そんなうまい話はないことを肝に銘じておくべきでしょう。

27 ①納豆メーカーが困ってしまったのはどうしてですか。

(A) 番組が急に打ち切られることになったから。

(B) 納豆が健康によくないことが発覚したから。

(C) 大量の注文が急にキャンセルになったから。

(D) 納豆にダイエット効果があると紹介されたから。

28 ＿＿②＿＿に当てはまる言葉はどれですか。

(A) 応援

(B) 問い合わせ

(C) 相談

(D) 抗議

29 ③そんなうまい話の内容に合っているものはどれですか。

(A) 納豆メーカーに大量の注文が入ったということ。

(B) 嘘でも面白い番組を作れば視聴率が取れるということ。

(C) 納豆を食べただけで痩せられるということ。

(D) 実験結果がすべてでたらめだと判明したこと。

30 本文の内容に合っているものはどれですか。

(A) テレビ番組のせいで納豆メーカーが次々倒産した。

(B) 人々は嘘の情報を流した納豆メーカーに怒りを感じている。

(C) テレビ局は今後この番組で嘘の情報を流さないことを約束した。

(D) 納豆メーカーが急いで増産した納豆は売れなかった。

PART 8 접속사

頑張れ！
460点！

순접

☐ **だから** 때문에, 그래서

今日は疲れた。だから家に帰って寝た。
오늘은 피곤했다. 그래서 집에 가서 잤다.

☐ **それで** 그래서

道がわからなかった。それで交番で聞いた。
길을 몰랐다. 그래서 파출소에서 물었다.

☐ **そこで** 그런 까닭으로(그래서)

明日は友達の誕生日だ。そこでみんなでパーティをすることにした。
내일은 친구의 생일이다. 그래서 모두 파티를 하기로 했다.

귀결

☐ **すると** 그러자

窓を開けた。すると雪が降っていた。
창문을 열었다. 그러자 눈이 내리고 있었다.

☐ **では / じゃ** 그럼

今日はこれで終わりですね。では、また明日。
오늘은 이것으로 끝이네요. 그럼, 내일 또.

이유 진술

□ **なぜなら** 왜냐하면

私は春が好きです。なぜなら暖かいからです。
나는 봄을 좋아합니다. 왜냐하면 따뜻하기 때문입니다.

병렬

□ **そして** 그리고

みんな一生懸命練習した。そして、当日は練習の成果を発揮した。
모두 열심히 연습했다. 그리고 당일은 연습한 성과를 발휘했다.

□ **それから** 그리고 나서

歯を磨いた。それから寝た。
이를 닦았다. 그리고 나서 잤다

역설

□ **しかし** 하지만, 그러나

この商品は安い。しかし、品質はよくない。
이 상품은 싸다. 그러나 품질은 좋지 않다.

□ **ところが** 그런데

朝は晴れていた。ところが昼から急に雨が降り出した。
아침에는 맑았다. 그런데 점심 때부터 갑자기 비가 내리기 시작했다.

첨가

☐ **また** 또

彼は作家でもあり、また教師でもある。
かれ　さっか　　　　　　　　きょうし
그는 작가이기도 하고, 또한 교사이기도 하다.

선택

☐ **または** 또는

来るときはバスまたは電車で来てください。
く　　　　　　　　　　　でんしゃ　き
올 때에는 버스 또는 전철로 와 주세요.

☐ **それとも** 혹은(아니면)

これにする。それともこっちがいい。
이걸로 할래? 아니면 이쪽이 좋아?

화제의 전환

☐ **ところで** 그런데

ところで、さっきの人は誰。
　　　　　　　　ひと　だれ
그런데 방금 전 사람은 누구?

예시

☐ **例えば** 예를 들면
　　たと

今度の旅行はヨーロッパ、例えばフランスなんてどう。
こんど　りょこう　　　　　　　　たと
이번 여행은 유럽, 예를 들어 프랑스 같은 곳은 어때?

目指せ! 740点!

순접

□ **それでは** 그렇다면, 그럼

皆さん集まりましたね。それでは始めましょう。
여러분 모이셨군요. 그럼 시작합시다.

A: 明日はちょっと用事があって……。 내일은 볼일이 좀 있어서……
B: それでは明後日はどうですか。 그러면 모레는 어떻습니까?

□ **それなら** 그거라면

A: 公演のポスターを作りたいんだけど絵が下手で……。
공연포스터를 만들고 싶은데 그림을 잘 못 그려서…
B: それなら、よしこさんが上手だよ。
그거라면 요시코 씨가 잘해요.

이유 진술

□ **というのは** ~라는 것은

僕は犬が好きじゃないんです。というのは昔かまれたことがあるからです。
나는 개를 좋아하지 않습니다. 왜냐하면 옛날에 물렸던 적이 있기 때문입니다.

□ **だって** 그럴지만, 하지만, 그런데

A: なんで食べないの。 왜 안 먹어?
B: だって、おいしくないんだもん。 하지만, 맛이 없는 걸.

PART 8 독해 173

병렬

□ **さらに** 게다가, 한층

今なら10パーセントオフです。**さらに**本日お買い上げの方に限り、素敵な景品を差し上げます。
지금이라면 10% 세일입니다. 게다가 오늘 사신 분에 한해 멋진 경품을 드립니다.

역설

□ **けれど(も)** 하지만, 그렇지만

締め切りは明日だ。**けれど**、全然できていない。
마감은 내일이다. 하지만 전혀 되어 있지 않다.

□ **だけど** 그렇지만, 하지만

納豆は好きじゃない。**だけど**体のために食べている。
낫토는 좋아하지 않는다. 하지만 몸을 위해서 먹고 있다.

□ **だが** 하지만

君の言うことは正論だ。**だが**現実的じゃない。
자네가 말한 것은 정론이다. 하지만 현실적이지 않아.

□ **それが** 그것이

当初は田中部長がスピーチをする予定だった。**それが**当日になって突然私に変更になった。
당초는 다나카 부장님이 연설을 할 예정이었다. 그게 당일날 갑자기 나로 변경되었다.

□ **それなのに** 그럼에도(불구하고)

会社のために一生懸命働いた。**それなのに**認めてもらえなかった。
회사를 위해서 열심히 일했다. 그럼에도 인정받지 못했다.

첨가

□ **しかも** 게다가

彼女はきれいだ。しかも若い。
그녀는 예쁘다. 게다가 젊다.

□ **それに** 그 위에, 게다가

ハワイに行こうよ。暖かいし、それにご飯もおいしいし。
하와이에 가자. 따뜻하지, 게다가 밥도 맛있지.

□ **そのうえ** 게다가

彼は有能で、そのうえ人柄もいい。
그는 유능하고, 게다가 성품도 좋다.

대비

□ **一方** 한편, 반면

今わが社は不景気だ。一方、物価はどんどん上がっている。
지금 우리회사는 불경기다. 반면에 물가는 점점 오르고 있다.

바꿔 말하기

□ **つまり** 결국, 요컨대

あの時実は僕の手は震えていた。つまり、緊張していたんだ。
그때 사실은 내 손은 떨고 있었다. 즉, 긴장하고 있었던 거야.

狙え！880点！

순접

□ **したがって** 따라서

反対2賛成10。**したがって**今回の案は可決されることになりました。
반대2 찬성10. 따라서 이번 안은 가결되는 것으로 결정되었습니다.

병렬

□ **おまけに** 게다가, 덤으로

今日はひどく寒い。**おまけに**雪まで降り出した。
오늘은 심하게 춥다. 게다가 눈까지 내리기 시작했다.

역설

□ **それにもかかわらず** 그럼에도 불구하고

途中で豪雨になった。**それにもかかわらず**試合は続行された。
도중에 폭우로 바뀌었다. 그럼에도 불구하고 시합은 속행되었다.

□ **とはいえ** ~라고는 하나

山田さんの営業成績はいいとは言えない。**とはいえ**、今さらクビにするわけにもいかない。
야마다 씨의 영업성적은 좋다고는 말할 수 없다. 그렇다고는 하나, 이제 와서 해고할 수도 없다.

첨가

☐ **および** 및

本店の移転、および臨時休業のお知らせを通知する。
ほんてん　いてん　　　　　りんじきゅうぎょう　　し　　つうち

본점의 이전 및 임시휴업을 통지하다.

☐ **ならびに** 및, 또

ご来賓の方々ならびに関係者の皆様に厚く御礼申し上げます。
らいひん　かたがた　　　　　かんけいしゃ　みなさま　あつ　おんれいもう　あ

내빈 여러분 및 관계자 여러분께 진심으로 감사인사 올립니다.

☐ **かつ** 동시에, 게다가, 또

敏速かつ正確に業務をこなしてください。
びんそく　　せいかく　ぎょうむ

신속하고 정확하게 업무를 처리해 주세요.

선택

☐ **あるいは** 혹은

特定の相手にしか電話しない方、あるいはメール中心の方にはこの
とくてい　あいて　　　　でんわ　　　かた　　　　　　　　　　ちゅうしん　かた
プランがお勧めです。
　　　　すす

특정 상대에게만 전화하는 분, 혹은 문자 중심으로 사용하는 분께 이 요금제를 추천합니다.

☐ **もしくは** 또는, 혹은

この欄に会社名もしくは個人名をご記入ください。
　　らん　かいしゃめい　　　　　こじんめい　　きにゅう

이 난에 회사명 또는 개인명을 기입해 주세요.

화제의 전환

□ **それにしても** 그건 그렇다 치고, 그건 그렇다 하더라도

それにしても、彼があんなにピアノが上手だなんて知らなかった。
그건 그렇고, 그가 그렇게 피아노를 잘 친다니 몰랐다.

□ **そう言えば** 그러고 보니

そう言えば、さっき吉田さんに偶然会ったよ。
그러고 보니 좀 전에 요시다 씨를 우연히 만났어.

□ **それはそうと** 그건 그렇다 치고

それはそうと、そろそろ会社に戻ったほうがいいんじゃない。
그건 그렇다 치고 슬슬 회사로 돌아가는 게 좋지 않겠어?

□ **それはさておき** 그건 그렇다 치고

それはさておき、本題に入りましょう。
그건 그렇다 치고, 본론에 들어갑시다.

바꿔 말하기

□ **要するに** 요컨대, 결국

いろいろ言い訳しているが、要するに君がだらしないからこんなことになるんだろう。
여러 변명을 하고 있지만, 결국 자네가 칠칠치 못하기 때문에 이런 식으로 되는 거겠지.

보충

□ **ただし** 단, 다만

ご自由にお持ちください。ただし、一人一つでお願いします。
마음대로 가지고 가세요. 단 한 명에 하나씩만 가져가시기 바랍니다.

□ **もっとも** 다만, 하기는

それは不可能だ。もっとも君が手伝ってくれるなら話は別だが。
그것은 불가능하다. 다만 자네가 도와준다면 이야기는 다르지만.

□ **なお** 덧붙여, 또한

なお、この件に関しまして当社では対応致しかねます。
또한, 그 건에 관해서 당사에서는 대응하기 어렵습니다.

□ **ちなみに** 이를테면, 덧붙여 말하자면

もうすぐ6月ですね。ちなみに私の誕生日も6月です。
곧 6월이군요. 덧붙여 말하자면 저의 생일도 6월입니다.

NO	초급 20문항 ANSWER A B C D	NO	중급 20문항 ANSWER A B C D	NO	상급 20문항 ANSWER A B C D	NO	모의TEST 1 20문항 ANSWER A B C D	NO	모의TEST 2 20문항 ANSWER A B C D
1	Ⓐ Ⓑ Ⓒ Ⓓ	1	Ⓐ Ⓑ Ⓒ Ⓓ	1	Ⓐ Ⓑ Ⓒ Ⓓ	1	Ⓐ Ⓑ Ⓒ Ⓓ	1	Ⓐ Ⓑ Ⓒ Ⓓ
2	Ⓐ Ⓑ Ⓒ Ⓓ	2	Ⓐ Ⓑ Ⓒ Ⓓ	2	Ⓐ Ⓑ Ⓒ Ⓓ	2	Ⓐ Ⓑ Ⓒ Ⓓ	2	Ⓐ Ⓑ Ⓒ Ⓓ
3	Ⓐ Ⓑ Ⓒ Ⓓ	3	Ⓐ Ⓑ Ⓒ Ⓓ	3	Ⓐ Ⓑ Ⓒ Ⓓ	3	Ⓐ Ⓑ Ⓒ Ⓓ	3	Ⓐ Ⓑ Ⓒ Ⓓ
4	Ⓐ Ⓑ Ⓒ Ⓓ	4	Ⓐ Ⓑ Ⓒ Ⓓ	4	Ⓐ Ⓑ Ⓒ Ⓓ	4	Ⓐ Ⓑ Ⓒ Ⓓ	4	Ⓐ Ⓑ Ⓒ Ⓓ
5	Ⓐ Ⓑ Ⓒ Ⓓ	5	Ⓐ Ⓑ Ⓒ Ⓓ	5	Ⓐ Ⓑ Ⓒ Ⓓ	5	Ⓐ Ⓑ Ⓒ Ⓓ	5	Ⓐ Ⓑ Ⓒ Ⓓ
6	Ⓐ Ⓑ Ⓒ Ⓓ	6	Ⓐ Ⓑ Ⓒ Ⓓ	6	Ⓐ Ⓑ Ⓒ Ⓓ	6	Ⓐ Ⓑ Ⓒ Ⓓ	6	Ⓐ Ⓑ Ⓒ Ⓓ
7	Ⓐ Ⓑ Ⓒ Ⓓ	7	Ⓐ Ⓑ Ⓒ Ⓓ	7	Ⓐ Ⓑ Ⓒ Ⓓ	7	Ⓐ Ⓑ Ⓒ Ⓓ	7	Ⓐ Ⓑ Ⓒ Ⓓ
8	Ⓐ Ⓑ Ⓒ Ⓓ	8	Ⓐ Ⓑ Ⓒ Ⓓ	8	Ⓐ Ⓑ Ⓒ Ⓓ	8	Ⓐ Ⓑ Ⓒ Ⓓ	8	Ⓐ Ⓑ Ⓒ Ⓓ
9	Ⓐ Ⓑ Ⓒ Ⓓ	9	Ⓐ Ⓑ Ⓒ Ⓓ	9	Ⓐ Ⓑ Ⓒ Ⓓ	9	Ⓐ Ⓑ Ⓒ Ⓓ	9	Ⓐ Ⓑ Ⓒ Ⓓ
10	Ⓐ Ⓑ Ⓒ Ⓓ	10	Ⓐ Ⓑ Ⓒ Ⓓ	10	Ⓐ Ⓑ Ⓒ Ⓓ	10	Ⓐ Ⓑ Ⓒ Ⓓ	10	Ⓐ Ⓑ Ⓒ Ⓓ
11	Ⓐ Ⓑ Ⓒ Ⓓ	11	Ⓐ Ⓑ Ⓒ Ⓓ	11	Ⓐ Ⓑ Ⓒ Ⓓ	11	Ⓐ Ⓑ Ⓒ Ⓓ	11	Ⓐ Ⓑ Ⓒ Ⓓ
12	Ⓐ Ⓑ Ⓒ Ⓓ	12	Ⓐ Ⓑ Ⓒ Ⓓ	12	Ⓐ Ⓑ Ⓒ Ⓓ	12	Ⓐ Ⓑ Ⓒ Ⓓ	12	Ⓐ Ⓑ Ⓒ Ⓓ
13	Ⓐ Ⓑ Ⓒ Ⓓ	13	Ⓐ Ⓑ Ⓒ Ⓓ	13	Ⓐ Ⓑ Ⓒ Ⓓ	13	Ⓐ Ⓑ Ⓒ Ⓓ	13	Ⓐ Ⓑ Ⓒ Ⓓ
14	Ⓐ Ⓑ Ⓒ Ⓓ	14	Ⓐ Ⓑ Ⓒ Ⓓ	14	Ⓐ Ⓑ Ⓒ Ⓓ	14	Ⓐ Ⓑ Ⓒ Ⓓ	14	Ⓐ Ⓑ Ⓒ Ⓓ
15	Ⓐ Ⓑ Ⓒ Ⓓ	15	Ⓐ Ⓑ Ⓒ Ⓓ	15	Ⓐ Ⓑ Ⓒ Ⓓ	15	Ⓐ Ⓑ Ⓒ Ⓓ	15	Ⓐ Ⓑ Ⓒ Ⓓ
16	Ⓐ Ⓑ Ⓒ Ⓓ	16	Ⓐ Ⓑ Ⓒ Ⓓ	16	Ⓐ Ⓑ Ⓒ Ⓓ	16	Ⓐ Ⓑ Ⓒ Ⓓ	16	Ⓐ Ⓑ Ⓒ Ⓓ
17	Ⓐ Ⓑ Ⓒ Ⓓ	17	Ⓐ Ⓑ Ⓒ Ⓓ	17	Ⓐ Ⓑ Ⓒ Ⓓ	17	Ⓐ Ⓑ Ⓒ Ⓓ	17	Ⓐ Ⓑ Ⓒ Ⓓ
18	Ⓐ Ⓑ Ⓒ Ⓓ	18	Ⓐ Ⓑ Ⓒ Ⓓ	18	Ⓐ Ⓑ Ⓒ Ⓓ	18	Ⓐ Ⓑ Ⓒ Ⓓ	18	Ⓐ Ⓑ Ⓒ Ⓓ
19	Ⓐ Ⓑ Ⓒ Ⓓ	19	Ⓐ Ⓑ Ⓒ Ⓓ	19	Ⓐ Ⓑ Ⓒ Ⓓ	19	Ⓐ Ⓑ Ⓒ Ⓓ	19	Ⓐ Ⓑ Ⓒ Ⓓ
20	Ⓐ Ⓑ Ⓒ Ⓓ	20	Ⓐ Ⓑ Ⓒ Ⓓ	20	Ⓐ Ⓑ Ⓒ Ⓓ	20	Ⓐ Ⓑ Ⓒ Ⓓ	20	Ⓐ Ⓑ Ⓒ Ⓓ

초급 20문항

NO	ANSWER			
	A	B	C	D
1	Ⓐ	Ⓑ	Ⓒ	Ⓓ
2	Ⓐ	Ⓑ	Ⓒ	Ⓓ
3	Ⓐ	Ⓑ	Ⓒ	Ⓓ
4	Ⓐ	Ⓑ	Ⓒ	Ⓓ
5	Ⓐ	Ⓑ	Ⓒ	Ⓓ
6	Ⓐ	Ⓑ	Ⓒ	Ⓓ
7	Ⓐ	Ⓑ	Ⓒ	Ⓓ
8	Ⓐ	Ⓑ	Ⓒ	Ⓓ
9	Ⓐ	Ⓑ	Ⓒ	Ⓓ
10	Ⓐ	Ⓑ	Ⓒ	Ⓓ
11	Ⓐ	Ⓑ	Ⓒ	Ⓓ
12	Ⓐ	Ⓑ	Ⓒ	Ⓓ
13	Ⓐ	Ⓑ	Ⓒ	Ⓓ
14	Ⓐ	Ⓑ	Ⓒ	Ⓓ
15	Ⓐ	Ⓑ	Ⓒ	Ⓓ
16	Ⓐ	Ⓑ	Ⓒ	Ⓓ
17	Ⓐ	Ⓑ	Ⓒ	Ⓓ
18	Ⓐ	Ⓑ	Ⓒ	Ⓓ
19	Ⓐ	Ⓑ	Ⓒ	Ⓓ
20	Ⓐ	Ⓑ	Ⓒ	Ⓓ

중급 20문항

NO	ANSWER			
	A	B	C	D
1	Ⓐ	Ⓑ	Ⓒ	Ⓓ
2	Ⓐ	Ⓑ	Ⓒ	Ⓓ
3	Ⓐ	Ⓑ	Ⓒ	Ⓓ
4	Ⓐ	Ⓑ	Ⓒ	Ⓓ
5	Ⓐ	Ⓑ	Ⓒ	Ⓓ
6	Ⓐ	Ⓑ	Ⓒ	Ⓓ
7	Ⓐ	Ⓑ	Ⓒ	Ⓓ
8	Ⓐ	Ⓑ	Ⓒ	Ⓓ
9	Ⓐ	Ⓑ	Ⓒ	Ⓓ
10	Ⓐ	Ⓑ	Ⓒ	Ⓓ
11	Ⓐ	Ⓑ	Ⓒ	Ⓓ
12	Ⓐ	Ⓑ	Ⓒ	Ⓓ
13	Ⓐ	Ⓑ	Ⓒ	Ⓓ
14	Ⓐ	Ⓑ	Ⓒ	Ⓓ
15	Ⓐ	Ⓑ	Ⓒ	Ⓓ
16	Ⓐ	Ⓑ	Ⓒ	Ⓓ
17	Ⓐ	Ⓑ	Ⓒ	Ⓓ
18	Ⓐ	Ⓑ	Ⓒ	Ⓓ
19	Ⓐ	Ⓑ	Ⓒ	Ⓓ
20	Ⓐ	Ⓑ	Ⓒ	Ⓓ

상급 20문항

NO	ANSWER			
	A	B	C	D
1	Ⓐ	Ⓑ	Ⓒ	Ⓓ
2	Ⓐ	Ⓑ	Ⓒ	Ⓓ
3	Ⓐ	Ⓑ	Ⓒ	Ⓓ
4	Ⓐ	Ⓑ	Ⓒ	Ⓓ
5	Ⓐ	Ⓑ	Ⓒ	Ⓓ
6	Ⓐ	Ⓑ	Ⓒ	Ⓓ
7	Ⓐ	Ⓑ	Ⓒ	Ⓓ
8	Ⓐ	Ⓑ	Ⓒ	Ⓓ
9	Ⓐ	Ⓑ	Ⓒ	Ⓓ
10	Ⓐ	Ⓑ	Ⓒ	Ⓓ
11	Ⓐ	Ⓑ	Ⓒ	Ⓓ
12	Ⓐ	Ⓑ	Ⓒ	Ⓓ
13	Ⓐ	Ⓑ	Ⓒ	Ⓓ
14	Ⓐ	Ⓑ	Ⓒ	Ⓓ
15	Ⓐ	Ⓑ	Ⓒ	Ⓓ
16	Ⓐ	Ⓑ	Ⓒ	Ⓓ
17	Ⓐ	Ⓑ	Ⓒ	Ⓓ
18	Ⓐ	Ⓑ	Ⓒ	Ⓓ
19	Ⓐ	Ⓑ	Ⓒ	Ⓓ
20	Ⓐ	Ⓑ	Ⓒ	Ⓓ

모의TEST 1 20문항

NO	ANSWER			
	A	B	C	D
1	Ⓐ	Ⓑ	Ⓒ	Ⓓ
2	Ⓐ	Ⓑ	Ⓒ	Ⓓ
3	Ⓐ	Ⓑ	Ⓒ	Ⓓ
4	Ⓐ	Ⓑ	Ⓒ	Ⓓ
5	Ⓐ	Ⓑ	Ⓒ	Ⓓ
6	Ⓐ	Ⓑ	Ⓒ	Ⓓ
7	Ⓐ	Ⓑ	Ⓒ	Ⓓ
8	Ⓐ	Ⓑ	Ⓒ	Ⓓ
9	Ⓐ	Ⓑ	Ⓒ	Ⓓ
10	Ⓐ	Ⓑ	Ⓒ	Ⓓ
11	Ⓐ	Ⓑ	Ⓒ	Ⓓ
12	Ⓐ	Ⓑ	Ⓒ	Ⓓ
13	Ⓐ	Ⓑ	Ⓒ	Ⓓ
14	Ⓐ	Ⓑ	Ⓒ	Ⓓ
15	Ⓐ	Ⓑ	Ⓒ	Ⓓ
16	Ⓐ	Ⓑ	Ⓒ	Ⓓ
17	Ⓐ	Ⓑ	Ⓒ	Ⓓ
18	Ⓐ	Ⓑ	Ⓒ	Ⓓ
19	Ⓐ	Ⓑ	Ⓒ	Ⓓ
20	Ⓐ	Ⓑ	Ⓒ	Ⓓ

모의TEST 2 20문항

NO	ANSWER			
	A	B	C	D
1	Ⓐ	Ⓑ	Ⓒ	Ⓓ
2	Ⓐ	Ⓑ	Ⓒ	Ⓓ
3	Ⓐ	Ⓑ	Ⓒ	Ⓓ
4	Ⓐ	Ⓑ	Ⓒ	Ⓓ
5	Ⓐ	Ⓑ	Ⓒ	Ⓓ
6	Ⓐ	Ⓑ	Ⓒ	Ⓓ
7	Ⓐ	Ⓑ	Ⓒ	Ⓓ
8	Ⓐ	Ⓑ	Ⓒ	Ⓓ
9	Ⓐ	Ⓑ	Ⓒ	Ⓓ
10	Ⓐ	Ⓑ	Ⓒ	Ⓓ
11	Ⓐ	Ⓑ	Ⓒ	Ⓓ
12	Ⓐ	Ⓑ	Ⓒ	Ⓓ
13	Ⓐ	Ⓑ	Ⓒ	Ⓓ
14	Ⓐ	Ⓑ	Ⓒ	Ⓓ
15	Ⓐ	Ⓑ	Ⓒ	Ⓓ
16	Ⓐ	Ⓑ	Ⓒ	Ⓓ
17	Ⓐ	Ⓑ	Ⓒ	Ⓓ
18	Ⓐ	Ⓑ	Ⓒ	Ⓓ
19	Ⓐ	Ⓑ	Ⓒ	Ⓓ
20	Ⓐ	Ⓑ	Ⓒ	Ⓓ

答案卡 / 답안지

초급 30문항					중급 30문항					상급 30문항					모의TEST 1 30문항					모의TEST 2 30문항				
NO	A	B	C	D	NO	A	B	C	D	NO	A	B	C	D	NO	A	B	C	D	NO	A	B	C	D
1	Ⓐ	Ⓑ	Ⓒ	Ⓓ	1	Ⓐ	Ⓑ	Ⓒ	Ⓓ	1	Ⓐ	Ⓑ	Ⓒ	Ⓓ	1	Ⓐ	Ⓑ	Ⓒ	Ⓓ	1	Ⓐ	Ⓑ	Ⓒ	Ⓓ
2	Ⓐ	Ⓑ	Ⓒ	Ⓓ	2	Ⓐ	Ⓑ	Ⓒ	Ⓓ	2	Ⓐ	Ⓑ	Ⓒ	Ⓓ	2	Ⓐ	Ⓑ	Ⓒ	Ⓓ	2	Ⓐ	Ⓑ	Ⓒ	Ⓓ
3	Ⓐ	Ⓑ	Ⓒ	Ⓓ	3	Ⓐ	Ⓑ	Ⓒ	Ⓓ	3	Ⓐ	Ⓑ	Ⓒ	Ⓓ	3	Ⓐ	Ⓑ	Ⓒ	Ⓓ	3	Ⓐ	Ⓑ	Ⓒ	Ⓓ
4	Ⓐ	Ⓑ	Ⓒ	Ⓓ	4	Ⓐ	Ⓑ	Ⓒ	Ⓓ	4	Ⓐ	Ⓑ	Ⓒ	Ⓓ	4	Ⓐ	Ⓑ	Ⓒ	Ⓓ	4	Ⓐ	Ⓑ	Ⓒ	Ⓓ
5	Ⓐ	Ⓑ	Ⓒ	Ⓓ	5	Ⓐ	Ⓑ	Ⓒ	Ⓓ	5	Ⓐ	Ⓑ	Ⓒ	Ⓓ	5	Ⓐ	Ⓑ	Ⓒ	Ⓓ	5	Ⓐ	Ⓑ	Ⓒ	Ⓓ
6	Ⓐ	Ⓑ	Ⓒ	Ⓓ	6	Ⓐ	Ⓑ	Ⓒ	Ⓓ	6	Ⓐ	Ⓑ	Ⓒ	Ⓓ	6	Ⓐ	Ⓑ	Ⓒ	Ⓓ	6	Ⓐ	Ⓑ	Ⓒ	Ⓓ
7	Ⓐ	Ⓑ	Ⓒ	Ⓓ	7	Ⓐ	Ⓑ	Ⓒ	Ⓓ	7	Ⓐ	Ⓑ	Ⓒ	Ⓓ	7	Ⓐ	Ⓑ	Ⓒ	Ⓓ	7	Ⓐ	Ⓑ	Ⓒ	Ⓓ
8	Ⓐ	Ⓑ	Ⓒ	Ⓓ	8	Ⓐ	Ⓑ	Ⓒ	Ⓓ	8	Ⓐ	Ⓑ	Ⓒ	Ⓓ	8	Ⓐ	Ⓑ	Ⓒ	Ⓓ	8	Ⓐ	Ⓑ	Ⓒ	Ⓓ
9	Ⓐ	Ⓑ	Ⓒ	Ⓓ	9	Ⓐ	Ⓑ	Ⓒ	Ⓓ	9	Ⓐ	Ⓑ	Ⓒ	Ⓓ	9	Ⓐ	Ⓑ	Ⓒ	Ⓓ	9	Ⓐ	Ⓑ	Ⓒ	Ⓓ
10	Ⓐ	Ⓑ	Ⓒ	Ⓓ	10	Ⓐ	Ⓑ	Ⓒ	Ⓓ	10	Ⓐ	Ⓑ	Ⓒ	Ⓓ	10	Ⓐ	Ⓑ	Ⓒ	Ⓓ	10	Ⓐ	Ⓑ	Ⓒ	Ⓓ
11	Ⓐ	Ⓑ	Ⓒ	Ⓓ	11	Ⓐ	Ⓑ	Ⓒ	Ⓓ	11	Ⓐ	Ⓑ	Ⓒ	Ⓓ	11	Ⓐ	Ⓑ	Ⓒ	Ⓓ	11	Ⓐ	Ⓑ	Ⓒ	Ⓓ
12	Ⓐ	Ⓑ	Ⓒ	Ⓓ	12	Ⓐ	Ⓑ	Ⓒ	Ⓓ	12	Ⓐ	Ⓑ	Ⓒ	Ⓓ	12	Ⓐ	Ⓑ	Ⓒ	Ⓓ	12	Ⓐ	Ⓑ	Ⓒ	Ⓓ
13	Ⓐ	Ⓑ	Ⓒ	Ⓓ	13	Ⓐ	Ⓑ	Ⓒ	Ⓓ	13	Ⓐ	Ⓑ	Ⓒ	Ⓓ	13	Ⓐ	Ⓑ	Ⓒ	Ⓓ	13	Ⓐ	Ⓑ	Ⓒ	Ⓓ
14	Ⓐ	Ⓑ	Ⓒ	Ⓓ	14	Ⓐ	Ⓑ	Ⓒ	Ⓓ	14	Ⓐ	Ⓑ	Ⓒ	Ⓓ	14	Ⓐ	Ⓑ	Ⓒ	Ⓓ	14	Ⓐ	Ⓑ	Ⓒ	Ⓓ
15	Ⓐ	Ⓑ	Ⓒ	Ⓓ	15	Ⓐ	Ⓑ	Ⓒ	Ⓓ	15	Ⓐ	Ⓑ	Ⓒ	Ⓓ	15	Ⓐ	Ⓑ	Ⓒ	Ⓓ	15	Ⓐ	Ⓑ	Ⓒ	Ⓓ
16	Ⓐ	Ⓑ	Ⓒ	Ⓓ	16	Ⓐ	Ⓑ	Ⓒ	Ⓓ	16	Ⓐ	Ⓑ	Ⓒ	Ⓓ	16	Ⓐ	Ⓑ	Ⓒ	Ⓓ	16	Ⓐ	Ⓑ	Ⓒ	Ⓓ
17	Ⓐ	Ⓑ	Ⓒ	Ⓓ	17	Ⓐ	Ⓑ	Ⓒ	Ⓓ	17	Ⓐ	Ⓑ	Ⓒ	Ⓓ	17	Ⓐ	Ⓑ	Ⓒ	Ⓓ	17	Ⓐ	Ⓑ	Ⓒ	Ⓓ
18	Ⓐ	Ⓑ	Ⓒ	Ⓓ	18	Ⓐ	Ⓑ	Ⓒ	Ⓓ	18	Ⓐ	Ⓑ	Ⓒ	Ⓓ	18	Ⓐ	Ⓑ	Ⓒ	Ⓓ	18	Ⓐ	Ⓑ	Ⓒ	Ⓓ
19	Ⓐ	Ⓑ	Ⓒ	Ⓓ	19	Ⓐ	Ⓑ	Ⓒ	Ⓓ	19	Ⓐ	Ⓑ	Ⓒ	Ⓓ	19	Ⓐ	Ⓑ	Ⓒ	Ⓓ	19	Ⓐ	Ⓑ	Ⓒ	Ⓓ
20	Ⓐ	Ⓑ	Ⓒ	Ⓓ	20	Ⓐ	Ⓑ	Ⓒ	Ⓓ	20	Ⓐ	Ⓑ	Ⓒ	Ⓓ	20	Ⓐ	Ⓑ	Ⓒ	Ⓓ	20	Ⓐ	Ⓑ	Ⓒ	Ⓓ
21	Ⓐ	Ⓑ	Ⓒ	Ⓓ	21	Ⓐ	Ⓑ	Ⓒ	Ⓓ	21	Ⓐ	Ⓑ	Ⓒ	Ⓓ	21	Ⓐ	Ⓑ	Ⓒ	Ⓓ	21	Ⓐ	Ⓑ	Ⓒ	Ⓓ
22	Ⓐ	Ⓑ	Ⓒ	Ⓓ	22	Ⓐ	Ⓑ	Ⓒ	Ⓓ	22	Ⓐ	Ⓑ	Ⓒ	Ⓓ	22	Ⓐ	Ⓑ	Ⓒ	Ⓓ	22	Ⓐ	Ⓑ	Ⓒ	Ⓓ
23	Ⓐ	Ⓑ	Ⓒ	Ⓓ	23	Ⓐ	Ⓑ	Ⓒ	Ⓓ	23	Ⓐ	Ⓑ	Ⓒ	Ⓓ	23	Ⓐ	Ⓑ	Ⓒ	Ⓓ	23	Ⓐ	Ⓑ	Ⓒ	Ⓓ
24	Ⓐ	Ⓑ	Ⓒ	Ⓓ	24	Ⓐ	Ⓑ	Ⓒ	Ⓓ	24	Ⓐ	Ⓑ	Ⓒ	Ⓓ	24	Ⓐ	Ⓑ	Ⓒ	Ⓓ	24	Ⓐ	Ⓑ	Ⓒ	Ⓓ
25	Ⓐ	Ⓑ	Ⓒ	Ⓓ	25	Ⓐ	Ⓑ	Ⓒ	Ⓓ	25	Ⓐ	Ⓑ	Ⓒ	Ⓓ	25	Ⓐ	Ⓑ	Ⓒ	Ⓓ	25	Ⓐ	Ⓑ	Ⓒ	Ⓓ
26	Ⓐ	Ⓑ	Ⓒ	Ⓓ	26	Ⓐ	Ⓑ	Ⓒ	Ⓓ	26	Ⓐ	Ⓑ	Ⓒ	Ⓓ	26	Ⓐ	Ⓑ	Ⓒ	Ⓓ	26	Ⓐ	Ⓑ	Ⓒ	Ⓓ
27	Ⓐ	Ⓑ	Ⓒ	Ⓓ	27	Ⓐ	Ⓑ	Ⓒ	Ⓓ	27	Ⓐ	Ⓑ	Ⓒ	Ⓓ	27	Ⓐ	Ⓑ	Ⓒ	Ⓓ	27	Ⓐ	Ⓑ	Ⓒ	Ⓓ
28	Ⓐ	Ⓑ	Ⓒ	Ⓓ	28	Ⓐ	Ⓑ	Ⓒ	Ⓓ	28	Ⓐ	Ⓑ	Ⓒ	Ⓓ	28	Ⓐ	Ⓑ	Ⓒ	Ⓓ	28	Ⓐ	Ⓑ	Ⓒ	Ⓓ
29	Ⓐ	Ⓑ	Ⓒ	Ⓓ	29	Ⓐ	Ⓑ	Ⓒ	Ⓓ	29	Ⓐ	Ⓑ	Ⓒ	Ⓓ	29	Ⓐ	Ⓑ	Ⓒ	Ⓓ	29	Ⓐ	Ⓑ	Ⓒ	Ⓓ
30	Ⓐ	Ⓑ	Ⓒ	Ⓓ	30	Ⓐ	Ⓑ	Ⓒ	Ⓓ	30	Ⓐ	Ⓑ	Ⓒ	Ⓓ	30	Ⓐ	Ⓑ	Ⓒ	Ⓓ	30	Ⓐ	Ⓑ	Ⓒ	Ⓓ

초급 30문항 ANSWER

NO	A	B	C	D
1	Ⓐ	Ⓑ	Ⓒ	Ⓓ
2	Ⓐ	Ⓑ	Ⓒ	Ⓓ
3	Ⓐ	Ⓑ	Ⓒ	Ⓓ
4	Ⓐ	Ⓑ	Ⓒ	Ⓓ
5	Ⓐ	Ⓑ	Ⓒ	Ⓓ
6	Ⓐ	Ⓑ	Ⓒ	Ⓓ
7	Ⓐ	Ⓑ	Ⓒ	Ⓓ
8	Ⓐ	Ⓑ	Ⓒ	Ⓓ
9	Ⓐ	Ⓑ	Ⓒ	Ⓓ
10	Ⓐ	Ⓑ	Ⓒ	Ⓓ
11	Ⓐ	Ⓑ	Ⓒ	Ⓓ
12	Ⓐ	Ⓑ	Ⓒ	Ⓓ
13	Ⓐ	Ⓑ	Ⓒ	Ⓓ
14	Ⓐ	Ⓑ	Ⓒ	Ⓓ
15	Ⓐ	Ⓑ	Ⓒ	Ⓓ
16	Ⓐ	Ⓑ	Ⓒ	Ⓓ
17	Ⓐ	Ⓑ	Ⓒ	Ⓓ
18	Ⓐ	Ⓑ	Ⓒ	Ⓓ
19	Ⓐ	Ⓑ	Ⓒ	Ⓓ
20	Ⓐ	Ⓑ	Ⓒ	Ⓓ
21	Ⓐ	Ⓑ	Ⓒ	Ⓓ
22	Ⓐ	Ⓑ	Ⓒ	Ⓓ
23	Ⓐ	Ⓑ	Ⓒ	Ⓓ
24	Ⓐ	Ⓑ	Ⓒ	Ⓓ
25	Ⓐ	Ⓑ	Ⓒ	Ⓓ
26	Ⓐ	Ⓑ	Ⓒ	Ⓓ
27	Ⓐ	Ⓑ	Ⓒ	Ⓓ
28	Ⓐ	Ⓑ	Ⓒ	Ⓓ
29	Ⓐ	Ⓑ	Ⓒ	Ⓓ
30	Ⓐ	Ⓑ	Ⓒ	Ⓓ

중급 30문항 ANSWER

NO	A	B	C	D
1	Ⓐ	Ⓑ	Ⓒ	Ⓓ
2	Ⓐ	Ⓑ	Ⓒ	Ⓓ
3	Ⓐ	Ⓑ	Ⓒ	Ⓓ
4	Ⓐ	Ⓑ	Ⓒ	Ⓓ
5	Ⓐ	Ⓑ	Ⓒ	Ⓓ
6	Ⓐ	Ⓑ	Ⓒ	Ⓓ
7	Ⓐ	Ⓑ	Ⓒ	Ⓓ
8	Ⓐ	Ⓑ	Ⓒ	Ⓓ
9	Ⓐ	Ⓑ	Ⓒ	Ⓓ
10	Ⓐ	Ⓑ	Ⓒ	Ⓓ
11	Ⓐ	Ⓑ	Ⓒ	Ⓓ
12	Ⓐ	Ⓑ	Ⓒ	Ⓓ
13	Ⓐ	Ⓑ	Ⓒ	Ⓓ
14	Ⓐ	Ⓑ	Ⓒ	Ⓓ
15	Ⓐ	Ⓑ	Ⓒ	Ⓓ
16	Ⓐ	Ⓑ	Ⓒ	Ⓓ
17	Ⓐ	Ⓑ	Ⓒ	Ⓓ
18	Ⓐ	Ⓑ	Ⓒ	Ⓓ
19	Ⓐ	Ⓑ	Ⓒ	Ⓓ
20	Ⓐ	Ⓑ	Ⓒ	Ⓓ
21	Ⓐ	Ⓑ	Ⓒ	Ⓓ
22	Ⓐ	Ⓑ	Ⓒ	Ⓓ
23	Ⓐ	Ⓑ	Ⓒ	Ⓓ
24	Ⓐ	Ⓑ	Ⓒ	Ⓓ
25	Ⓐ	Ⓑ	Ⓒ	Ⓓ
26	Ⓐ	Ⓑ	Ⓒ	Ⓓ
27	Ⓐ	Ⓑ	Ⓒ	Ⓓ
28	Ⓐ	Ⓑ	Ⓒ	Ⓓ
29	Ⓐ	Ⓑ	Ⓒ	Ⓓ
30	Ⓐ	Ⓑ	Ⓒ	Ⓓ

상급 30문항 ANSWER

NO	A	B	C	D
1	Ⓐ	Ⓑ	Ⓒ	Ⓓ
2	Ⓐ	Ⓑ	Ⓒ	Ⓓ
3	Ⓐ	Ⓑ	Ⓒ	Ⓓ
4	Ⓐ	Ⓑ	Ⓒ	Ⓓ
5	Ⓐ	Ⓑ	Ⓒ	Ⓓ
6	Ⓐ	Ⓑ	Ⓒ	Ⓓ
7	Ⓐ	Ⓑ	Ⓒ	Ⓓ
8	Ⓐ	Ⓑ	Ⓒ	Ⓓ
9	Ⓐ	Ⓑ	Ⓒ	Ⓓ
10	Ⓐ	Ⓑ	Ⓒ	Ⓓ
11	Ⓐ	Ⓑ	Ⓒ	Ⓓ
12	Ⓐ	Ⓑ	Ⓒ	Ⓓ
13	Ⓐ	Ⓑ	Ⓒ	Ⓓ
14	Ⓐ	Ⓑ	Ⓒ	Ⓓ
15	Ⓐ	Ⓑ	Ⓒ	Ⓓ
16	Ⓐ	Ⓑ	Ⓒ	Ⓓ
17	Ⓐ	Ⓑ	Ⓒ	Ⓓ
18	Ⓐ	Ⓑ	Ⓒ	Ⓓ
19	Ⓐ	Ⓑ	Ⓒ	Ⓓ
20	Ⓐ	Ⓑ	Ⓒ	Ⓓ
21	Ⓐ	Ⓑ	Ⓒ	Ⓓ
22	Ⓐ	Ⓑ	Ⓒ	Ⓓ
23	Ⓐ	Ⓑ	Ⓒ	Ⓓ
24	Ⓐ	Ⓑ	Ⓒ	Ⓓ
25	Ⓐ	Ⓑ	Ⓒ	Ⓓ
26	Ⓐ	Ⓑ	Ⓒ	Ⓓ
27	Ⓐ	Ⓑ	Ⓒ	Ⓓ
28	Ⓐ	Ⓑ	Ⓒ	Ⓓ
29	Ⓐ	Ⓑ	Ⓒ	Ⓓ
30	Ⓐ	Ⓑ	Ⓒ	Ⓓ

모의TEST 1 30문항 ANSWER

NO	A	B	C	D
1	Ⓐ	Ⓑ	Ⓒ	Ⓓ
2	Ⓐ	Ⓑ	Ⓒ	Ⓓ
3	Ⓐ	Ⓑ	Ⓒ	Ⓓ
4	Ⓐ	Ⓑ	Ⓒ	Ⓓ
5	Ⓐ	Ⓑ	Ⓒ	Ⓓ
6	Ⓐ	Ⓑ	Ⓒ	Ⓓ
7	Ⓐ	Ⓑ	Ⓒ	Ⓓ
8	Ⓐ	Ⓑ	Ⓒ	Ⓓ
9	Ⓐ	Ⓑ	Ⓒ	Ⓓ
10	Ⓐ	Ⓑ	Ⓒ	Ⓓ
11	Ⓐ	Ⓑ	Ⓒ	Ⓓ
12	Ⓐ	Ⓑ	Ⓒ	Ⓓ
13	Ⓐ	Ⓑ	Ⓒ	Ⓓ
14	Ⓐ	Ⓑ	Ⓒ	Ⓓ
15	Ⓐ	Ⓑ	Ⓒ	Ⓓ
16	Ⓐ	Ⓑ	Ⓒ	Ⓓ
17	Ⓐ	Ⓑ	Ⓒ	Ⓓ
18	Ⓐ	Ⓑ	Ⓒ	Ⓓ
19	Ⓐ	Ⓑ	Ⓒ	Ⓓ
20	Ⓐ	Ⓑ	Ⓒ	Ⓓ
21	Ⓐ	Ⓑ	Ⓒ	Ⓓ
22	Ⓐ	Ⓑ	Ⓒ	Ⓓ
23	Ⓐ	Ⓑ	Ⓒ	Ⓓ
24	Ⓐ	Ⓑ	Ⓒ	Ⓓ
25	Ⓐ	Ⓑ	Ⓒ	Ⓓ
26	Ⓐ	Ⓑ	Ⓒ	Ⓓ
27	Ⓐ	Ⓑ	Ⓒ	Ⓓ
28	Ⓐ	Ⓑ	Ⓒ	Ⓓ
29	Ⓐ	Ⓑ	Ⓒ	Ⓓ
30	Ⓐ	Ⓑ	Ⓒ	Ⓓ

모의TEST 2 30문항 ANSWER

NO	A	B	C	D
1	Ⓐ	Ⓑ	Ⓒ	Ⓓ
2	Ⓐ	Ⓑ	Ⓒ	Ⓓ
3	Ⓐ	Ⓑ	Ⓒ	Ⓓ
4	Ⓐ	Ⓑ	Ⓒ	Ⓓ
5	Ⓐ	Ⓑ	Ⓒ	Ⓓ
6	Ⓐ	Ⓑ	Ⓒ	Ⓓ
7	Ⓐ	Ⓑ	Ⓒ	Ⓓ
8	Ⓐ	Ⓑ	Ⓒ	Ⓓ
9	Ⓐ	Ⓑ	Ⓒ	Ⓓ
10	Ⓐ	Ⓑ	Ⓒ	Ⓓ
11	Ⓐ	Ⓑ	Ⓒ	Ⓓ
12	Ⓐ	Ⓑ	Ⓒ	Ⓓ
13	Ⓐ	Ⓑ	Ⓒ	Ⓓ
14	Ⓐ	Ⓑ	Ⓒ	Ⓓ
15	Ⓐ	Ⓑ	Ⓒ	Ⓓ
16	Ⓐ	Ⓑ	Ⓒ	Ⓓ
17	Ⓐ	Ⓑ	Ⓒ	Ⓓ
18	Ⓐ	Ⓑ	Ⓒ	Ⓓ
19	Ⓐ	Ⓑ	Ⓒ	Ⓓ
20	Ⓐ	Ⓑ	Ⓒ	Ⓓ
21	Ⓐ	Ⓑ	Ⓒ	Ⓓ
22	Ⓐ	Ⓑ	Ⓒ	Ⓓ
23	Ⓐ	Ⓑ	Ⓒ	Ⓓ
24	Ⓐ	Ⓑ	Ⓒ	Ⓓ
25	Ⓐ	Ⓑ	Ⓒ	Ⓓ
26	Ⓐ	Ⓑ	Ⓒ	Ⓓ
27	Ⓐ	Ⓑ	Ⓒ	Ⓓ
28	Ⓐ	Ⓑ	Ⓒ	Ⓓ
29	Ⓐ	Ⓑ	Ⓒ	Ⓓ
30	Ⓐ	Ⓑ	Ⓒ	Ⓓ

THE 잘 풀리는 JPT 독해 해설집

초판 인쇄 | 2009년 3월 24일
초판 발행 | 2009년 3월 27일

저자 | 나카자와 유키(中澤有紀)
발행인 | 김태웅
편집장 | 김연한
책임 편집 | 김주희
디자인 | 안성민, 차경숙
영업 | 남상조, 한찬수, 육장석, 한승엽, 박종원, 박광균
제작 | 이시우

발행처 | 동양문고 · 상상공방
등록 | 제 10-806호(1993년 4월 3일)
주소 | 서울시 마포구 서교동 463-16호 (121-841)
전화 | (02)337-1737
팩스 | (02)334-6624
웹사이트 | http : //www.dongyangbooks.com
　　　　　 http : //www.dongyangTV.com

Copyright ⓒ 2009 dongyangbooks
ISBN 978-89-8300-641-7 13730

▶ 본 책은 저작권법에 의해 보호를 받는 저작물이므로 무단 전재와 복제를 금합니다.
▶ 동양문고는 동양북스의 아시아권 어학 전문 브랜드입니다.

THE 잘 풀리는 JPT 독해

나카자와 유키 지음

동양문고

PART 5 正答探し 정답찾기

초급 20問

01	(A)	02	(D)	03	(D)	04	(D)	05	(D)
06	(B)	07	(C)	08	(B)	09	(B)	10	(C)
11	(B)	12	(B)	13	(A)	14	(D)	15	(A)
16	(C)	17	(B)	18	(B)	19	(B)	20	(D)

Ⅴ. 아래의 _____ 선의 말이 바르게 표현된 것 또는 같은 의미로 작용하고 있는 말을 (A)에서 (D) 가운데 하나를 고르시오.

01 母は台所で料理をしています。
（はは）（だいどころ）（りょうり）

(A) だいどころ (B) たいしょ
(C) だいところ (D) だいしょ

엄마는 부엌에서 요리를 하고 있습니다.

02 週末はたいてい登山をします。
（しゅうまつ）（とざん）

(A) やまのぼり (B) とうざん
(C) のぼりやま (D) とざん

주말은 대개 등산을 합니다.

해설 (A) やまのぼり는 山登り(등산)라고 쓴다.
어휘 週末(しゅうまつ) 주말

03 この近くに薬屋はありますか。
（ちか）

(A) やっきょく (B) やくや
(C) くすや (D) くすりや

이 근처에 약국은 있습니까?

해설 (A) やっきょく는 薬局(약국)라고 쓴다.

2

| 04 | ここ数年でずいぶん物価が上がりましたね。 | 최근 몇 년 동안에 물가가 꽤 올랐네요. |

(A) ぶつか (B) かぶか
(C) ものね (D) ぶっか

해설 (B) かぶか는 株価(주가)라고 쓴다.
어휘 数年 すうねん 수년

| 05 | この分野についてはまだ研究不足だ。 | 이 분야에 대해서는 아직 연구부족이다. |

(A) げんくふそく (B) けんきゅうふそく
(C) けんぐぶそく (D) けんきゅうぶそく

해설 不足(부족)은 ふそく라고 읽지만, ○○不足의 경우 ぶそく로 읽는다.
  예 力不足은 ちからぶそく(역부족), 医者不足은 いしゃぶそく(의사부족)
어휘 分野 ぶんや 분야

| 06 | 電話料金は月に1万円ぐらいです。 | 전화요금은 월 1만엔 정도입니다. |

(A) げつ (B) つき
(C) がつ (D) ひ

해설 月의 읽는 방법
  ① つき 今日は月がきれいだ。 오늘은 달이 아름답다.
        月に一度コンサートに行く。 한달에 한번 콘서트에 간다.
  ② げつ 1ヶ月ごとに試験がある。 1개월마다 시험이 있다.
  ③ がつ 誕生日は1月6日だ。 생일은 1월 6일이다.
어휘 電話料金 でんわりょうきん 전화 요금

| 07 | その歌手は世界中でコンサートを行い大成功を収めている。 | 그 가수는 세계 각국에서 콘서트를 열어 대성공을 거두고 있다. |

(A) せけちゅう (B) せかいなか
(C) せかいじゅう (D) せかいちゅう

해설 〈ちゅう VS じゅう〉
  ちゅう 어떤 기간, 시간 중, 인원수 중 예 今週中 이번 주 중 | 5人中 5명 중
  じゅう 어떤 시간, 기간 그 사이에 계속 예 一日中 하루 종일 | 国中 나라 전체
어휘 成功を収める 성공을 얻다, 거두다

08	ずいぶん くもが 出てきましたね。雨が 降りそうですよ。	꽤 구름이 나와있네요. 비가 내릴 것 같아요.
	(A) 雪　　　　(B) 雲	(A) 눈　　　　(B) 구름
	(C) 雷　　　　(D) 霧	(C) 천둥　　　(D) 안개

해설 (A) ゆき　(C) かみなり　(D) きり라고 읽는다.
어휘 降ふる (비, 눈 등이)내리다, 오다

09	このぐらいの問題、私にはやさしいよ。	이 정도의 문제, 나한테는 쉬워.
	(A) 優しい　　(B) 易しい	
	(C) 簡しい　　(D) 久しい	

해설 (A) 優やさしい 친절하다　(B) 易やさしい 쉽다

10	病気が完全になおったら一緒に旅行に行きましょう。	병이 완전하게 나으면 함께 여행 갑시다.
	(A) 良ったら　(B) 直ったら	
	(C) 治ったら　(D) 改ったら	

해설 (B) 直なおる 고장 난 기계, 기분 등이 좋아지는 것　(C) 治なおる 병, 상처 등이 좋아지는 것
어휘 完かん全ぜんに 완전히

11	よかったら、お茶をいっぱいいかがですか。	괜찮으시면, 차 한잔 어떠십니까?
	(A) いくらですか。　　(B) 飲みませんか。	(A) 얼마입니까?　　(B) 마시지않겠습니까?
	(C) ください。　　　　(D) おいしいですか。	(C) 주세요.　　　　(D) 맛있습니까?

12 私は弁護士になりたいです。

(A) 弁護士として働いています。
(B) 弁護士になるのが夢です。
(C) 弁護士が必要です。
(D) 弁護士になるのをあきらめました。

저는 변호사가 되고 싶습니다.

(A) 변호사로써 일하고 있습니다.
(B) 변호사가 되는 것이 꿈입니다.
(C) 변호사가 필요합니다.
(D) 변호사가 되는 것을 포기했습니다.

어휘 弁護士(べんごし) 변호사 夢(ゆめ) 꿈 あきらめる 단념하다

---

13 もうすぐ雨はやむそうです。

(A) もうすぐ雨がやむと聞きました。
(B) 雨がだんだん強くなりました。
(C) これから雨が降ります。
(D) まだ少し雨が降っています。

이제 곧 비는 그친다고 합니다.

(A) 이제 곧 비가 그친다고 들었습니다.
(B) 비가 점점 세졌습니다.
(C) 이제부터 비가 내립니다.
(D) 아직 조금 비가 내리고 있습니다.

해설 やむそうです 동사의 사전형+そうです(전문)
　　　やみそうです 동사의 ます형+そうです(직전의 상태)

어휘 もうすぐ 이제 곧 だんだん 점점

---

14 お客様はいつお見えになりますか。

(A) 映画を見ますか。　(B) 本を読みますか。
(C) 帰りますか。　**(D) 来ますか。**

손님은 언제 오십니까?

(A) 영화를 봅니까?　(B) 책을 읽습니까?
(C) 돌아갑니까?　(D) 옵니까?

해설 お見(み)えになる는 来(く)る의 존경어

어휘 お客様(きゃくさま) 손님

15 今回のテストは前回ほどよくなかった。 　　　　　이번 시험은 저번만큼 좋지 않았다.

(A) 前回の方がよかった。　　　　　　　　　　　(A) 저번 쪽이 좋았다.
(B) 前回と同じぐらいだ。　　　　　　　　　　　(B) 저번 쪽과 비슷한 정도다.
(C) 前回の方がよくなかった。　　　　　　　　　(C) 저번 쪽이 좋지 않았다.
(D) 前回も今回もよくなかった。　　　　　　　　(D) 저번도 이번도 좋지 않았다.

해설 AはBほど〜ない (A는 B만큼은〜아니다) = Bのほうが〜だ (B가 더 〜다)

예 田中さんは山田さんほど背が高くない
(다나카 씨는 야마다 씨만큼 키가 크지 않다 = 야마다 씨 쪽이 키가 크다)

16 とても腹が立ったが、がまんした。　　　　　　매우 화가 났지만, 참았다.

(A) お腹がすいたが　　(B) お腹が痛かったが　　(A) 배가 고팠지만　(B) 배가 아팠지만
(C) 頭にきたが　　　　(D) 頭が切れたが　　　　(C) 화가 났지만　　(D) 머리가 명석했지만

해설 腹が立つ 화가 나다 = 頭にくる
어휘 がまんする 참다　頭が切れる 머리가 명석하다

17 明日からゴールデンウィークだ。　　　　　　　내일부터 골든 위크이다.

(A) お腹がすいたからたくさん食べた。　　　　　(A) 배가 고파서 많이 먹었다.
(B) 午後の授業は2時から6時までです。　　　　 (B) 오후 수업은 2시부터 6시까지 입니다.
(C) 天気は雪から雨に変わった。　　　　　　　　(C) 날씨는 눈에서 비로 바뀌었다.
(D) これは母からもらったものです。　　　　　　(D) 이것은 엄마에게 받은 것입니다.

어휘 ゴールデンウィーク golden week 골든 위크(황금 주간, 황금연휴기간. 4월 말에서 5월 초에 걸친, 휴일이 가장 많은 기간)

18 昨日彼と電話で話をしました。

(A) 8時に駅前で会いましょう。
(B) ナイフでくだものを切ります。
(C) それぐらいなら3日でできますよ。
(D) 大雪で飛行機が遅れている。

어제 그와 전화로 이야기를 했습니다.
(A) 8시에 역 앞에서 만납시다.
(B) 나이프로 과일을 자릅니다.
(C) 그 정도라면 3일이면 가능하죠.
(D) 폭설로 비행기가 늦어지고 있다.

해설 電話での での는 도구·수단의 의미 (A) 駅前で 장소 (C) 3日で 소요시간, 경비 등의 조건 (D) 大雪で 원인

19 家の掃除をしておくように言われたが、まだしていない。

(A) 傷口にばい菌が入らないように消毒する。
(B) 来週から試験だからしっかり勉強するように。
(C) 明日の試合に勝てるように祈った。
(D) 田中さんのように美しかったらよかったのに。

집안 청소를 해 두라는 말을 들었지만, 아직 안 했다.
(A) 상처에 세균이 들어가지 않도록 소독한다.
(B) 다음주부터 시험이니까 확실히 공부 하도록.
(C) 내일 시합에 이길 수 있도록 빌었다.
(D) 다나카 씨처럼 아름다웠더라면 좋았을 텐데.

해설 문제의 ように는 명령의 의미 (A) 목적 (C) 목적 (D) 비유

어휘 掃除 청소 ばい菌 세균 しっかり 확실히, 단단히 祈る 기원하다

20 マイホームを買うために一生懸命働いている。

(A) 彼が遅刻したために始まりが30分も遅れた。
(B) 地震のために地下鉄が止まった。
(C) なんでも親がしてあげると子供のためにならない。
(D) 夏に水着を着るためにダイエットしている。

내 집을 사기 위해서 열심히 일하고 있다.
(A) 그가 지각했기 때문에 시작이 30분이나 늦어졌다.
(B) 지진 때문에 지하철이 멈췄다.
(C) 뭐든지 부모가 해주면 아이에게 득이 되지 않는다.
(D) 여름에 수영복을 입기 위해서 다이어트를 하고 있다.

해설 문제의 ために는 목적의 의미 (A) 원인 (B) 원인 (C) 이익, 득

어휘 マイホーム my home 내 집 地震 지진 水着 수영복

중급 20問	01	(C)	02	(C)	03	(B)	04	(B)	05	(C)
	06	(C)	07	(D)	08	(A)	09	(D)	10	(A)
	11	(C)	12	(B)	13	(A)	14	(B)	15	(D)
	16	(B)	17		18	(C)	19		20	(A)

Ⅴ. 아래의 _____선의 말이 바르게 표현된 것 또는 같은 의미로 작용하고 있는 말을 (A)에서 (D) 가운데 하나를 고르시오.

01 新年になったので、新たな気持ちでがんばりたい。
(A) あたらたな   (B) しんたな
(C) あらたな   (D) あたらしたな

신년이 되었으므로, 새로운 마음으로 열심히 하고 싶다.

해설 新의 읽는 방법
①しん　新年しんねん 신년 ｜ 新人しんじん 신인
②あたら　新あたらしい 새롭다
③あら　新あらたな 새로운

02 彼は私の依頼を快く引き受けてくれた。
(A) きもちよく   (B) ここちよく
(C) こころよく   (D) いさぎよく

그는 내 부탁을 흔쾌히 받아들여 주었다.

해설 (A) きもちよくは 気持ちよく(기분 좋게), (B) ここちよくは 心地よく(상쾌하게),
(D) いさぎよくは 潔く(깨끗하게)라고 쓴다.

어휘 引ひき受うける 책임지고 떠맡다

03 度々すみません、先ほどお電話した佐藤です。
(A) とうとう   (B) たびたび
(C) ときどき   (D) どど

번번이 미안합니다, 좀전에 전화드린 사토입니다.

해설 (C) ときどきは 時々(때때로)라고 쓴다.
어휘 先さきほど 아까, 조금 전

04 大切な友達と離れるのはとてもさみしい。 　　소중한 친구와 떨어져 있는 것은 정말 외롭다.

(A) わかれる　　(B) はなれる
(C) わすれる　　(D) はれる

해설 (A) わかれる는 別れる(헤어지다), (C) わすれる는 忘れる(잊어버리다)라고 쓴다.
어휘 さみしい 외롭다

05 この薬は大変苦い。 　　이 약은 매우 쓰다.

(A) くるしい　　(B) くるい
(C) にがい　　(D) つらい

해설 (A)くるしい는 苦しい(괴롭다), (D) つらい는 辛い(괴롭다)라고 쓴다.

06 この商品はインターネットのみの販売となります。 　　이 상품은 인터넷에서만 판매가 됩니다.

(A) ばいばい　　(B) やすうり
(C) はんばい　　(D) おろしうり

해설 (A) ばいばい는 売買(매매), (B) やすうり는 安売り(염가판매), (D) おろしうり는 卸売り(도매)라고 쓴다.
어휘 のみ ~뿐, 만

07 病院の医師不足が深刻だ。 　　병원의 의사부족이 심각하다.

(A) しんがく　　(B) しんごく
(C) しんかく　　(D) しんこく

08 財布を忘れたのでお金をかしてもらえませんか。　　지갑을 잊고 안 가지고 와서 그러는데 돈을 빌려줄 수 없겠습니까?

(A) 貸して　　(B) 借して

(C) 課して　　(D) 代して

해설 (B) 借りる는 かりる(빌리다), (C) 課す는 かす(부과하다), (D) 代える는 かえる(바꾸다)라고 읽는다.

09 彼女は声にとくちょうがあるのですぐ分かる。　　그녀는 목소리에 특징이 있기 때문에 바로 알 수 있다.

(A) 得微　　(B) 特長

(C) 得徴　　(D) 特徴

해설 (B) 特長(특색, 장점) (D) 特徴(특징)

10 私たちはサービスの向上につとめています。　　우리들은 서비스 향상에 힘쓰고 있습니다.

(A) 努めて　　(B) 勤めて

(C) 務めて　　(D) 仕めて

해설 (B) 勤める(근무하다) (C) 務める(역할을 하다)

11 彼女が行くなら私は行かない。　　그녀가 간다면 나는 가지 않겠다.

(A) 行くから　　(B) 行ったから　　(A) 가기 때문에　　(B) 갔기 때문에

(C) 行く場合は　　(D) 行くことになったので　　(C) 가는 경우는　　(D) 가기로 되었기 때문에

12 法律上は罰せられないが道徳的に問題がある。

(A) 法律を守れば (B) 法律的に見ると
(C) 法律があるので (D) 法律だけでは

법률상은 처벌 받지 않지만 도덕적으로 문제가 있다.

(A) 법률을 지키면 (B) 법률적으로 보면
(C) 법률이 있기 때문에 (D) 법률만으로는

해설 문제의 法律上은 법률적인 관점에서 보면, 법률의 면으로 보면의 의미이다.

어휘 罰する 처벌하다　道徳 도덕

---

13 彼は見るからに強そうな人だ。

(A) 外見からして (B) 見た目だけは
(C) 会えば会うほど (D) 見るたびに

그는 겉만 봐도 강할 것 같은 사람이다.

(A) 겉모습부터가 (B) 겉보기만으로는
(C) 만나면 만날수록 (D) 볼 때마다

---

14 先生が出て行ったとたん、教室がうるさくなった。

(A) 出て行ったので (B) 出て行くやいなや
(C) 出て行ったついでに (D) 出て行くとなると

선생님이 나가자마자, 교실이 시끄러워졌다.

(A) 나갔기 때문에 (B) 나가자마자
(C) 나간 김에 (D) 나가게 된다면

해설 出て行ったとたん과 出て行くやいなや는 나가자마자의 의미

---

15 穴があったら入りたい気分だ。

(A) 懐かしい (B) 悔しい
(C) 悲しい (D) 恥ずかしい

쥐구멍이라도 있으면 들어가고 싶은 기분이다.

(A) 그리운 (B) 분한
(C) 슬픈 (D) 부끄러운

해설 穴があったら入りたい는 쥐구멍이라도 있으면 들어가고 싶다(부끄러워서 숨고 싶은 듯한 마음)의 의미

어휘 懐かしい 그립다　悔しい 분하다, 억울하다

16 彼は何でも親の言いなりだ。　　　　　　　　그는 무엇이든 부모가 하라는 대로 한다.
(A) 親に口答えばかりしている。　　　　　　　　(A) 부모에게 말대답만 한다.
(B) 親の言うとおりにする。　　　　　　　　　　(B) 부모가 말하는 대로 한다.
(C) 親の自慢の息子だ。　　　　　　　　　　　　(C) 부모의 자랑스러운 아들이다.
(D) いつも親に心配をかけている。　　　　　　　(D) 항상 부모에게 걱정을 끼치고 있다.

어휘 言いなり 말하는 대로 함　口答え 말대답　自慢 자랑　心配をかける 걱정을 끼치다

---

17 彼女のほうから好意をよせてきたが僕にその気はない。　그녀 쪽에서 호의를 품어 왔지만, 나는 그런 마음은 없다.
(A) 毎日ゲームをしていたらだんだん飽きてきた。　(A) 매일 게임을 하고 있었더니 점점 질리기 시작했다.
(B) 今日は外でごはんを食べてきたから作らなくていいよ。(B) 오늘은 밖에서 밥을 먹고 왔으니까 하지 않아도 돼.
(C) 謝ろうとおもっていたら彼のほうから先に謝ってきた。(C) 사과하려고 했더니 그 쪽에서 먼저 사과를 해 왔다.
(D) この1年就職のためにがんばってきたが、だめだった。(D) 이 1년 동안 취직 때문에 분발해 왔지만, 안 됐다.

해설 문제의 てきた는 행위의 방향을 의미 (A) 변화 (B) 来る의 의미 (D) 과거로부터 현재까지 계속 해 온 행위
어휘 好意をよせる 호의를 품다　だんだん 단단, 점점　謝る 사과하다

---

18 今回のライブを限りにこのバンドは解散します。　이번 라이브를 마지막으로 이 밴드는 해산하겠습니다.
(A) 遠くに友達の姿を見つけて声を限りに友達の名前を叫んだ。(A) 멀리서 친구의 모습을 발견하고 목청껏 친구의 이름을 불렀다.
(B) 正々堂々力の限りに戦います。　　　　　　　(B) 정정당당하게 힘껏 싸우겠습니다.
(C) 今回を限りに花火大会は中止されることになった。(C) 이번 회를 마지막으로 불꽃대회는 중지하는 것으로 결정되었다.
(D) 見渡す限りにきれいな花畑が広がっている。　(D) 끝없이 멀리 예쁜 꽃밭이 펼쳐져 있다.

해설 문제의 限りには (~을) 마지막으로의 의미 (A) 한, 한계, 끝 (B) 한, 한계, 끝 (D) ~은 계속
어휘 ライブ 라이브　バンド 밴드　解散 해산　正々堂々 정정당당　花火大会 불꽃대회　花畑 꽃밭

19　がんばり次第では昇給も夢ではない。

(A) 確認が取れ次第ご連絡します。
(B) 空は次第に曇っていった。
(C) 実現するかどうかはあなた次第だ。
(D) 事の次第を細かく話す。

열심히 하느냐에 따라서 승급도 꿈은 아니다.

(A) 확인이 되는 대로 연락 드리겠습니다.
(B) 하늘은 점차 흐려갔다.
(C) 실현될지 어떨지는 당신에게 달려있다.
(D) 일의 경과를 자세히 이야기하다.

해설　문제의 次第しだい는 ~하는 것에 따라서(~에게 달려있다)의 의미
(A) ~하는 즉시, ~하자마자　(B) 점점　(D) 사정, 유래, 경과

어휘　昇給しょうきゅう 승급　曇くもる 흐리다　細こまかい 작다, 잘다

20　その話題に触れたとたん、彼女の顔が暗くなった。

(A) 大変な仕事を平気な顔でこなしている。
(B) 私は毎日朝晩2回顔を洗っている。
(C) 安藤キャスターはこの番組の顔だ。
(D) 田中部長は本当に顔が広い。

그 화제를 언급하자마자, 그녀의 얼굴이 어두워졌다.

(A) 힘든 일을 태연한 얼굴로 해치우고 있다.
(B) 나는 매일 아침, 저녁 두 번 세수 하고 있다.
(C) 안도 캐스터는 이 프로그램의 얼굴이다.
(D) 다나카 부장님은 정말 발이 넓다.

해설　문제의 顔かお는 표정, 기색의 의미 (B) 얼굴 (C) 대표하는(이미지 인물) (D) (발이 넓다) 인맥이 있다, 아는 사람이 많다

어휘　話題わだい 화제　触ふれる 닿다, 언급하다　キャスター 캐스터

상급 20問	01	(A)	02	(A)	03	(B)	04	(D)	05	(A)
	06	(B)	07	(D)	08	(C)	09	(B)	10	(B)
	11	(A)	12	(B)	13	(A)	14	(C)	15	(C)
	16	(C)	17	(C)	18	(B)	19	(D)	20	(B)

Ⅴ. 아래의 _____선의 말이 바르게 표현된 것 또는 같은 의미로 작용하고 있는 말을 (A)에서 (D) 가운데 하나를 고르시오.

01 彼は弁護士を志しているそうだ。   그는 변호사를 지망하고 있다고 한다.
(A) こころざして　　(B) めざして
(C) さして　　(D) しして

해설 (B) めざす는 目指す(목표로 하다, 지향하다)라고 쓴다.

02 熱湯でやけどしないように気をつけてくださいね。   뜨거운 물에 화상 입지 않도록 조심하세요.
(A) ねっとう　　(B) あつゆ
(C) ねつゆ　　(D) ねつとう

어휘 やけど 화상

03 雪が降って体が凍えるような寒さだ。   눈이 내려 몸이 얼어붙을 것 같은 추위다.
(A) ひえる　　(B) こごえる
(C) ふるえる　　(D) とうえる

해설 (A) ひえる는 冷える(식다, 차가워지다), (B) ふるえる는 震える(떨리다)라고 쓴다.

| 04 | 国際交流に携わる仕事がしたいと思っています。 | 국제교류에 종사하는 일을 하고 싶다고 생각합니다. |

(A) かかわる　　(B) まじわる
(C) ことわる　　(D) たずさわる

> 해설　(A) かかわる는 関わる(관계하다), (B) まじわる는 交わる(사귀다, 엇갈리다),
> (C) ことわる는 断る(거절하다)라고 쓴다.

| 05 | その取引で莫大な利益を得た。 | 그 거래에서 막대한 이익을 얻었다. |

(A) ばくだい　　(B) ぼうだい
(C) じんだい　　(D) そうだい

> 해설　(B) ぼうだい는 膨大(방대), (C) じんだい는 甚大(심대함, 지대함), (D) そうだい는 壮大(장대)라고 쓴다.
> 어휘　取引とりひき 거래　利益りえきを得える 이익을 얻다

| 06 | 類似品にご注意ください。 | 유사품에 주의하세요. |

(A) りゅうじひん　　(B) るいじひん
(C) るいにひん　　(D) るいにしな

> 해설　似의 읽는 방법
> ①に　似にる 닮다
> ②じ　擬似ぎじ 의사(유사) | 類似るいじ 유사

| 07 | 彼の人生が挫折の連続だっただろうことは想像に難くない。 | 그의 인생이 좌절의 연속이었을 것이라는 것은 상상하기 어렵지 않다. |

(A) むずかしく　　(B) にくく
(C) つらく　　(D) かたく

> 해설　想像そうぞうに難かたくないは ~상상하기 어렵지 않다의 의미
> 難의 읽는 방법
> ① なん　困難こんなん 곤란
> ② むずか　難むずかしい 어렵다
> ③ かた　難かたい 어렵다, 힘들다
> 어휘　挫折ざせつ 좌절

08 もっと勉強して社会にこうけんできる人間になりたいと思う。

(A) 高見　　(B) 宣言
(C) 貢献　　(D) 尽力

더 공부해서 사회에 공헌할 수 있는 사람이 되고 싶다.

해설 (B) 宣言은 せんげん(선언), (D) 尽力는 じんりょく(진력)라고 읽는다.

---

09 成分のぶんせきを専門の研究所に依頼した。

(A) 分折　　(B) 分析
(C) 文祈　　(D) 文責

성분의 분석을 전문 연구소에 의뢰했다.

해설 折, 析, 祈의 세 한자는 모양이 비슷하기 때문에 정확하게 구별해 주세요.
(A) 折(せつ/おる)　예 右折 うせつ 우회전
(B) 析(せき)　예 分析 ぶんせき 분석
(C) 祈(き/いのる)　예 祈祷 きとう 기도

어휘 成分 せいぶん 성분

---

10 せっかくすすめてくださったのだし、少しいただきましょうか。

(A) 薦めて　　(B) 勧めて
(C) 進めて　　(D) 推めて

모처럼 권해 주셨고 하니까, 조금 먹을까요?

해설 (A) 薦める(추천하다) (B) 勧める(권하다) (C) 進める(전진하다)

어휘 せっかく 모처럼　いただく 받다, 먹다

---

11 大企業の社長ともなれば、さぞ裕福に暮らしているのだろう。

(A) ほどの人なら　　(B) になったので
(C) になったら　　(D) と親しいので

대기업 사장이라고 한다면, 틀림없이 유복하게 살고 있을 테지.
(A) 정도의 사람이라면
(B) 이 되었기 때문에
(C) 이 되면
(D) 과 친하기 때문에

어휘 さぞ 필시, 틀림없이　裕福 ゆうふく 유복

12 このまま放置すると、手遅れになりかねない。

(A) なってしまった。　　(B) なる可能性がある。
(C) なるに違いない。　　(D) なることはない。

이대로 방치하면, 시기를 놓치게 될지도 모른다.
(A) 되어 버렸다.　　(B) 될 가능성이 있다.
(C) 되는 것에 틀림없다.　　(D) 되지 않는다.

해설 なりかねない(될지도 모른다)는 なる可能性がある(될 가능성이 있다)의 의미

어휘 放置ほうち 방치　手遅ておくれ 시기를 놓침

---

13 彼は本当に非の打ち所のない人間だ。

(A) 完璧な　　(B) 記憶力がいい
(C) 冷たい　　(D) 傲慢な

그는 정말로 나무랄 데 없는 사람이다.
(A) 완벽한　(B) 기억력이 좋은
(C) 냉정한　(D) 오만한

해설 나쁜 곳을 지적하는 것을 非ひを打うつ라고 말하고, 지적할 곳이 없을 만큼 완벽하다는 것을 非ひの打うち所ところがない(나무랄 데가 없다)라고 말한다. 현재 非ひを打うつ는 그다지 사용되지 않지만, 非ひの打うち所ところがない는 자주 사용되고 있다.

어휘 完璧かんぺき 완벽　傲慢ごうまん 오만

---

14 もうすこしオブラートに包んで話したほうがいい。

(A) わかりやすくはっきり話したほうがいい。
(B) ゆっくり親切に話すべきだ。
(C) 直接的な表現を避けたほうがいい。
(D) 楽しそうに話すことが大切だ。

좀만 더 완곡하게 말하는 편이 좋다.
(A) 알기 쉽게 확실히 말하는 편이 좋다.
(B) 천천히 친절하게 말해야만 한다.
(C) 직접적인 표현을 피하는 편이 좋다.
(D) 즐거운 듯이 이야기 하는 것이 중요하다.

해설 オブラートに包つつんで話はなす는 상대를 자극하지 않도록 직접적인 말투는 피해서 말한다는 것(완곡하게 말하다)을 의미

어휘 避さける 피하다　オブラート 오블라토(먹기 어려운 가루약 등을 싸는데 쓰는 녹말로 만든 얇은 막)

15 自分で事業を始めるといったって先立つものがなければできないだろう。

(A) 能力
(B) 人材
(C) お金
(D) 運

스스로 사업을 시작한다고 해도 우선 필요한 것이 없으면 불가능하겠지.

(A) 능력
(B) 인재
(C) 돈
(D) 운

> **해설** 先立つものは 어떤 것을 할 때 우선 필요한 것이란 의미로, お金(돈)을 가리킨다.
> **어휘** 事業じぎょう 사업

---

16 大人から見ると取るに足らないことでも子供にとっては深刻なこともある。

(A) 物足りない
(B) 面白い
(C) 些細な
(D) 簡単な

어른입장에서 보면 사소한 것이라도 아이에게는 심각한 경우도 있다.

(A) 미흡한
(B) 재미있는
(C) 사소한
(D) 간단한

> **해설** 取るに足らないは 사소한, 하찮은(문제가 되지 않는다)의 의미
> **어휘** 深刻しんこく 심각 物足ものたりない 미흡하다, 뭔가 아쉽다 些細ささい 사소

---

17 旗を上げたりおろしたりして応援する。

(A) 銀行に行って少しお金をおろした。
(B) 大根をおろして焼き魚にのせる。
(C) 棚の上にある荷物をおろしてください。
(D) 今日おろしたばかりの新しい服を着る。

기를 올리거나 내리거나 해서 응원한다.

(A) 은행에 가서 돈을 조금 인출했다.
(B) 무를 갈아서 구운 생선에 얹는다.
(C) 선반 위에 있는 짐을 내려 주세요.
(D) 오늘 한 번도 입지 않은 새 옷을 입는다.

> **해설** 문제의 おろす는 위에 있는 것을 아래로 내린다의 의미이다.
> **어휘** 応援おうえんする 응원하다 大根だいこんをおろす 무를 갈다

18 課長に怒られたのが相当こたえたようだ。

(A) 難しい質問だが何とかこたえた。
(B) この暑さは病み上がりの体にはこたえる。
(C) 親の期待にこたえて外交官になった。
(D) クイズにこたえてハワイ旅行を当てよう。

과장에게 혼난 것이 상당히 사무쳤던 모양이다.

(A) 어려운 질문이지만 그럭저럭 대답했다.
(B) 이런 더위는 병상에서 갓 일어난 사람 몸에는 벅차다.
(C) 부모의 기대에 부응해서 외교관이 되었다.
(D) 퀴즈에 답해서 하와이 여행을 떠내자.

해설 문제의 こたえる는 절실하게 느껴지다, 사무치다의 의미

어휘 相当(そうとう) 상당히 病(や)み上(あ)がり 병상에서 갓 일어난 사람 期待(きたい) 기대 外交官(がいこうかん) 외교관

---

19 彼は口がうまいのでついだまされそうになる。

(A) 口の広いビンにいれて保管する。
(B) 洋子さんの口の形は父親譲りだ。
(C) いい就職の口を探しているが見つからない。
(D) 彼は口は悪いが心根の優しい子だ。

그는 말솜씨가 좋아서 깜빡 속아 넘어갈 것 같다.

(A) 입구가 넓은 병에 넣어서 보관한다.
(B) 요코 씨의 입 모양은 아버지를 닮았다.
(C) 좋은 취직 자리를 찾고 있지만 못 구했다.
(D) 그는 말이 거칠지만 심성은 착한 아이다.

해설 문제의 口는 言葉(말)의 의미

어휘 だます 속이다 親譲(おやゆず)り 부모에게서 물려 받음 心根(こころね) 심성

---

20 部下の仕事ぶりを買ってチーム長に推薦した。

(A) 帰りにスーパーで卵を買って帰る。
(B) 教授は私のことを高く買ってくれている。
(C) 私は売られたけんかは買う主義だ。
(D) 大人げのない発言をしてひんしゅくを買う。

부하의 일하는 모습을 평가하여 팀장으로 추천하였다.

(A) 돌아가는 길에 슈퍼에서 계란을 사 간다.
(B) 교수님은 나에 대해 높이 평가해 주고 있다.
(C) 나는 걸어온 싸움은 응하는 주의다.
(D) 어른스럽지 못한 발언을 하여 빈축을 사다.

해설 문제의 買う는 높게 평가한다는 의미

어휘 仕事(しごと)ぶり 일하는 모습 推薦(すいせん)する 추천하다 けんかを売(う)る 싸움을 걸다 大人(おとな)げのない 어른스럽지 못한 ひんしゅく 빈축

모의TEST1 20問	01	(D)	02	(A)	03	(D)	04	(C)	05	(A)
	06	(D)	07	(D)	08	(B)	09	(A)	10	(D)
	11	(C)	12	(D)	13	(C)	14	(C)	15	(B)
	16	(B)	17	(B)	18	(C)	19	(D)	20	(C)

Ⅴ. 아래의 _____ 선의 말이 바르게 표현된 것 또는 같은 의미로 작용하고 있는 말을 (A)에서 (D) 가운데 하나를 고르시오.

01 熱があるので病院に行くつもりです。　　　　열이 있기 때문에 병원에 갈 생각입니다.
　　ねつ　　　　　　びょう い

(A) びょんいん　　　(B) びょいん
(C) びょういん　　　(D) びょういん

해설 (C)びょういん은 美容院(미용실)이라고 쓴다.
어휘 熱ねつ 열

02 ここから見える景色は本当にすばらしい。　　여기에서 본 경치는 정말로 멋지다.
　　　　　　み　　けしき　　ほんとう

(A) けしき　　　(B) けいしき
(C) けしょく　　(D) きょうしょく

03 航空会社で飛行機のチケットを予約した。　　항공회사에서 비행기 티켓을 예약했다.
　　こうくう がいしゃ ひこうき　　　　　よやく

(A) こうぐう　　(B) くうこう
(C) こうこう　　(D) こうくう

해설 (B)くうこう는 空港(공항)이라고 쓴다.

20

04 中国を訪問するのは今年で何回目ですか。

중국을 방문하는 것은 올해로 몇 번째입니까?

(A) なんばんめ　　(B) なんぼんめ

(C) ないかいめ　　(D) なんどめ

해설 (A) なんばんめ는 何番目, (B) なんぼんめ는 何本目, (D) なんどめ는 何度目라고 쓴다.
★ 횟수를 말할 때는 ~回目, ~度目라고 한다. ~番目라고는 하지 않는다.
예 ここに来るのは(2回目(○), 2度目(○), 2番目(×))です。여기에 온 것은 두번째입니다.
★ ~番目는 순번(차례)를 표현할 때 사용한다.
예 私の出番は5番目です。내 차례는 다섯번째입니다.

어휘 訪問する 방문하다

---

05 その詐欺師は親切を装って彼女に近づいた。

그 사기꾼은 친절을 가장해서 그녀에게 접근했다.

(A) よそお　　(B) さそ

(C) いつわ　　(D) とまど

해설 (B) さそって는 誘って(권유해서), (C) いつわって는 偽って(거짓말해서),
(D) とまどって는 戸惑って(당황해서)라고 쓴다.

어휘 詐欺師 사기꾼　装う 가장하다　近づく 접근하다, 다가가다

---

06 たばこは健康を損なう恐れがあります。

담배는 건강을 해칠 우려가 있습니다.

(A) うしなう　　(B) おぎなう

(C) つぐなう　　**(D) そこなう**

해설 (A) うしなう는 失う(잃다), (B) おぎなう는 補う(보충하다), (C) つぐなう는 償う(배상하다, 속죄하다)라고 쓴다.

어휘 恐れがある 우려가 있다

---

07 宣伝費については両社で折半にしましょう。

선전비에 대해서는 양쪽 회사에서 절반으로 합시다.

(A) はんはん　　(B) おりはん

(C) せっはん　　**(D) せっぱん**

08 私の誕生日はしがつの終わりです。 | 내 생일은 4월의 마지막 날입니다.
わたし たんじょうび　　　　　　　　お
(A) 十月　　　　　　(B) 四月
(C) 五月　　　　　　(D) 七月

> 해설　(A)十月는 じゅうがつ(10월), (C)五月는 ごがつ(5월), (D)七月는 しちがつ(7월)라고 읽는다.

09 身体検査で体重をそくていした。 | 신체검사에서 체중을 측정했다.
しんたいけんさ　たいじゅう
(A) 測定　　　　　　(B) 則定
(C) 例定　　　　　　(D) 側定

10 山本さんはお金に対するしゅうちゃくが強い。 | 야마모토 씨는 돈에 대한 집착이 강하다.
やまもと　　　　かね　たい　　　　　　　　　　　つよ
(A) 酬着　　　　　　(B) 終着
(C) 熱着　　　　　　(D) 執着

> 해설　(B) 終着도 しゅうちゃく라고 읽지만 의미는 종착이다.

11 中野さんは都合が悪くて行けないそうです。 | 나카노 씨는 사정이 좋지 않아서 갈 수 없다고 합니다.
なかの　　　　つごう　わる　　い
(A) 体調が悪くて　　　(B) 行ったことがあるので　　(A) 몸 상태가 나빠서　　(B) 간 적이 있기 때문에
　　たいちょう
(C) 用事があって　　　(D) 機嫌が悪いので　　　　　(C) 용무가 있어서　　　(D) 기분이 나쁘기 때문에
　　ようじ　　　　　　　　きげん

> 해설　都合つごうが悪わるい 사정, 형편이 좋지 않다(예정, 일정이 있다)의 의미
> 어휘　体調たいちょう 몸의 상태　用事ようじ 용무　機嫌きげん 심기, 기분, 비위

12	そのことは水に流しましょう。	それは없었던 것으로 합시다.
	(A) 洗いましょう。　(B) 大切にしましょう。 (C) 捨てましょう。　(D) 忘れましょう。	(A) 씻읍시다.　(B) 소중하게 합시다. (C) 버립시다.　(D) 잊읍시다.

해설 水に流す(물에 흘리다)는 없었던 것으로 하다, 잊다의 의미

13	発病する前に予防する予防医療が普及しつつある。	발병하기 전에 예방하는 예방의료가 계속 보급되고 있다.
	(A) 広く普及するべきだ。　(B) 普及したことがある。 (C) 徐々に普及が進んでいる。　(D) 普及に努めている。	(A) 널리 보급해야 한다. (B) 보급한 적이 있다. (C) 서서히 보급이 진행되고 있다. (D) 보급에 힘쓰고 있다.

해설 ~つつある는 계속 ~하고 있다(어떤 방향을 향해서 진행 중, 변화중인 것)의 의미

어휘 発病はつびょう 발병　普及ふきゅう 보급　徐々じょじょに 서서히

14	上司もみんな行くので、私だけ行かないわけにはいかない。	상사도 모두 가기 때문에, 나만 가지 않을 수는 없다.
	(A) 私しか行かないわけではない。 (B) 私だけ行くことができない。 (C) 私も行かなければならない。 (D) 私だけ行ってはならない。	(A) 나밖에 가지 않는 것은 아니다.(나만 가는 것은 아니다) (B) 나만 갈 수 없다. (C) 나도 가지 않으면 안 된다.(나도 가야 한다) (D) 나만 가면 안 된다.

해설 ~しないわけにはいかない는 ~하지 않을 수는 없다(꼭 해야 한다)의 의미

예 せっかく作ってくれたのだから食べないわけにはいかない (모처럼 만들어 주었기 때문에 먹지 않을 수는 없다)

어휘 上司じょうし 상사

15	私たちの努力もむなしく工場を閉鎖することになった。	우리들의 노력에도 덧없이 공장을 폐쇄하게 되었다.
	(A) 努力したおかげで　(B) 努力したかいがなく (C) 努力する気がなく　(D) 努力が足りず	(A) 노력한 덕분에　(B) 노력한 보람없이 (C) 노력할 마음이 없이　(D) 노력이 부족해서

16 気が散るから話しかけないで下さい。　　　　집중이 안 되니까 말 걸지 말아 주세요.
　(A) 忙しいから　　　　(B) 集中できないから　　(A) 바쁘니까　　(B) 집중할 수 없으니까
　(C) 腹が立っているから　(D) 気がまぎれるから　　(C) 화나 있으니까　(D) 잠시 잊으니까

　해설　気が散る는 주위가 산만해져서 집중할 수 없다는 의미
　　　(D) 気がまぎれる는 다른 것에 마음이 쏠리어 다른 것을 잠시 잊는다는 의미

17 入社したばかりのころはよく失敗したものだ。　입사한 지 얼마 되지 않았을 때에는 자주 실수를 했었지.
　(A) 準備は完了し、あとは出発を待つばかりだ。　(A) 준비는 완료됐고, 이제 출발을 기다릴 뿐이다.
　(B) その財布はまだ買ったばかりなので新しい。　(B) 그 지갑은 아직 산지 얼마 안 됐기 때문에 새 것이다.
　(C) 兄は食欲旺盛でいつも食べてばかりいる。　　(C) 형은 식욕이 왕성해서 노상 먹기만 한다.
　(D) 先生は私たちを怒らなかったばかりかご飯まで食べ　(D) 선생님은 우리에게 화내지 않았을 뿐만 아니라,
　　　させてくれた。　　　　　　　　　　　　　　밥까지 먹게 해 주었다.

　해설　문제의 ばかり는 직후의 의미　(A) ~할 뿐　(C) 항상 ~하기만 한다　(D) 뿐만 아니라
　어휘　失敗する 실패하다, 실수하다　食欲旺盛 식욕 왕성

18 さっきまで晴れていたのに雨が降りだした。　아까까지 맑았었는데 비가 내리기 시작했다.
　(A) 人ごみの中からようやく彼女を探しだした。　(A) 인파 속에서 겨우 그녀를 찾아냈다.
　(B) かばんから本を取りだした。　　　　　　　(B) 가방에서 책을 꺼냈다.
　(C) 突然彼女は歌いだした。　　　　　　　　　(C) 갑자기 그녀는 노래하기 시작했다.
　(D) 会議の途中に会議室を抜けだした。　　　　(D) 회의 도중에 회의실을 빠져 나왔다.

　해설　문제의 だす는 지금 막 ~하기 시작했다의 의미
　어휘　人ごみ 인파

19	会議の準備はできています。	회의 준비는 다 되어 있습니다.
	(A) 私は毎日ジョギングをしています。	(A) 나는 매일 조깅을 하고 있습니다.
	(B) その皿は割れています。	(B) 그 접시는 깨져 있습니다.
	(C) 母は今夜のご飯の準備をしています。	(C) 어머니는 저녁밥 준비를 하고 있습니다.
	(D) もうみんな到着していますよ。	(D) 벌써 모두 도착해 있어요.

해설 문제의 ています는 종료·완료의 의미 (A)습관 (B)상태의 계속 (C)동작·행위의 계속

20	今から行ったところでもう間に合わないと思います。	지금부터 가봤자 시간에 맞출 수 없을 거라 생각합니다.
	(A) お忙しいところ、申し訳ありません。いま少しお時間いただけますか。	(A) 바쁘신 중에, 죄송합니다. 지금 잠깐 시간 좀 내주실 수 있겠습니까?
	(B) 今、ちょうど帰るところですよ。一緒に帰りましょう。	(B) 지금 마침 돌아갈 참이었습니다. 함께 돌아갑시다.
	(C) 毎日一生懸命勉強しているのだから一日ぐらい遊んだところでどうってことないよ。	(C) 매일 열심히 공부하고 있으니까 하루 정도 놀아봤자 어떻게 되는 것은 아니야.
	(D) 私がいつも髪を切っているところで切ってもらったらどう。	(D) 내가 항상 머리를 자르고 있는 곳에서 자르는 게 어때?

해설 문제의 ~ところでは ~한다고 해도의 의미
어휘 ちょうど 마침, 정확히, 딱

모의TEST2 20問									
01	(C)	02	(B)	03	(D)	04	(D)	05	(B)
06	(C)	07	(B)	08	(D)	09	(B)	10	(A)
11	(C)	12	(C)	13	(A)	14	(C)	15	(B)
16	(A)	17	(D)	18	(D)	19	(B)	20	(A)

Ⅴ. 아래의 _____ 선의 말이 바르게 표현된 것 또는 같은 의미로 작용하고 있는 말을 (A)에서 (D) 가운데 하나를 고르시오.

01 教科書を開いてください。
(A) きょかしょう   (B) きょがしょ
(C) きょうかしょ   (D) きょかそ

교과서를 펴 주세요.

02 飛行機の空席があるかどうか調べてみます。
(A) あきせき   (B) くうせき
(C) そらせき   (D) からせき

비행기의 빈자리가 있는지 어떤지 알아 보겠습니다.

해설   空의 읽는 방법
① そら   空そらが青あおい。하늘이 파랗다.
② から   その箱はには空からだ。 그 상자는 텅 비었다.
③ あく   この席せき、空あいていますか。이 자리, 비어 있습니까?
④ くう   空港くうこう 공항 | 空白くうはく 공백

03 卒業のお祝いに花束をもらいました。
(A) かそく   (B) はなばた
(C) かびん   (D) はなたば

졸업 축하선물로 꽃다발을 받았습니다.

04 すみませんが、会議の時間を変更してもらえませんか。   미안합니다만, 회의 시간을 변경해줄 수 없겠습니까?

(A) こうかん   (B) へんか
(C) へんしん   (D) へんこう

> 해설 (A) こうかん은 交換(교환), (B) へんか는 変化(변화), (C) へんしん은 変身(변신)이라고 쓴다.

---

05 娘と一緒に過ごすのに時間を費やすことが多い。   딸과 함께 지내는 것에 시간을 쓰는 일이 많다.

(A) ふ   (B) つい
(C) ひ   (D) い

> 해설 費의 읽는 방법
> ① ひ   学費(がくひ) 학비   光熱費(こうねつひ) 광열비
> ② ついやす   費(つい)やす 쓰다, 소비하다
>
> 어휘 娘(むすめ) 딸

---

06 嫌がる子供を強引に歯医者に連れて行った。   싫어하는 아이를 억지로 치과에 데리고 갔다.

(A) つよひき   (B) むりやり
(C) ごういん   (D) つよき

> 해설 (B) むりやり는 無理やり(억지로), (D) つよき는 強気(성질이 아귀참)라고 쓴다.
>
> 어휘 嫌(いや)がる 싫어하다

---

07 子供たちが無邪気に笑っている。   아이들이 천진난만하게 웃고 있다.

(A) むじき   (B) むじゃき
(C) むさげ   (D) むがき

08 近くのみずうみまで散歩をしましょう。

(A) 水海　　　　　(B) 海

(C) 池　　　　　　(D) 湖

가까운 호수까지 산책합시다.

> 해설　(B) うみ 바다　(C) いけ 연못

09 仏様にお花をそなえる。

(A) 備える　　　　(B) 供える

(C) 与える　　　　(D) 提える

부처님께 꽃을 바치다.

> 해설　〈供える VS 備える〉
> 供そなえる 신이나 부처 등에 바치다　예 霊前れいぜんに花はなを供える (영전에 꽃을 올리다)
> 備そなえる 대비하다　예 地震じしんに備えて非常食ひじょうしょくを買かう (지진에 대비하여 비상식량을 사다)
> 어휘　仏ほとけ 부처

10 しこうさくごの末ようやく完成した。

(A) 試行錯誤　　　(B) 思考索語

(C) 施行錯誤　　　(D) 指向索語

시행착오 끝에 겨우 완성했다.

11 田中は席をはずしております。

(A) 田中さんは会社を休んでいます。

(B) 田中さんの席がありません。

(C) 田中さんは席にいません。

(D) 田中さんのいすがこわれました。

다나카는 자리에 없습니다.

(A) 다나카 씨는 회사를 쉬고 있습니다.

(B) 다나카 씨의 자리가 없습니다.

(C) 다나카 씨는 자리에 없습니다.

(D) 다나카 씨의 의자가 망가졌습니다.

> 해설　席せきをはずす는 자리를 비우다(자리에 없다)의 의미

12 長男は私の承諾を得ないうちに留学を決めてしまった。

(A) 得られたので　　(B) 得るために

(C) 得る前に　　(D) 得ることができず

장남은 나의 승낙을 얻기 전에 유학을 결정해 버렸다.

(A) 얻었기 때문에　　(B) 얻기 위해서

(C) 얻기 전에　　(D) 얻을 수가 없고

해설　~しないうちには ~하기 전에(~するまえに)의 의미

어휘　承諾(しょうだく) 승낙

---

13 クビとは言わないまでも減給処分ぐらいはするべきだと思う。

(A) クビにはしなくてもいいが

(B) クビにするまでの間は

(C) クビにすると言われたので

(D) クビになりたくないのなら

해고까지는 아니더라도 감봉처분 정도는 해야 한다고 생각한다.

(A) 해고는 하지 않아도 괜찮지만

(B) 해고할 때 까지는

(C) 해고한다고 들었기 때문에

(D) 해고되고 싶지 않으면

어휘　減給処分(げんきゅうしょぶん) 감봉처분

---

14 探していた飼い犬が半年振りに帰ってきてほっとした。

(A) どきどきした。　　(B) びっくりした。

(C) 安心した。　　(D) 楽しかった。

찾고 있던 우리집 개가 반년 만에 돌아와서 안심했다.

(A) 두근두근 했다.　　(B) 깜짝 놀랐다.

(C) 안심했다.　　(D) 즐거웠다.

해설　ほっとする는 안도하다, 안심하다의 의미(=安心する)

---

15 話が弾んでついにこんな時間になってしまった。

(A) 話合いがうまくいかなくて

(B) 話が盛り上がって

(C) 話が違う方向に行ってしまって

(D) 話が複雑で

이야기가 활기를 띠어 그만 이런 시간이 돼버렸다.

(A) 이야기가 잘 풀리지 않아서

(B) 이야기가 고조되어

(C) 이야기가 다른 방향으로 가 버려서

(D) 이야기가 복잡해서

어휘　弾(はず)む 활기를 띠다　盛(も)り上(あ)がる 고조되다

16 海外支社設立の話はトントン拍子に進んだ。　　해외지사 설립 이야기는 척척 진행됐다.

(A) 順調に進んだ　　(B) 難航した　　(A) 순조롭게 진행됐다.　(B) 난항을 겪었다.
(C) 緩やかに進んだ　(D) ふりだしに戻った　(C) 완만하게 진행됐다.　(D) 원점으로 되돌아왔다.

해설 トントン拍子に進む는 척척 진행되다, 순조롭게 나아가다의 의미

어휘 設立 설립　難航する 난항하다(일이 순조롭게 되어가지 않음)　緩やかに 완만하게
ふりだし 출발점, 원점

---

17 仕事が山のようにあります。　　일이 산더미처럼 있습니다.

(A) よく聞こえるように話してください。　(A) 잘 들리도록 말해 주세요.
(B) 部屋には誰もいないようだね。　　(B) 방에는 아무도 없는 것 같네.
(C) 冷める前に食べようと思う。　　(C) 식기 전에 먹으려고 한다.
(D) 彼女は人形のようだ。　　(D) 그녀는 인형 같다.

해설 문제의 ようは 비유의 의미　(A) ~하도록　(B) 근거가 있는 추량　(C) 의향

어휘 冷める 식다

---

18 日によって安売り商品が替わります。　　그날 그날에 따라 염가판매 상품이 달라집니다.

(A) 会社帰りにスーパーによってくることが多い。　(A) 퇴근길에 슈퍼에 들렀다오는 경우가 많다.
(B) あなたは本弁論大会で優勝した。よってここに表彰する。　(B) 귀하는 이번 변론대회에서 우승했다. 따라서 이에 표창한다.
(C) これはわが社の開発チームによって開発された。　(C) 이것은 우리 회사의 개발 팀에 의해 개발되었다.
(D) 価値観は人によって違うものだ。　(D) 가치관은 사람에 따라 다른 법이다.

어휘 安売り 염가판매(싸게 팜)　弁論 변론　表彰 표창　価値観 가치관

19 この会社に入ったのは大企業だからです。

(A) 明日から修学旅行に行きます。

(B) 疲れたからちょっと休みますね。

(C) その箱の中はからだよ。

(D) この財布は友達からもらいました。

이 회사에 들어온 것은 대기업이기 때문입니다.

(A) 내일부터 수학여행에 갑니다.

(B) 피곤하니까 좀 쉴게요.

(C) 그 상자 안은 텅텅 비었어.

(D) 이 지갑은 친구에게 받았습니다.

해설 문제의 から는 이유의 의미

(A) 기간, 시간의 시점　(C) (속이) 빔　(D) 물건의 출처

20 警察官でありながら法を犯してしまった。

(A) いけないと知っていながらついしてしまう。

(B) 昔ながらの変わらない味です。

(C) 歩きながらたばこを吸わないで下さい。

(D) 我ながらうまくできたと思う。

경찰관이면서 법을 어기고 말았다.

(A) 안 된다는 것을 알고 있으면서 그만 하고만다.

(B) 옛날 그대로의 변하지 않는 맛입니다.

(C) 걸으면서 담배를 피우지 말아 주세요.

(D) 내가 생각해도 잘 됐다고 생각한다.

해설 문제의 ながら는 ~인데도(불구하고)의 의미

어휘 法を犯す 법을 어기다

PART 6 誤文訂正 오문정정

초급 20問	01	(A)	02	(D)	03	(D)	04	(D)	05	(A)
	06	(B)	07	(B)	08	(C)	09	(D)	10	(D)
	11	(A)	12	(B)	13	(C)	14	(A)	15	(C)
	16	(B)	17	(C)	18	(C)	19	(C)	20	(D)

Ⅵ. 아래의 _____선의 (A), (B), (C), (D) 중에서 바르지 않은 것을 하나 고르시오.

01 暇のときバスに乗って大きな公園に行って池の周りを散歩します。
　　　(A)なとき　　(B)　　　　(C)　　　　　　　　(D)

한가할 때, 버스를 타고 큰 공원에 가서 연못 주위를 산책합니다.

해설 暇(ひま)는 な형용사 ★な형용사의 명사 접속〈な + 명사〉 ★명사의 명사 접속〈の + 명사〉

어휘 暇(ひま) 한가하다　池(いけ) 연못

02 今日はあまりにも忙しくて昼ごはんをまだ食べませんでした。
　　　(A)　　　(B)　　　(C)　　(D)食べていません

오늘은 너무 바빠서 점심밥을 아직 먹지 않았습니다.

해설 まだ + ～ている형의 형태로 외워 주세요.
(×)まだ～たべません、(×)まだ～たべなかったです、(×)まだ～たべませんでした의 형태는 없다.

어휘 あまりにも 너무나도

03 友達から久しぶりに手紙が来たので うれしいてすぐに開けて読みました。
　　　(A)　　(B)　　　　(C)　　(D)うれしくて

친구한테서 오랜만에 편지가 왔기 때문에 기뻐서 바로 펴서 읽었습니다.

해설 い형용사의 て형은　うれし<s>い</s>+くて

04 辞書を忘れたんですか。よかったら、見せて くれましょうか。
　　　　(A)　　　　　　　　　(B)　　　(C)　(D)あげましょうか

사전을 안 가지고 왔어요? 괜찮다면 보여 줄까요?

해설 행위가 나에게서 다른 사람에게 향하고 있는 경우에는 ～てあげる를 사용한다.

어휘 辞書 사전

---

05 鈴木さんはきれいし仕事もできるので、他の社員はみんな彼女が好きだ。
　　　　　　(A)きれいだし　　(B)　　　　(C)　　　　　(D)

스즈키 씨는 예쁘고 일도 잘해서 다른 사원들은 모두 그녀를 좋아한다.

해설 이유의 병렬 표현 ～し～し / な형용사 きれいな + だし～ / い형용사 うつくしい + し～

어휘 社員 사원

---

06 この間の店、どこにあったかどうか、ひょっとして覚えていたら教えてもらえる。
　　　　　　(A)　　　(B)か　　　　　　　　(C)　　　　(D)

지난번 가게, 어디에 있었는지 혹시 기억하고 있으면 가르쳐줄래?

해설 의문사 + か
　　예 의문사 있음　何時に彼女が来るか聞きましょう (몇 시에 그녀가 올지 물어봅시다)
　　　　의문사 없음　彼女も行くかどうか聞きましょう (그녀도 갈지 어떨지 물어봅시다)

어휘 ひょっとして 혹시, 만일　覚える 기억하다

---

07 庭に植えてある木の太いは直径1mもある。
　　　　(A)　　　　　(B)太さ　　(C)(D)

마당에 심어져 있는 나무의 두께는 직경 1m나 된다.

해설 형용사의 명사화 → 형용사의 어간 + さ
　　　　太さ(두께) ・ 高さ(높이) ・ やさしさ(친절함) ・ 美しさ(아름다움) ・ 元気さ(건강함)

어휘 庭 마당　植える 심다　直径 직경

08 その本、読み終わったら机の上で置いといてくださいね。
　　　(A)　　　(B)　　　　(C)に　(D)

그 책 다 읽으면 책상 위에 놓아 주세요.

해설 で는 행동·동작을 하는 장소를 표현한다.
예) 机の上でハムスターが遊んでいる (책상 위에서 햄스터가 놀고 있다)
置く처럼 이동을 표현하는 동사의 앞에는 に를 쓴다.
예) かばんに入れる(가방에 넣다) ゴミ箱に捨てる(쓰레기통에 버리다)
置いといては 置いておいて의 단축형

어휘 置く 두다, 놓다

---

09 うちの子は試験前なのに勉強もしないで遊んでばかりいるのに心配だ。
　　　　　　　　　(A)　　　　(B)　　　　(C)　　(D)ので

우리 아이는 시험전인데 공부도 하지 않고 놀고만 있어서 걱정이다.

해설 〈のに VS ので〉
のに 역설　예) 遊んでばかりいるのに、試験はよくできる(놀기만 하는데, 시험은 잘 본다)
ので 이유　예) 遊んでばかりいるので、試験ができない(놀고만 있어서, 시험을 못 본다)

---

10 大学卒業後はすぐに就職しようと思っていたが、父の勧めで留学するようになった。
　　　　　　　　(A)　　　(B)　　　　　　　(C)　　　　(D)ことになった

대학졸업 후에 바로 취직하려고 생각했는데, 아빠의 권유로 유학 가게 되었다.

해설 ようになる는 지금까지는 공부하지 않은 아이가 공부하게 되었다, 열리지 않는 문이 열리게 되었다 등, 대상이 되는 물건의 상태나 능력 등이 변화된 경우에 사용된다. 문제는 상황의 변화이므로 ようになる는 쓸 수 없다.
ことになる 자신이외가 외면적인 요인에 의한 결정

어휘 勧め 권유, 추천　留学 유학

---

11 母が痛いので私も会社を休んで母の看病をするつもりです。
　　　(A)体の具合が悪いので　(B)　　(C)　　(D)

어머니가 아프기 때문에 나도 회사를 쉬고 어머니의 간병을 할 생각입니다.

해설 일본어에서 痛い만으로 병의 의미가 되지 않는다. 병이기 때문에 体調が悪い도 정답이 될 수 있다.
어휘 看病 간병

12 父の父、つまり私のおじさんは今年60歳になる。
　　　ちち　　　　わたし　　　　　　ことし　さい
　　　　　　(A)　　　(B)おじいさん　(C)　　(D)

아버지의 아버지, 즉 나의 할아버지는 올해 60세가 된다.

> **해설** おじさん(아저씨)과 おじいさん(할아버지) 확실히 구별
> おばさん(아주머니, 아줌마)과 おばあさん(할머니)도 마찬가지로 주의

13 予約しておいた飛行機のチケットはキャンセルする予定です。
　　　よやく　　　　ひこうき　　　　　　　　　　　　　よてい
　　　　　(A)　　　　　(B)　　　(C)キャンセル　　(D)

예약해 둔 비행기 티켓은 취소할 예정입니다.

> **해설** 가타카나의 정확한 표기를 묻는 문제이다.
> **어휘** キャンセル cancel 해약, 취소

14 バスを乗って駅まで行って、駅で電車に乗り換えます。
　　　　　の　　えき　い　　　　　　でんしゃ　　　か
　　　(A)に　　(B)　　　(C)　　(D)

버스를 타고 역까지 가서, 역에서 전철로 갈아 탑니다.

> **해설** 탈 것(교통 수단) + に 乗る
> **어휘** 乗り換える 환승하다, 갈아타다

15 私が話せる外国語は3つがあるが、どれも上手ではない。
　　　わたし　はな　がいこくご　　　　　　　　　じょうず
　　　　　(A)　　　　(B)　　(C)✕　　(D)

내가 말할 수 있는 외국어는 3개 있지만, 어느 것도 능숙하지는 않다.

> **해설** 수사 + ある/いる에 が는 필요 없다.
> **예** この部屋に学生は5人がいます (이 방에 학생은 5명 있습니다)
> 　　本が10冊があります (책이 10권 있습니다)

16 冬になると、長野でスキーに乗ることが一番の楽しみだ。
　　　ふゆ　　　　ながの　　　　　の　　　　　　いちばん　たの
　　　　　(A)　　　　　(B)スキーをする　　(C)　　(D)

겨울이 되면 나가노에서 스키를 타는 것이 최고의 즐거움이다.

해설　스키를 타다는 스키에 乗る가 아닌, スキーをする라고 한다.
어휘　長野ながの 나가노 (지명)

---

17 母と私は毎週末、家の近くにいるスポーツクラブに行きます。
　　　はは　わたし　まいしゅうまつ　いえ　ちか　　　　　　　　　　　　　　い
　　　　(A)　　(B)　　　　　　　　　(C)ある　　　　　　　　(D)

어머니와 나는 매주 주말, 집 근처에 있는 스포츠 클럽에 갑니다.

해설　사람이나 동물(스스로 움직이는 것) + いる / 스스로 움직이지 않는 것 + ある
어휘　スポーツクラブ 스포츠 클럽

---

18 定年後は子供や孫たちと楽しく住むのが私の夢です。
　　　ていねんご　こども　まご　　　たの　す　　　　わたし　ゆめ
　　　　(A)　　　　　　(B)　　　　　(C)暮らす(D)

정년 후에는 자식이랑 손자들과 즐겁게 사는 것이 나의 꿈입니다.

해설　住すむ는 장소, 暮くらす는 생활에 중점을 둠.
　　　　住む를 사용하는 경우는 장소를 표현하는 말이 필요하다. 조사에도 주의 ~に住む / ~で暮らす
어휘　定年ていねん 정년　住すむ 살다, 거주하다　暮くらす 살다, 지내다

---

19 アメリカに来て3ヶ月たちました。毎日うれしく過ごしているので心配しないでください。
　　　　　　き　かげつ　　　　　　まいにち　　　　　す　　　　　　　　　　しんぱい
　　　　(A)　　　　(B)　　　　　　　(C)楽しく　　　　　　　　　　(D)

미국에 와서 3개월 지났습니다. 매일 즐겁게 지내고 있으니까 걱정하지 마세요.

해설　うれしい는 즉각적인 기분을 나타내는 말이고, 過すごす처럼 일정기간 지속하는 의미를 가진 동사와 함께 쓸 수 없다.

20 このお菓子は初めて 食べたけど思ったよりおいしいだと思いました。
       (A)   (B)   (C)   (D)おいしいと

이 과자는 처음 먹어봤는데 생각보다 맛있었습니다.

해설 い형용사 + と思います / な형용사 + なだと思います
       명사 + だと思います / 동사의 사전형 + と思います

어휘 お菓子 과자

중급 20問	01	(C)	02	(D)	03	(B)	04	(C)	05	(A)
	06	(B)	07	(B)	08	(C)	09	(B)	10	(C)
	11	(B)	12	(D)	13	(C)	14	(B)	15	(B)
	16	(C)	17	(B)	18	(B)	19	(B)	20	(D)

Ⅵ. 아래의 _____ 선의 (A),(B),(C),(D) 중에서 바르지 않은 것을 하나 고르시오.

01 すみませんが、電気代がかかるので使っていない電気は消えてもらえませんか。
　　　　　　　　　でんきだい　　　　　　　　(A)　　(B)つか　　　　　　　(C)消して　(D)き

미안합니다만, 전기료가 들기 때문에 사용하지 않는 전기는 꺼 줄 수 없겠습니까?

해설　타동사 : 消けす → 消して　자동사 : 消きえる → 消えて
어휘　電気代でんきだい 전기세(전기료)　消きえる 꺼지다

02 小さいお子様用のお食事はこちらにご用意なさいました。
　　　ちい(A)　こさまよう(B)　しょくじ(C)　　　よう い(D)いたしました

어린 자녀분 용의 식사는 이쪽에 준비하였습니다.

해설　자신의 행위에는 겸양어를 사용한다. なさいました(なさる)는 존경어이고, 겸양어는 いたす이므로 いたしました가 바른 표현이다.

03 父は弟に厳しく 勉強する 一方で弟が欲しがるものは何でも買い与えた。
　　　ちち おとと きび(A)　(B)勉強させる べんきょう(C)　いっぽう(D)　　ほ　　　　　なん　　か あた

아버지는 동생에게 엄하게 공부시키는 반면 동생이 원하는 것은 무엇이든 사 주었다.

어휘　厳きびしい 엄격하다, 냉정하다　買かい与あたえる 사 주다

04 最近の人はきつい仕事をやりたくない 傾向がある。
　　　さいきん　ひと　　　　　しごと　　　　　　　　　けいこう
　　　　(A)　　　(B)　　　　(C)やりたがらない　　(D)

요즘 사람들은 힘든 일을 하고 싶어하지 않는 경향이 있다.

해설 자신 이외의 사람의 희망을 이야기 할 때는 ~たい가 아닌, ~たがる를 사용한다.
어휘 傾向けいこう 경향

---

05 お腹が空いて食べることを探し回ったが、食べかけのパンがあっただけだ。
　　　なか　す　　た　　　　　さが　まわ
　　　　　　　　　　(A)もの　　　(B)　　　(C)　　　　　　　(D)

배가 고파서 먹을 것을 찾아 헤맸지만, 먹다만 빵이 있었을 뿐이다.

해설 食たべるもの 먹기 위한 음식의 뜻(먹을 것) / 食たべること '먹다'라는 행동의 명사화 (먹는 것)
어휘 お腹なかが空すく 배가 고프다　探さがし回まわる 찾아 헤매다

---

06 仲たがいしてるとはいえ、親子なんだから、腹を開けて 話し合えば、分かり合えるはずだよ。
　　　なか　　　　　　　　　　おやこ　　　　　　　　はら　あ　　　　はな　あ　　　　　わ　あ
　　　　　　　　　　　　　　　(A)　　　　　　　(B)腹を割って　　(C)　　　　　　　　　(D)

사이가 틀어졌다고는 해도 부모자식 간이니까, 속내를 털어놓고 얘기를 나누면 서로 이해할 수 있을 거야.

어휘 仲なかたがい 사이가 틀어짐, 그런 상태　腹はらを割わって話はなす (본심을 털어놓고 말하다) 숨기거나 포장하지 않고 속내를 보여, 생각하는 것을 솔직히 말한다는 의미

---

07 退院はしたものの、まだはっきり治ったわけじゃないので、安静にしていたほうがいい。
　　　たいいん　　　　　　　　　　　なお　　　　　　　　　　　　　あんせい
　　　　　　　(A)　　(B)しっかり　(C)　　　　　　　　　　(D)

퇴원했다고는 해도 아직 확실히 나은 것은 아니므로, 안정하고 있는 편이 좋다.

해설 はっきり는
① 의지적인 행동・행위의 방법이나 방식의 명확함 **예** 嫌いやですとはっきり断ことわる(싫다고 분명히 거절하다)
② 시각・청각등의 명확함 **예** 天気てんきがいいので山やまがはっきり見みえる(날씨가 좋아서 산이 잘 보이다)
治なおる 낫는다는 자신의 의지로 행하는 행위에서는 없으므로 はっきり를 사용할 수는 없다.
しっかり는 어느 행동이 확실하게 행하여 지는 모양을 표현한다.
　예 健康けんこうのために朝あさごはんをしっかり食たべる(건강을 위해서 아침 밥을 확실히 먹는다)
きちんと 깔끔히, 정확히　ちゃんと 확실하게　完全かんぜんに 완전하게도 정답이 된다.
어휘 治なおる 낫다　安静あんせい 안정　しっかり 착실히　はっきり 확실히, 뚜렷이

08 そのドラマは涙なしにはとても見えない 切なくて感動的なドラマだ。
　　　　　　　　(A)　　　　　(B)　　(C)見られない　(D)

그 드라마는 눈물 없이는 정말 볼 수 없을 정도로 애달프고 감동적인 드라마다.

해설 見える는
① 기능적으로 보는 것이 가능한 경우 **예** コンタクトをしたらよく見える(콘택트 렌즈를 했더니 잘 보인다)
② 자연적인 지각 **예** ここから山がよく見えます(여기에서 산이 잘 보인다)
見られる는 見る의 가능형 とても～られない(가능동사의 부정형)의 형태로 자주 사용
예 多すぎてとても見られない 너무 많아서 도저히 볼 수 없다.

어휘 切ない 애달프다, 애절하다

09 私の知っている どんな女性が宝くじにあたった そうですよ。
　　　　　　(A)　　(B)ある　　　　(C)　　　(D)

내가 알고 있는 한 여성이 복권에 당첨됐다네요.

해설 한국어와 혼동하지 않도록 주의
① (새로운 사원은 어떤 사람입니까?) 新しい社員はどんな人ですか
② (어떤 사람이 이것을 주었습니다) ある人がこれをくれました

어휘 宝くじ 복권

10 迷惑をかけて申し訳ないと何度も頭を下げたのに、課長はめったに許してくれなかった。
　　　　(A)　　　　　　　(B)　　　　　(C)なかなか　(D)

폐를 끼쳐서 죄송하다고 몇 번이나 머리를 숙였는데도, 과장은 좀처럼 용서해 주지 않았다.

해설 めったに～ない 는 회수・빈도가 대단히 적은 것을 강조해서 나타낸다.
なかなか～ない 는 어떤 목표도달까지의 과정이 어렵거나, 시간이나 노력을 필요로 하는 것을 나타낸다.
예 何度も受験しているのになかなか合格することができない
　　(몇 번이나 수험하고 있는데도 좀처럼 합격할 수 없다)

11 今年40になるが、年の割とそんなに老けていないほうだ。
　　　　(A)　　　　(B)割に　(C)　　(D)

올해 40이 되는데, 나이에 비해 그렇게 늙지 않은 편이다.

해설 ～の割に ～비해

어휘 割と 비교적, 상당히　老ける 늙다

12 今回の試験ではとても緊張して、大きなミスを起こしてしまった。
　　　（A）　　（B）　　　　　（C）　　　　（D）して

이번 시험에서는 매우 긴장해서, 큰 실수를 저지르고 말았다.

해설 심각한 실수의 경우는 犯おかす도 자주 사용한다.
　　　事故사고·トラブル트러블의 경우는 起おこす를 사용한다.
어휘 緊張きんちょう 긴장　ミス 실수

---

13 健康のために毎日意識的に体を動くようにしています。
　　　（A）　　　（B）　（C）動かす（D）

건강을 위해서 매일 의식적으로 몸을 움직이도록 하고 있습니다.

해설 타동사：動うごかす 움직이다　자동사：動うごく 움직이다
어휘 意識的いしきてき 의식적

---

14 サッカーの試合なんて せっかく競技場まで見に行かなくてもテレビで十分だ。
　　　　　　（A）　（B）わざわざ　　　　　（C）　　　（D）

축구 시합 같은 거 일부러 경기장까지 보러 가지 않아도 텔레비전으로 충분하다.

해설 わざわざ는 특별히 노력이나 시간·돈 등을 사용해서라고 하는 의미이다. せっかく의 뒤에는 기대와 결론이 반대되는 상황이 온다.
어휘 競技場きょうぎじょう 경기장

---

15 同じクラスの田中君のことが気にしてしょうがないのだけど話しかけることもできない。
　　　　　　　（A）　（B）気になって　　　　　（C）　　（D）

같은 반 다나카 군의 일이 신경쓰여 견딜 수 없지만, 말을 거는 것도 할 수 없다.

어휘 話はなしかける 말을 걸다　～を気きにする ～을 신경 쓰다

16　今年のお年玉は私と弟がそれぞれ3万円ごともらった。
　　　　ことし　としだま　　わたし　おとうと　　　　　まんえん
　　　　　　　(A)　　　　　　　(B)　　　(C)ずつ (D)

올해 세뱃돈은 나와 동생이 각각 3만 엔씩 받았다.

어휘　お年玉 としだま 세뱃돈　ごと ~째, ~마다

17　給料が多少安かろうが プログラマーで働くのが僕の希望だ。
　　　きゅうりょう たしょうやす　　　　　　　　はたら　ぼく きぼう
　　　　　　　　　　(A)　　　(B)として (C)　　　(D)

월급이 다소 낮을지라도 프로그래머로 일하는 것이 나의 희망이다.

해설　직업 + として働 はたらく ~로 일하다
어휘　プログラマー 프로그래머

18　私は友達から明るい性格だと聞きますが、実際はそうでもないんです。
　　　わたし ともだち あか せいかく　き　　　　じっさい
　　　　　　　　(A)　　　　　(B)言われます (C)　　　　　(D)

나는 친구로부터 밝은 성격이라는 말을 듣습니다만, 실제로는 그렇지도 않아요.

해설　人から(~に)~と言 い われる 남으로부터 (~에게) ~라고 듣다.
　　　　人 ひとは私 わたしに優 やさしいと言う (남들은 나에게 상냥하다고 말한다)
　　　→ 私 わたしは人 ひとに優 やさしいと言 い われる (나는 남에게 상냥하다는 말을 듣는다)
어휘　実際 じっさい 실제

19　人数が多いためいくつかのグループに分かって 別々に練習しなければならない。
　　　にんずう おお　　　　　　　　　　　わ　　　べつべつ れんしゅう
　　　　　　　(A)　　　　　　　(B)分かれて (C)　　　　　　(D)

사람 수가 많기 때문에 몇 개의 그룹으로 나뉘어 따로따로 연습하지 않으면 안 된다.

해설　分 わかれる て형 → 分かれて / 分かる て형 → 分かって
어휘　別々 べつべつに 따로따로

20 彼がこんなところで油を売っているとはどういうことだろう。昨日出張に行ったべきだが。
　　　　かれ　　　　　　　　　あぶら う
　　　　　　　　　(A)　　　　　(B)　　　　(C)　　きのう しゅっちょう い　(D)はず

그가 이런 곳에서 딴청을 피우고 있다니 어떻게 된걸까? 분명히 어제 출장을 갔었을 터인데.

해설 はず는 있는 사실에 근거하여 이야기하는 사람이 당연할 것 같지 않으면 안 될 생각을 말할 때 사용한다.

예 昨日ガソリンを満タンにしたのだから、まだ十分残っているはずだ
　　　きのう　　　　　　まん　　　　　　　　　　　じゅうぶん のこ
　　　(어제 가솔린을 가득 채웠기 때문에, 아직 충분히 남아있을 것이다)

べき는 ~하는 것이 당연하다, ~하지 않으면 안 된다라는 의미로 의무나 충고 등을 나타낸다.

예 学生はしっかり勉強するべきだ(학생은 열심히 공부해야 한다)
　　　がくせい　　　　べんきょう

01	(A)	02	(A)	03	(D)	04	(C)	05	(B)
06	(D)	07	(A)	08	(B)	09	(A)	10	(A)
11	(B)	12	(B)	13	(B)	14	(A)	15	(C)
16	(B)	17	(C)	18	(A)	19	(A)	20	(B)

상급 20問

Ⅵ. 아래의 _____ 선의 (A), (B), (C), (D) 중에서 바르지 않은 것을 하나 고르시오.

01 彼女は突然出て行ったかと思うに、抱えきれないほどの花束を手に戻ってきた。
　　　　　　　　　　　(A)思うと　　(B)　　(C)　　　　　(D)

그녀는 갑자기 나가는가 싶더니, 두팔로 안을 수 없을 정도의 꽃다발을 들고 돌아왔다.

해설 〜かと思おうとは 둘이 대비적인 사항이 거의 동시에 일어나는 것을 나타낸다.
예 赤ちゃんは急に泣き出したかと思うと、すぐに笑い出した
(아기는 갑자기 울기 시작하는가 싶더니, 바로 웃기 시작했다)
〜きれない는 완전히 〜할 수 없다는 의미
예 こんなにたくさんは食べきれないよ (이렇게 많이는 다 먹을 수 없어요)
어휘 抱える 안다, 껴안다　〜を手に 〜을 손에

02 親の反対をびくともせず、彼は彼女との結婚を強引に 押し進めた。
　　　　　　(A)ものともせず　　　　　(B)　　　　(C)　　(D)

부모의 반대를 아랑곳 하지 않고, 그는 그녀와의 결혼을 강하게 밀고 나갔다.

해설 びくともしない (꿈적도 하지 않는다) 앞에는 조사 に(も)를 쓴다.
びくともしない는 어떤 외부로부터의 힘이 들어가도 전혀 미동하지 않는다는 의미
예 その家は台風に(も)びくともしない (그 집은 태풍에도 꿈적도 하지 않는다)
ものともせず (아랑곳 하지 않고)는 혹한 조건에 기가 꺾이지 않는다는 의미
어휘 強引に 강인하게　押し進める 밀고 나가다

03 ラジウムを発見したキュリー夫人の名声は世界中に 知れ広がっている。
　　　(A)　　　　　　　　　　　　　(B)　　(C)　　(D)知れ渡って

라듐을 발견한 퀴리부인의 명성은 전 세계에 널리 알려졌다.

해설 동사의 ます형 + 渡る 일면으로, 널리 〜하다의 의미
예 この木は栄養がよく行き渡っている (이 나무는 영양이 잘 고루 미치고 있다)
空がどこまでも晴れ渡っている (하늘이 끝없이 활짝 개어 있다)

04 もともと 美しかったが、前にもかえって 美しさに 磨きがかかったようだ。
　　　(A)　　　　(B)　　　　　(C)まして　　　　　　(D)

원래 예뻤지만, 전보다 더욱 아름다움을 갈고 닦았던 것 같다.

해설 にもまして는 前にもまして・以前にもましての 형태로 자주 사용된다. 전에도 그랬지만, 보다 더의 의미
かえって는 예상되는 결과와 반대의 결과가 될 때 사용된다.
예 タクシーで行ったら、車が渋滞してかえって遅くなってしまった
(택시로 갔더니, 차가 막혀 오히려 늦어 버렸다)

---

05 あの子は私にとって娘も 当然だから、たかがその程度のことで縁を切ったりしないよ。
　　　　　　　　(A)(B)同然　　(C)　　　　　　　(D)

저 아이는 나에게 있어 딸이나 다름 없으므로, 고작 그 정도의 일로 인연을 끊거나 하지 않지.

해설 ～も同然 ～이나 다름없음
어휘 当然 당연　たかが 고작　縁を切る 인연을 끊다

---

06 不況の波が全世界を直撃している。もはや、なるようにだけならない。
　　　(A)　　　　　　　　(B)　　(C)　(D)しか

불황의 파도가 전세계를 휩쓸고 있다. 이미 흐름에 맡길 수 밖에 없다.

해설 なるようにしかならない 되는 대로 밖에 할 수 없다. 즉 흐름에 맡길 수 밖에 없다는 의미
어휘 不況 불황　直撃 직격　もはや 벌써, 이미

---

07 病院は目と鼻の間なのだからすぐに行けばいいものを、放置して悪化させてしまった。
　　　　　　　　　(A)先　　　(B)　　　　　(C)　　　　(D)

병원은 바로 코앞이니까 바로 가면 됐을 것을, 방치해서 악화시키고 말았다.

해설 目と鼻の先 바로 근처라는 의미　～ばいいものを ～면 좋았을 것을
어휘 放置 방치　悪化 악화

08 食品の安全に伴う国民の関心が年々 高まってきている。
　　　(A)　　(B)対する　　　(C)　　(D)

식품의 안전에 대한 국민의 관심이 해마다 높아지고 있다.

해설 伴ともなう 걸맞다, 어울리다, 따라가다　対たいする 대한
어휘 年々ねんねん 매년마다　高たかまる 높아지다

---

09 結婚するとたん 人が変わったように仕事に精を出す ようになった。
　　　(A)した　　　(B)　　　　　(C)　　(D)

결혼하자마자 사람이 변한 것처럼 열심히 일하게 되었다.

해설 ~たとたん (~하자마자)는 항상 동사의 た형에 접속
어휘 精せいを出だす 힘내다, 열심히 일하다

---

10 かっとするようなホラー映画の怖い場面が目に焼き付いて離れない。
　　(A)ぞっとする　　(B)　　　　　(C)　　　　(D)

오싹한 공포영화의 무서운 장면이 강한 인상을 남겨 지워지지 않는다.

해설 かっとする 벌컥 화를 내다　ぞっとする 오싹하다, 소름이 끼치다
어휘 目めに焼やきつく 강한 인상을 남기다

---

11 借金は明日までに必ず顔を揃えて返済しますのでお待ちください。
　　　　(A)　　(B)耳　　　(C)　　　(D)

꾼 돈은 내일까지 꼭 한 푼도 모자람 없이 갚을 테니까 기다려 주세요.

해설 耳みみを揃そろえる 전액을 모자람 없이 준비하다, 아귀를 맞추다
어휘 借金しゃっきん 빚

12 本当にこれでいいのかと何度も念を入れたが、彼はただ無言でうなずくだけだった。
　　　　　　　　　　　　(A)　　　(B)押す　　　　　(C)　　(D)

정말로 이것으로 괜찮은지 몇 번이나 다짐을 했지만, 그는 단지 말없이 고개를 끄덕일 뿐이었다.

해설 念を入れる 잘못되지 않도록 두루 마음을 써서 몇 번이나 확인하다 (세심한 주의를 기울이다)
念を押す 타인의 생각이나 행동에 대하여 몇 번이나 확인하다 (다짐하다, 확인하다)
문제에서는 자신의 행동에 대한 확인만이 아닌, 상대에 대한 의견의 확인이므로, 念を押す가 바른 표현이다.

어휘 無言 무언　うなずく 수긍하다, 끄덕이다

13 一言も不満をたやさず黙々と仕事をこなす姿をみて身につまされた。
　　　　(A)　　　(B)言わず　　　　　(C)　　　　(D)

한마디도 불만을 토로하지 않고 묵묵히 일을 해내는 모습을 보고 내 일처럼 동정이 갔다.

해설 不満をたやさず라고 하면 계속 불만을 말하고 있다는 의미가 된다.
黙々と라는 말에서 불만을 말하지 않는다는 의미로 해야 된다.
不満を言わず / もらさず (누설하지 않고)가 적당하다.

어휘 黙々と 묵묵히　(仕事を)こなす (일을) 해치우다 처리하다　身につまされる 자기 일처럼 동정이 가다
たやす 끊어지게 하다, 근절시키다

14 厳しい競争を勝ち越す技術力があったからこそ今日のわが社の繁栄があるのだ。
　　　　　　　　(A)勝ち抜く　　　　(B)　　(C)　　　(D)

냉엄한 경쟁을 마지막까지 싸워 이겨낸 기술력이 있었기 때문에 오늘날의 우리 회사의 번영이 있는 것이다.

해설 동사의 ます형 + 抜く 최후까지 관철한다
예 やり抜く(끝까지 하다)　戦い抜く(끝까지 싸우다)　走り抜く(끝까지 달리다)
勝ち越す는 이긴 횟수가 진 횟수보다 많아진 것

어휘 繁栄 번영

15 例の件に関しては現段階では答えほうがないので質問は控えてください。
　　　(A)　　(B)　　　　　(C)答えよう　　　　　(D)

그 건에 관해서는 현단계에서는 대답할 수가 없기 때문에 질문은 삼가 주십시오.

어휘 控ひかえる 삼가다

---

16 さんざん迷ったあまりに結局何も買わずじまいで帰ってきてしまった。
　　　　(A)　　(B)あげくに　　(C)　　　　(D)

굉장히 망설인 끝에 결국 아무것도 사지 않고 돌아와 버렸다.

해설 ~たあげく(に) ~한 최종 결과로, 결국(~끝에) 그 결과가 되기까지 시간이나 부담이 걸리는 뉘앙스를 가진다.

---

17 年末は毎晩のように飲み会続きで、帰宅が遅くなりげなので、妻の機嫌がよくない。
　　　　　　(A)　　　(B)　　　　(C)なりがち　　(D)

연말은 매일같이 술자리가 이어져, 늦게 귀가하는 일이 잦아지기 때문에, 아내의 심기가 좋지 않다.

해설 げは ~のように見みえる ~처럼 보이다라는 의미
　예 これ、よさげな本ほんだね 이것, 좋아 보이는 책이네(=よさそうな本ほんだね)
　동사의 ます형・명사+がち 바람직하지 않은 변화나 상태가 발생하기 쉬워, 그 상태인 경우가 많다의 의미로 사용된다.
　예 夏なつは冷つめたいものを食たべ過すぎてしまいがちだ (여름에는 차가운 것을 많이 먹게 되는 경향이 있다)
　~続つづき 연속(계속되는 모습, 어느 것이 몇 번이나 겹쳐지는 모습)
　예 災難続さいなんつづき 재난의 연속　徹夜続てつやつづき 밤샘 연속　パーティ続つづき 파티의 연속

어휘 機嫌きげん 비위, 심기, 기분

---

18 大口を言うだけあって、なかなかの腕前だ。
　　　(A)たたく (B)　　(C)　　(D)

호언장담을 한 만큼 상당한 실력이다.

해설 大口おおぐちをたたく 큰소리를 치다, 호언장담하다
　だけあって ~한 만큼(은 있어서) 그 정도의 가치를 한다는 뜻 뒤에 온다.

어휘 腕前うでまえ 솜씨

| 19 | 彼ときては、部下の手柄をあたかも自分の功績のように報告したそうだ。
　　　かれ　　　　　　　ぶか　てがら　　　　　　　　じぶん　こうせき　　　　　ほうこく
　　　(A)きたら　　　　(B)　　(C)　　　　　(D)

그는 부하의 공로를 마치 자신의 공적인냥 보고 했다고 한다.

해설 〜ときたら 〜로 말할 것 같으면, 〜는(은)
어휘 部下ぶか 부하　手柄てがら 공로　功績こうせき 공적

| 20 | 先月の調査結果を踏んで、今後の方針を決定いたしたいと思います。
　　　せんげつ　ちょうさけっか　ふ　　　こんご　ほうしん　けってい　　　　　　おも
　　　(A)　　　　　　　(B)踏まえて　　(C)　　　　　(D)

지난달의 조사결과에 입각해서, 차후 방침을 결정하고자 합니다.

해설 〜を踏ふまえて 〜에 입각해서
어휘 方針ほうしん 방침

모의TEST1 20問	01	(D)	02	(B)	03	(B)	04	(A)	05	(B)
	06	(C)	07	(D)	08	(A)	09	(A)	10	(C)
	11	(A)	12	(B)	13	(C)	14	(D)	15	(D)
	16	(A)	17	(A)	18	(B)	19	(D)	20	(B)

Ⅵ. 아래의 _____선의 (A),(B),(C),(D) 중에서 바르지 않은 것을 하나 고르시오.

01 ここに肉や魚があるから自分で 料理して食べよう。
　　　　(A)　　(B)　　　　(C)　　　　(D)食べよう

여기에 고기랑 생선이 있으니까 내가 요리해서 먹어야지.

해설 의지형 5단(1그룹) 기본형의 어간을 お단으로 바꾸고 う를 접속한다. 話す -> 話そう
　　　1단(2그룹) 기본형의 る를 떼고 よう를 접속한다. 食べる -> 食べよう
　　　する -> しよう / 来る -> 来よう

02 今日開校記念日で学校は休みでした。それから家でゆっくり休みました。
　　　　(A)　　　　　　　　　(B)だから　　(C)　　　　(D)

오늘 개교기념일로 학교는 쉬는 날이었습니다. 그래서 집에서 푹 쉬었습니다.

해설 それから는 순서, だから가 이유이기 때문에 틀리지 않도록 주의

03 暑いですから、どうぞ 涼しい飲み物でも飲んで少し休んでください。
　　　(A)　　　　(B)冷たい　　(C)　　　(D)

더우니까 자, 시원한 음료라도 마시고 좀 쉬세요.

해설 涼すずしい는 '시원하다'라고 번역은 되지만, 몸으로 느끼는 바람이나 온도가 상쾌해서 기분이 좋은 느낌을 말하므로 음료에 涼しい를 사용하는 것은 불가능하다. 熱あつい/温あたたかい/冷つめたい (뜨거운, 따뜻한, 차가운) 飲のみ物もの는 가능

어휘 涼すずしい 서늘하다

50

04 長男は勉強が上手だが、下の子は勉強が苦手なようです。
ちょうなん　べんきょう　じょうず　　した　こ　　　　　　にがて
　　　　　　　　　　　(A)得意だ　　(B)　　　　(C)　(D)

장남은 공부를 잘하는데, 동생은 공부를 잘 못하는 모양입니다.

해설　勉強が上手だ는 잘못된 표현으로 勉強べんきょうがよくできる、勉強べんきょうが得意とくい 가 바른 표현이다.
어휘　長男ちょうなん 장남

05 論文を書くための本を3本買って、そのあと家に戻った。
ろんぶん　か　　　　　ほん さんぼん か　　　　　　　　いえ　もど
　　　　(A)　　　　(B)3冊　　　　(C)　　　　(D)

논문을 쓰기 위한 책을 3권 사서, 그 후에 집에 돌아갔다.

해설　책을 셀 때는 冊, 연필과 같이 가늘고 긴 것은 本을 사용한다.
어휘　戻もどる 되돌아가다, 되돌아오다

06 天気がよければ自転車に乗んだり、川沿いを散歩したりします。
てんき　　　　　　　じてんしゃ　の　　　　かわぞ　　　さんぽ
　　　　　　　　　(A)　　　　(B) (C)乗ったり　(D)

날씨가 좋으면 자전거를 타거나 강가를 산책하거나 합니다.

해설　た형 乗のる → 乗った　飲のむ → 飲んだ
어휘　川沿かわぞい 강가

07 鋭い判断力と人脈はビジネスで成功するための必修の条件だ。
するど　はんだんりょく　じんみゃく　　　　せいこう　　　　　ひっしゅう じょうけん
(A)　　　　(B)　　　　　　　　(C)　　　　　(D)必須

날카로운 판단력과 인맥은 비즈니스에서 성공하기 위한 필수조건이다.

해설　必須ひっすは 반드시 필요한의 의미로 必修ひっしゅう는 학교 등에서 반드시 배워야 하는 과목
예　必修科目ひっしゅうかもく 필수 과목
어휘　鋭するどい 날카롭다　人脈じんみゃく 인맥　必修ひっしゅう 필수

08 母は私に口が痛い話ばかりするが私は言い返すことさえ出来ない。
　　　　(A)耳　　　(B)　　　　　(C)　　(D)

어머니는 나에게 듣기 괴로운 이야기만 하지만, 나는 끽소리도 못한다.

해설 耳みみが痛いたい 귀가 따갑다(타인에게 자신의 나쁜 점이나 약점 등을 지적당해서 듣는 것이 괴롭다)

어휘 言いい返かえす 말대답하다, 한말을 되풀이하여 말하다

09 私ぐらいにできることがあったら遠慮せず何でもおっしゃってください。
　　　　(A)にも　　　　　　　　(B)　　(C)　　(D)

나라도 할 수 있는 일이 있다면 사양 말고 뭐든지 말씀해 주세요.

어휘 遠慮えんりょ 사양　おっしゃる 말씀하시다 (言う의 존경어)

10 今日、人事異動の発表があり、私は大阪に転勤されることになった。
　　　(A)　　　(B)　　　　　　　　　　(C)転勤させられる　(D)

오늘 인사이동 발표가 있어, 나는 오사카에 전근가게 되었다.

해설 회사의 명령으로 내가 전근하기 때문에, 수동이 아닌 사역수동형을 써야 한다.
会社かいしゃが私わたしを転勤てんきんさせる(사역형) → 私は(会社に)転勤させられる(사역수동)
転勤することになった만으로도 정답이 된다. 이 경우 회사의 결정으로 전근가게 되었다는 의미가 되어 사역수동을 쓸 때 보다는 '억지로' 라는 뉘앙스가 약해진다.

11 目を閉めて音楽を聴いていると、あの日の思い出がよみがえった。
　　　　(A)閉じて　　　　(B)　　(C)　　　　　(D)

눈을 감고 음악을 듣고 있노라니 그 날의 추억이 되살아났다.

해설 閉とじる를 사용하는 것　目め・口くち・本ほん(눈, 입, 책)
　　　 閉しめる를 사용하는 것　鍵かぎ・ドア・窓まど・カーテン(열쇠,문,창,커튼)

12 受験を目前に迫って、受験生たちは最後のラストスパートをかけている。
　　　　　(A)　　(B)控えて　　　　　　　　(C)　　　　　(D)

시험을 눈앞에 두고 수험생들은 마지막 피치를 올리고 있다.

해설 ~を目前に控えて ~을 앞두고
試験が目前に迫まって가 되면 정답이 된다.

어휘 ~を追う ~을 쫓다　目前 눈앞　ラストスパート 라스트 스파트(마지막 피치)

---

13 私自身も両親の希望通り医者になってほしいと思っているが現実はそう甘くない。
　　　(A)　　　(B)　　　　(C)なりたい　　　　　　　　　(D)

나 자신도 부모님의 희망대로 의사가 되고 싶다고 생각하지만 현실은 그렇게 만만치 않다.

해설 자신의 행동·행위에 대한 희망에는 ~てほしい를 사용할 수 없고 ~たい를 사용해야 한다.

---

14 食べ過ぎてお腹がいっぱいでずいぶんご飯を残りました。
　　　(A)　　　(B)　　　(C)　　　　　(D)残しました

과식해서 배가 불러서 밥을 많이 남겼습니다.

해설 자동사 : 残る(남다) → 残りました 남았습니다　타동사 : 残す(남기다) → 残しました 남겼습니다
동사 앞에 を가 있으므로 타동사를 써야한다.

---

15 ごく簡単な単語すら間違えるほど彼の日本語能力は退いた。
　　　(A)　　(B)　　(C)　　　　　　　(D)衰えた

지극히 간단한 단어조차 틀릴 만큼 그의 일본어 능력은 약해졌다.

해설 退く 물러나다(물러서다)　衰える 점점 힘이나 능력이 약해져 가는 것
　　예 年をとって体力が衰えた (나이가 들어 체력이 약해졌다)

어휘 ごく 지극히

16 彼女とは仕事柄の付き合いでいわば うわべだけの関係だ。
　　　　(A)仕事上　(B)　　　(C)　　　(D)

그녀와는 업무상의 관계로 이를테면 표면적인 관계다.

해설 〈柄 VS 上〉
デザイナーという仕事柄、(×仕事上)流行には敏感だ
(디자이너라고 하는 일의 성질상 유행에는 민감하다)

仕事上(×仕事柄)のトラブルを家庭に持ち帰るな ((업무상의) 문제를 집으로 가져오지마)

17 親の心配をほかに 定職にも就かないなんてもってのほかだ。
　　　　　　(A)よそに (B)　　　(C)　　　(D)

부모의 걱정을 아랑곳 하지 않고 일정한 직장에도 나가지 않다니 당치도 않다.

어휘 定職に就く 일정한 직장에 나가다 もってのほか 당치도 않음

18 学生の皆さま、お忙しいところ 御社の就職説明会にお越しいただきまして、ありがとうございます。
　　　　　　　　　　(A) (B)弊社　　　(C)　　　(D)

학생 여러분, 바쁘신데도 불구하고 폐사의 취직 설명회에 와 주셔서 감사합니다.

어휘 弊社 폐사(자기 회사에 대한 겸양어)

19 どんなに嫌な人だとしても 避けられない相手なので付き合うを得ない。
　　　(A)　　　　(B)　　　(C)　　　　(D)付き合わざるを得ない

아무리 싫은 사람이라고 해도 피할 수 없는 상대이기 때문에 같이하지 않을 수 없다.

어휘 ざるを得ない ~하지 않을 수 없다

20 ずいぶん親しげに話しているから、すっかり知り合いかと思ってたけど、初対面なんだね。
   (A)   (B)てっきり   (C)   (D)

상당히 친한 듯이 이야기해서 틀림없이 아는 사람이라고 생각했는데, 처음 만난 거구나.

해설 てっきり 영락없이, 꼭, 틀림없이(착각해서 굳게 믿어버리는 모습을 표현)

예 お姉さんなの。てっきり、彼女かと思ったよ (누나야? 틀림없이 여자친구라고 생각했어)

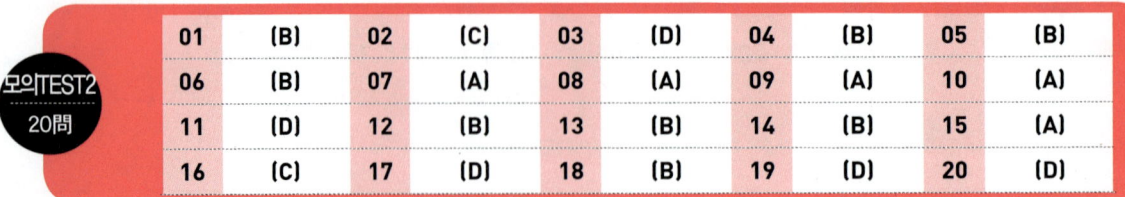

Ⅵ. 아래의 _____선의 (A),(B),(C),(D) 중에서 바르지 않은 것을 하나 고르시오.

01 もしお金がたくさん あるから、車を 買いたいです。
　　　　(A)　　　　(B)あったら　(C)　　(D)

만일 돈이 많이 있다면 차를 사고 싶습니다.

해설　あるから는 이유, 문제는 가정이므로, あったら로 해야 된다.

02 とても おしゃれな 服だけど、色が 少しもう 明るいと いいと 思います。
　　(A)　　　(B)　　　　　　　　　(C)もう少し　　　　　(D)

매우 멋진 옷이지만 색이 좀 더 밝았으면 좋겠다고 생각합니다.

03 このCD、私にくれるんですか。実は前からずっと欲しいだったんです。
　(A)　　　(B)　　　　　　　(C)　　　　　　(D)欲しかった

이 CD 나에게 주는 거예요? 실은 전부터 쭉 갖고 싶었거든요.

해설　欲しい의 과거는 欲しかった

04 小さい子(ちい)(こ)にもよく分(わ)かられる ようにやさしく話(はな)してください。
　　　　　　　　　(A)　　(B)分かる　(C)　　　　　(D)

어린아이도 잘 알 수 있도록 쉽게 이야기해 주세요.

해설 分(わ)かる에는 가능의 의미가 포함되어 있기 때문에 가능형으로 할 필요는 없다.

05 今日(きょう)は暑(あつ)いのでぼうしをはいて、サングラスをかけて きました。
　　　　　　　　　　　(A)　　(B)かぶって　　　(C)　　(D)

오늘은 덥기 때문에 모자를 쓰고 선글라스를 쓰고 왔습니다.

おまけ　靴(くつ)・ズボン(구두・바지)をはく
　　　　　服(ふく)・シャツ(옷・셔츠)を着(き)る
　　　　　めがね(안경)をかける

06 そんなに無理(むり)してやらなくて、少(すこ)し休(やす)みながらしたほうがいい。
　　　　　　　　(A)　　(B)ないで　　(C)　　　　　(D)

그렇게 무리해서 하지 말고, 조금 쉬면서 하는 게 좋아.

해설 なくては 이유, ないで는 부대상황을 나타낸다.

07 私(わたし)は緊張(きんちょう)やすい方(ほう)だから人前(ひとまえ)で話(はな)すのはあまり得意(とくい)ではありません。
　　　　　　　　(A)しやすい　(B)　　　(C)　　　　　(D)

저는 긴장을 잘 하는 편이어서 사람들 앞에서 말하는 것은 그다지 잘하지 못합니다.

해설 동사의 ます형 + やすい ~하기 쉽다
　　　　예 食(た)べやすい 먹기 쉽다・見(み)やすい 보기 쉽다

08 日本の食べ物とすれば、ねばねばした納豆をまず 思い出す。
　　　　(A)と言えば　　(B)　　　　(C)　　(D)

일본 음식이라고 하면, 끈적끈적한 낫토가 우선 생각난다.

> **해설** ~と言えば ~로 말하면
> **예** アメリカと(○言えば / ×すれば)僕はニューヨークを思い出す (미국이라고 하면 나는 뉴욕이 생각난다)
> **어휘** ねばねばする 끈적끈적하다, 찰기가 있다

09 山田さんが優秀で安心して仕事を任せられるが、田中さんは心配だ。
　　　　(A)は　　(B)　　　　(C)　　　　　(D)

야마다 씨는 우수해서 안심하고 일을 맡길 수 있지만, 다나카 씨는 걱정이다.

> **해설** 문제의 は는 대비 용법 Aは~だが、Bは ~だ A는 ~지만, B는 ~다.
> **예** りんごは(×が)好きだけど、みかんは(×が)好きでない (사과는 좋아하지만, 귤은 좋아하지 않는다)

10 大学に入るように、寝る時間も惜しんで勉強に励んだ。
　　　　(A)ために　(B)　　(C)　　　　(D)

대학에 들어가기 위해서, 자는 시간도 아껴서 공부에 힘썼다.

> **해설** 동사의 사전형 + ために : 목적을 나타낸다. ように를 사용한다면 동사를 가능형으로 해야 한다.
> **어휘** 惜しむ 아까워하다　励む 격려하다

11 この本は名作中の名作と言われ、世界中の子供に読まされている。
　　　　　(A)　　　　(B)　　(C)　　　　　(D)読まれている

이 책은 명작 중의 명작이라고 해서, 전 세계 어린이들에게 읽히고 있다.

> **해설** 読まされている는 자신의 의지와 관계없이 읽고 있다(사역수동)는 의미
> **어휘** 名作 명작

12 こちらは赤田教授と申しまして大学の学長をなさっているそうです。
　　　　　(A)　　　(B)おっしゃいまして　　　　　(C)　　　(D)

이쪽은 아카타 교수님으로, 대학의 학장을 맡고 계신다고 합니다.

해설 申もうしますは 言いいますの 겸양어. 상대가 주어가 되는 동사에 겸양어를 사용하는 것은 안 된다.

13 これまで家族のために働いていったのだから、これからは自分の時間を持ったほうがいいよ。
　　　　　　　　(A)　(B)働いてきた　　　　　　　　　(C)　　(D)

지금까지 가족을 위해 일해 왔으니까, 앞으로는 자신의 시간을 가지는 게 좋아.

해설 과거에서 지금까지 일해 왔으므로 働はたらいてきた가 바른 표현이다.

14 彼が手伝ってくれたせいで思ったより仕事が早くすんだ。
　　　　　(A)　　(B)おかげで　(C)　　　　(D)

그가 도와준 덕택에 생각보다 일이 빨리 끝났다.

해설 せいでは (~탓으로) おかげでは (~덕분에)

15 猫の涙ほどの広さだが念願のマイホームを手に入れた。
　　　(A)猫の額　(B)　　(C)　　　　　(D)

손바닥만 한 넓이지만 염원하던 내 집을 손에 넣었다.

해설 猫ねこの額ひたい 직역하면 '고양이의 이마'이지만 (손바닥만 함) 매우 좁은 모양　すずめの涙なみだ 직역하면 '참새의 눈물'이지만 (쥐꼬리만 함) 양이나 돈 등이 매우 적은 것을 나타내는 표현이다.

예 ボーナスは出でたが、すずめの涙なみだほどだ (보너스는 나왔지만, 쥐꼬리만큼이다)

어휘 念願ねんがん 염원

16 12月は師走というだけあって目がくらむほどの忙しさだ。
　　　　　(A)　　　　　(B)　　　　　(C)回る　　(D)

12월은 선생님도 달린다는 말이 있는 만큼 눈이 돌아갈 정도로 바쁘다.

해설 目が回るほど忙しい 눈이 돌아갈 정도로 바쁘다(매우 바쁜 모양)
　　　　目がくらむ (무엇에 마음이 홀려) 눈이 어두워지다, 눈이 멀다
　　　　師走 12월은 선생님(師)도 뛰어다닐(走) 정도로 바쁘다는 것에서 12월을 말한다.

17 最近、プレゼントに現金や商品券のような実用的なものをあげる人が増えているものだ。
　　　　　(A)　　　　(B)　　　　　(C)　　　(D)✕

최근 선물로 현금이나 상품권 같은 실용적인 것을 주는 사람이 늘고 있다.

해설 동사의 사전형 + ものだ(본래의 성질) 赤ちゃん坊は泣くものだ (아기는 우는 법이다)
　　　　동사의 た형 + ものだ(감개) たった数ヶ月でよくこんなに上達したものだ
　　　　　　　　　　　　　　　　　　(단 몇 개월 만에 잘도 이렇게 숙달되었구나)
　　　　문제에서는 사실을 진술하고 있는 것 뿐이기 때문에 ものだ는 필요없다.

어휘 実用的 실용적

18 今どうしても 目が離せない仕事があって、とてもじゃないが抜けられない。
　　　　　(A)　(B)手　　　　　　　(C)　　　　(D)

지금 도저히 손을 놓을 수 없는 일이 있어서, 아무리해도 빠져나갈 수 없다.

해설 手が離せない(일손을 놓을 수 없다)지금 하고 있는 일이 있어서, 다른 것은 불가능하다
　　　　目が離せない(한눈을 팔 수 없다)항상 지켜보고 있지 않으면 안 된다

어휘 とてもじゃないが 아무리 해도

19 たかが子供のけんかごときに親が出て行くまでじゃない。
　　　　　(A)　　　(B)　　　(C)　　(D)までもない

고작 아이들 싸움 따위에 부모가 나갈 것까지는 없다.

해설 ~(する)までもない ~(할) 필요도 없다
어휘 たかが 고작　~ごとき ~따위

20 首を長くして待っていた旅行が中止になった ものだから彼女の落ち込み具合といったらなかった。
　　　(A)　　　　　　　　　　　(B)　　　　(C)　　　　　　　(D)落ち込みよう

목이 빠져라 기다리던 여행이 중지되었기 때문에 그녀는 몹시 침울해했다.

해설　동사의 ます형 + よう　동작의 모습을 표현하는 명사를 만든다.
　　　　具合ぐあい는 눈으로 보이는 상태, 기분을 나타낸다.
　　　　감정은 눈으로 보이는 것이 아니기 때문에, 落ち込む에 具合를 붙이는 것은 불가능하다.

어휘　落ち込む 우울해하다, 침울해하다　～といったらない ～하기 짝이 없다, 몹시 ～하다

PART 7 空欄埋め 공란메우기

01	(C)	02	(C)	03	(C)	04	(B)	05	(C)
06	(B)	07	(B)	08	(D)	09	(C)	10	(B)
11	(A)	12	(C)	13	(B)	14	(B)	15	(C)
16	(D)	17	(C)	18	(C)	19	(A)	20	(A)
21	(B)	22	(B)	23	(D)	24	(C)	25	(D)
26	(B)	27	(C)	28	(A)	29	(A)	30	(D)

초급 30問

Ⅶ. 아래____선에 들어갈 적당한 말을 (A)에서 (D) 가운데 하나를 고르시오.

01 となりにいる人(ひと)は____ですか。

(A) どこ　　　(B) どっち
(C) どなた　　(D) どの

옆에 있는 사람은 누구십니까?

해설 どなたは 誰(だれ)의 정중한 말투 (A) 어디 (B) 어느 쪽 (D) 어느

02 今日(きょう)は日曜日(にちようび)____遊園地(ゆうえんち)は人(ひと)でいっぱいだ。

(A) なのに　　(B) ので
(C) だから　　(D) し

오늘은 일요일이기 때문에 유원지는 사람으로 가득 차 있다.

해설 이유 명사+だから
ので를 사용하면 **명사 + なので**로 해야 한다.

03 その店(みせ)のステーキは安(やす)くて____おいしい。

(A) および　　(B) または
(C) しかも　　(D) だから

그 가게의 스테이크는 싸고 게다가 맛있다.

해설 (A) 및 (B) 또는 (D) 때문에

04 彼女はきれいな_____、頭もいい。
(A) だけで
(B) だけじゃなく
(C) じゃなくて
(D) だけじゃないで

그녀는 예쁠 뿐만 아니라 머리도 좋다.

해설 ~だけじゃなく(て) = ~だけでなく(て) ~뿐만 아니라
(A) 만으로 (C)가(이) 아니라 (D)だけじゃない의 て형은 だけじゃなくて이 된다.

05 女の人はこれから舞台で歌を_____。
(A) うっています
(B) うたっています
(C) うたいます
(D) うたいました

여자는 지금부터 무대에서 노래를 부릅니다.

해설 문제에 これから(이제부터)라고 나와있기 때문에 미래를 나타내는 현재형을 사용하는 것이 적절하다.

06 田中さんはその映画を3回_____見たそうです。
(A) ごろ
(B) ぐらい
(C) を
(D) で

다나카 씨는 그 영화를 세 번 정도 봤다고 합니다.

해설 시간 +ごろ
횟수, 인원수, 개수 등의 수 +ぐらい

07 このジュース、おもしろい味が_____ね。なにが入っているんですか。
(A) です
(B) します
(C) なります
(D) 食べます

이 주스, 독특한 맛이 나네요. 뭐가 들어 있나요?

해설 〈味 / におい〉がする 〈맛 / 냄새〉가 나다
예 パン屋の前を通るといつもいいにおいがする (빵집 앞을 지나가면 항상 좋은 냄새가 난다)
味がでる〈×〉 においがでる〈×〉

08	話だけじゃ分からないから、一度行って_____どうですか。	이야기만으로는 모르니까 한 번 가 보는 게 어떻습니까?

(A) みると　　　　(B) くるなら

(C) かえれば　　　**(D) みたら**

해설 ~たらどうですか　~하면 어때요

　　　권유의 표현으로 (A)~とどうですか　(B)~ならどうですか라는 표현은 없다.

어휘 ~てみる　~해 보다

09	あなたの時計素敵ですね。ちょっと_____ください。	당신 시계 멋지네요. 좀 보여 주세요.

(A) 見て　　　　(B) 見えて

(C) 見せて　　(D) 見つけて

어휘 見る 보다　見える 보이다　見せる 보여주다　見つける 발견하다

10	彼はたいして勉強も_____希望大学に合格した。	그는 별로 공부도 하지 않고 희망대학에 합격했다.

(A) したので　　　**(B) しないで**

(C) しなくて　　　(D) したのに

해설 たいして는 반드시 부정형과 호응한다.

　　예 そのレストランはたいしておいしくない (그 레스토랑은 그다지 맛있지 않다)

　　ないで는 여기에서는 부대상황을 나타내지만, なくて는 부대상황을 나타내는 용법은 아니다

　　예 ご飯を食べないで学校に行く (밥을 먹지 않고 학교에 간다)

　　(A) 했기 때문에　(C) 하지 않아서　(D) 했는데

11	私は時々海外旅行に_____。	나는 가끔 해외여행을 갈 때가 있다.

(A) 行くことがある　　(B) 行ったことがある

(C) 行くつもりだ　　　　(D) 行くものだ

해설 동사 사전형＋ことがある 때때로, 혹은, 가끔 무엇인가 발생하는 것을 나타낸다.

　　(B)동사 た형＋ことがある 과거의 경험, 때때로, 항상 등, 현재를 나타내는 말과 함께 쓸 수 없다.

　　(C)동사 사전형＋つもりだ ~할 작정이다. ~할 셈이다.

　　(D)동사 사전형＋ものだ ~하는 법이다. ~하기 마련이다.

12 いらっしゃいませ。_____ご用件ですか。
(A) そのような　　(B) どうして
(C) どういった　　(D) どちらの

어서 오세요. 무슨 용건이십니까?

해설　どういったご用件ですか 무슨 용건이십니까? どのようなご用件ですかも 가능하다.

13 第二外国語としてフランス語_____ドイツ語のうち1つを選択しなければなりません。
(A) も　　　(B) か
(C) から　　(D) で

제2외국어로 프랑스어나 독일어 중 1개를 선택하지 않으면 안 됩니다.

해설　AかB = A 또는(혹은) B

14 さっきまでの雨が雪_____変わった。
(A) で　　(B) に
(C) が　　(D) とは

좀 전까지의 비가 눈으로 바뀌었다.

해설　상태를 나타내는 동사 + に = 변화
예 信号が赤になる (신호가 빨강으로 바뀌다)
　　素敵な女性に成長した (멋진 여성으로 성장했다)

15 あの喫茶店はあまり静かじゃない_____、他のところにしましょうよ。
(A) で　　(B) のに
(C) し　　(D) たら

저 찻집은 그다지 조용하지도 않고, 다른 곳으로 하죠.

해설　～し 이유의 나열, ～し、～し의 형태로 자주 쓰이지만, ～し만으로도 쓰인다.
　　　(A) ので로 하면 (○) (B)역설이기 때문에 (×)

16 時間がないので早く_____と思います。　　시간이 없기 때문에 빨리 가려고 합니다.

(A) 行くよう　　(B) 行かない

(C) 行くそう　　(D) 行こう

해설 동사의 의지형+と思います ~하려고 합니다.
1단동사(2그룹): 어미る를 떼고 よう를 붙인다. 食べる→食べよう
5단동사(1그룹): 어미를 お단으로 바꾸고 う를 붙인다. 走る→走ろう

17 雨が降っている日は事故が起こり_____から気をつけてね。　　비가 내리는 날은 사고가 나기 쉬우니까 조심해.

(A) がたい　　(B) にくい

(C) やすい　　(D) やさしい

해설 동사의 ます형 + やすい ~하기 쉽다

18 来月会社から特別ボーナスが支給される_____。　　다음 달 회사에서 특별 보너스가 지급되는 것으로 결정되었다.

(A) ことができる　　(B) ことにした

(C) ことになった　　(D) ようになった

해설 ことになる 외적인 요인에 의해 결정되었다고 하는 의미
회사의 결정에 의해 다음 달부터 보너스가 지급되는 것이기 때문에 ことになった가 적절하다.
(A) ~할 수 있다　(B) ~하기로 했다　(D) 도록 되었다

19 多分、昼から雨が降るんじゃない_____と思います。　　아마 낮부터 비가 내리지 않을까라고 생각합니다.

(A) か　　(B) だ

(C) ようだ　　(D) です

어휘 じゃないかと思う ~않을까 하고 생각하다.

20 赤ちゃんがようやく1人で立てる_____なった。 아기가 겨우 혼자서 설 수 있게 되었다.

(A) ように　　　　(B) ようで
(C) ことに　　　　(D) ことで

해설 ようになる 불가능했던 것이 가능하게 된 것 등의 변화를 나타낸다.

21 テレビの音がうるさくて電話の声がよく_____。 텔레비전 소리가 시끄러워서 전화 목소리가 잘 안 들린다.

(A) 聞きない　　　(B) 聞こえない
(C) 聞かない　　　(D) 聞かせない

해설 聞こえない 들리지 않다 (C) 聞かない 듣지 않다 (D) 聞かせない 들려주지 않다

22 今日会社に行く電車で寝てしまって、会社に遅刻_____なりました。 오늘 회사로 가는 전철에서 자 버려서 회사에 지각할 뻔 했습니다.

(A) することに　　(B) しそうに
(C) するように　　(D) するところに

해설 동사의 ます형 + そうになる ~할 뻔하다

23 そんなに怒って_____、いっぱい飲みましょうよ。 그렇게 화내고 있지 말고 한잔 하죠.

(A) いなくて　　　(B) いれば
(C) いるな　　　　(D) いないで

해설 ~いないで 부대상황
예 のろのろしていないで(×いなくて) 早く準備しなさい (꾸물대지 말고 빨리 준비해라)
　　(A)いなくて 는 이유를 나타낸다.
예 今日は朝から何にも食べていなくて(×いないで) おなかがすいた
　　(오늘은 아침부터 아무것도 먹지 않아서 배가 고프다)

24 この人形、まるで生きている_____ですね。

(A) らしい　　　　(B) ようだ

(C) みたい　　　　(D) そう

이 인형, 마치 살아있는 것 같군요.

해설 まるで～みたいだ 마치 ～인 것 같다 (A)らしい 전문 (B)よう 라고 하면 (O) (D)そう 전문

---

25 私たちが話をしている_____に外は暗くなってしまった。

(A) まえ　　　　(B) ところ

(C) ながら　　　(D) あいだ

우리들이 이야기 하고 있는 동안에 밖은 어두워지고 말았다.

해설 동사의 ている형/사전형 + あいだに ～하고 있는/～하는 동안에

---

26 昨日、昔の友達と偶然会っちゃって、_____友達と飲んでたんだ。

(A) どの　　　　(B) その

(C) あの　　　　(D) この

어제, 옛 친구와 우연히 만나서 그 친구와 마셨어.

해설 기본적으로는, 상대가 모르는 사람과 물건에 관하여 설명할 때는 その를 사용한다.

その 예 A：昨日、山田さんと会ってね (어제, 야마다 씨와 만났는데)
　　　　 B：山田さん。その人、誰 (야마다 씨? 그 사람, 누구?)

あの 예 A：昨日、山田さんと会ってね (어제, 야마다 씨와 만났는데)
　　　　 B：ああ。高校の同級の。あの人今何してるの (아. 고등학교 동급생? 그 사람 지금 뭐해?)

---

27 彼は一日中寝て_____だ。

(A) 過ぎ　　　　(B) だけ

(C) ばかり　　　(D) しか

그는 하루 종일 자기만 한다.

해설 ～ばかり 같은 것을 몇 번이나 반복하거나, 같은 상태가 계속 이어지고 있는 것을 진술할 때 쓰는 표현이다.

예 母は最近怒ってばかりいる (엄마는 요즘 화만 내고 있다)
　 ここのところいいことばかりが起こる (요즘 좋은 일만 일어난다)

28 部長に報告書を提出したんだけど、もう一度書き_____って言われたよ。

(A) 直せ　　(B) 足せ
(C) 出せ　　(D) 終われ

부장님에게 보고서를 제출했는데, 다시 쓰라고 하더군.

해설 동사의 ます형 + 直す 다시 한 번 ~하다
(B) 書き足す 불충분한 점을 보완해서 쓰다　(C) 書き出す 쓰기 시작하다　(D) 書き終わる 다 쓰다

29 今日は日曜日だから、多分店は閉まっている_____だよ。

(A) はず　　(B) こと
(C) わけ　　(D) べき

오늘은 일요일이니까 아마 가게는 닫혀 있을 거야.

해설 はず 근거가 있는 추측
오늘은 일요일이라고 하는 부분이 근거, 아마라고 하는 말로부터 추측이라는 것을 알 수 있다.

30 今日は料理をたくさん作ったから、どんどん_____してくださいね。

(A) ご遠慮　　(B) ご注文
(C) おつかい　(D) おかわり

오늘은 요리를 많이 만들었으니까 먹고 더 드세요.

어휘 遠慮 사양　注文 주문　おつかい 사용, 심부름　おかわり 같은 음식을 더 먹음, 또는 그 음식

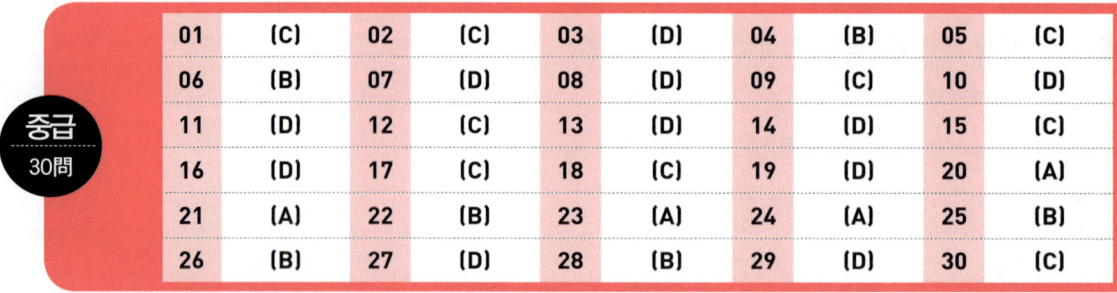

Ⅶ. 아래_____선에 들어갈 적당한 말을 (A)에서 (D) 가운데 하나를 고르시오.

01 いくらおいしい_____3人分も食べるなんてそれは食べすぎだ。

(A) ても　　　　(B) といって

(C) からって　　(D) ので

아무리 맛있다고 해도 3인분이나 먹다니 그것은 너무 먹은 거다.

해설　いくら~からって 아무리 ~라고 해도
예　いくら体からだにいいからって、毎食まいしょく納豆なっとうは飽あきるよ (아무리 몸에 좋다고 해도, 식사때마다 낫토는 질리지)
(A)접속이 맞지 않음　いくらおいしくても 라고 하면 (O)　(B)からといって 라고 하면 (O)

02 彼は天才という_____努力家なのだ。

(A) ほど　　　　(B) だけ

(C) より　　　　(D) さらに

그는 천재라기보다 노력가이다.

해설　AというよりB A 라기 보다 B　(A)~ほど ~만큼, ~정도 (B)~だけ ~만, ~뿐 (D)さらに 한층, 더욱

03 汗をかいたあとにシャワーを浴びて_____した。

(A) すっかり　　(B) あっさり

(C) きっぱり　　(D) さっぱり

땀을 흘린 후에 샤워해서 개운했다.

해설　さっぱり 산뜻이, 시원히, 후련하게 (불필요한 것이 없어져서, 기분이 유쾌한 모습)
(A)すっかり 완전히, 남김없이
(B)あっさり 깨끗이, 간단히, 개운하게, 산뜻하게(태도나, 맛 등이 담백한 모양)
(C)きっぱり 딱 잘라, 단호하게(태도나 말투가 단호한 모습, 거절하는 듯한 뉘앙스를 가진다)

04 この辞書も10年以上使っているからもう_____だ。

(A) ぼさぼさ　　(B) ぼろぼろ
(C) ふらふら　　(D) ごちゃごちゃ

이 사전도 10년 이상 쓰고 있어서 이제 너덜너덜하다.

해설 ぼろぼろ 너덜너덜, 부슬부슬 (옷·책 등이 낡고 해진 모양, 비유적으로 사용하는 경우도 있다)
  (A) ぼさぼさ 부스스 (주로 머리카락이 손질되지 않은 모습)
  (C) ふらふら 휘청휘청, 비틀비틀, 어정어정 (불안정하게 흔들흔들 움직이는 모습, 똑바로 걷지 못하는 모양)
  (D) ごちゃごちゃ 어지러이 뒤섞인 모양, 어수선한 모양 (여러 가지 것이 정돈되어 있지 않은 모습)

---

05 マイホームを買ったんだ。マイホーム_____ほんの小さなうちだけどね。

(A) といえば　　(B) というほど
(C) といっても　(D) といったら

내 집을 샀어. 내 집이라고 해도 보잘 것 없는 작은 집이지만 말이야.

해설 ~といっても ~라고 해도
  예 A: あのイタリアンレストラン、おいしいんでしょ (그 이탈리안 레스토랑 맛있는 거지?)
  B: おいしいといっても本場ほどじゃないけどね (맛있다고 해도 본고장만큼은 아니지만 말야)

---

06 彼は_____サッカーが上手だが、プロのサッカー選手としては通用しないだろう。

(A) 確か　　　(B) 確かに
(C) 確実な　　(D) きっと

그는 확실히 축구를 잘하지만, 프로축구선수로는 통용되지 않을 것이다.

해설 確か ~아마, 분명 (확실히 모르지만, 내 기억으로는)
  예 あの人、確か映画監督の吉田五郎じゃない (저 사람, 분명 영화감독 요시다 고로 씨 아냐?)
  確かに 확실히
  예 確かに歌はうまいけど、歌手にはなれないんじゃないかな (확실히 노래는 잘하지만 가수가 될 수는 없지 않을까?)

---

07 開店の準備は_____順調に進んでおり、来月にはオープンできそうだ。

(A) 早々と　　(B) 堂々と
(C) 順々と　　(D) 着々と

개점준비는 착착 순조롭게 진행되고 있어서, 다음 달에는 오픈 할 수 있을 것 같다.

어휘 早々と 서둘러　順々と 차례차례　着々と 착착　堂々と 당당히

08	店の売り上げは天候に大きく_____される。	가게의 매상은 날씨에 크게 좌우된다.
	(A) 変更　　(B) 場合	
	(C) 次第　　(D) 左右	

해설 AはBに左右さゆうされる A는 B에 좌우되다, A는 B에 크게 영향을 받는다.

09	取材に伴う交通費なのに_____で払うなんてあんまりだ。	취재에 따르는 교통비인데 내 돈으로 지불하다니 너무 하다.
	(A) 経費　　(B) 着払い	
	(C) 自腹　　(D) おごり	

어휘 経費けいひ 경비　着払ちゃくばらい 착불　自腹じばら 자기의 돈(자기 부담)　おごり 한턱 냄

10	秘密だといわれたのについ口を_____しまった。	비밀이라고 들었는데 그만 입을 잘못 놀리고 말았다.
	(A) 転んで　　(B) 転ばせて	
	(C) 滑って　　(D) 滑らせて	

어휘 口くちが滑すべる=口を滑らせる 그만 입을 잘못 놀리다

11	試合終了間近での逆転シュートに_____歓声を上げた。	시합종료 직전의 역전 슛에 마침내 환성을 질렀다.
	(A) 知らずに　　(B) 思わず	
	(C) うっかり　　(D) ついに	

해설 知らずには (자기도 모르게)라는 의미로는 사용할 수 없다.
(B) 思わず 엉겁결에, 무심결에 (어떤 돌발적인 사건에 대해 반사적으로 반응해버리는 모습)
(C) うっかり 깜박, 멍청히, 무심코 (부주의에 의한 무엇인가를 해 버리는 모습)
(D) ついに (긴 시간, 노력 끝에 무언가가 달성되는 모습)

12 長い時間待ったが＿＿＿＿彼女はやってこなかった。
　　(A) やっと　　　　(B) ようやく
　　(C) とうとう　　(D) ついつい

오랫동안 기다렸지만 결국 그녀는 찾아오지 않았다.

> 해설　とうとう 결국　(A) やっと 겨우　(B) ようやく 드디어　(D) ついつい 무심코(그만)

13 私もよく知らないんですが、彼は＿＿＿＿異動になったらしいですよ。
　　(A) 十中八九　　(B) きっと
　　(C) あるいは　　**(D) どうやら**

저도 잘 모르겠지만, 그는 아무래도 인사이동이 된 것 같아요.

> 해설　どうやら 아무래도, 어쩐지
> 　　　(A) 十中八九 십중팔구　(B) きっと 꼭 (화자의 강한 확신)　(C) あるいは 혹은
> 　　　문제의 よく知らないんですが～らしい라고 하는 말에서 높은 확신은 없다는 것을 알 수 있다.

14 プレゼントは値段より、心が＿＿＿＿ことの方が重要だと思う。
　　(A) 入れている　　(B) 入っている
　　(C) こめている　　**(D) こもっている**

선물은 가격보다 마음이 깃들어 있는 것이 중요하다고 생각해.

> 해설　心がこもっている 마음이 깃들어 있다　心がこもる(자)마음이 담기다　心をこめる(타)마음을 담다

15 また負けたの。だからギャンブル＿＿＿＿やめておけばいいのに。
　　(A) みたいに　　(B) などと
　　(C) なんて　　(D) だろうが

또 졌어? 그러니까 도박 따위 그만두면 좋을텐데.

> 해설　～なんて(なんか/など) 따위, ～같은 것, ～들 명사를 가치 없는 것이라고 경시해서 표현할 때에 사용된다.

16 彼のことが嫌いっていう_____ではないけど、僕とは考え方が合わないんだ。

(A) べき　　　(B) もの
(C) はず　　　(D) わけ

> 그가 싫다는 것은 아니지만, 나하고는 생각이 맞지 않아.

해설 というわけではない ~라는 것은 아니다

---

17 最近、_____メールばかり送られてくる。

(A) 無差別（むさべつ）　　　(B) 意地悪（いじわる）
(C) 迷惑（めいわく）　　　(D) 宣伝（せんでん）

> 최근, 스팸메일만 받고 있다.

해설 迷惑(めいわく)メール 스팸메일　(A)無差別(むさべつ) 무차별　(B)意地悪(いじわる) 심술궂은　(D)宣伝(せんでん) 선전

---

18 今日は遠いところ_____来て下さって本当にありがとうございます。

(A) ついでに　　　(B) むりやり
(C) わざわざ　　　(D) わざと

> 오늘은 먼 곳까지 일부러 와주셔서 정말 감사합니다.

해설 わざわざ 일부러(수고나 노력을 들여서)
(A)ついでに 하는 김에 (B)むりやり 억지로 (D)わざと 일부러(고의로, 의도적으로) わざわざ와 わざと를 혼용하지 않도록 주의

---

19 今回の失敗は佐藤さんの_____じゃないですよ。気にしないでください。

(A) おかげ　　　(B) わけ
(C) 原因（げんいん）　　　(D) せい

> 이번 실패는 사토 씨의 탓이 아니에요. 신경 쓰지 마세요.

해설 ~のせい ~탓　(A)~のおかげ ~덕분에

20 今回の不祥事で部長も責任を_____辞めるそうですよ。　　이번 불상사로 부장님도 책임을 지고 그만둔다고 해요.

(A) 取って　　(B) 持って
(C) 払って　　(D) 追って

해설 責任を取る 책임을 지다 (B)責任を持つ 책임을 가지다
예 自分に任された仕事は最後まで責任を持ってしなければならない
(자신에게 맡겨진 일은 마지막까지 책임을 가지고 해야 한다)

21 部長、お話中のところ失礼いたします。お客様が_____。　　부장님, 말씀 중 실례합니다. 손님이 오셨습니다.

(A) お見えになりました
(B) 拝見しました
(C) お目にかかりました
(D) お越しいたしました

해설 お見えになる는 来る의 존경표현. いらっしゃる도 가능하다.
(B)拝見する는 見る의 겸양어 (C)お目にかかる는 会う의 겸양표현
(D)お越しいたす라고 하는 표현은 없다. お越しになる라고 하면 (○)

22 この問題_____解決できれば、あとは難しい問題はない。　　이 문제만 해결할 수 있다면 더이상 어려운 문제는 없다.

(A) だけに　　(B) さえ
(C) すら　　(D) しか

해설 さえ는 몇 가지 용법이 있지만, 여기서는 어떤 일이 실현 가능하면 그것으로 충분하다, 그 외에는 필요 없다고 하는 기분을 나타낸다. さえ 말고도 だけ도 올바른 문장

23 彼は10年も前の失敗を_____悔やんでいる。　　그는 10년도 전의 실패를 지금까지 후회하고 있다.

(A) いまだに　　(B) まだも
(C) まだしも　　(D) いまにも

해설 いまだに 아직까지 (B)(C)まだ라고 하면 (○) (C)まだしも (~라면)또 모르되
예 手伝ってくれるならまだしも何もしないのに口出ししないでくれ。
(도와준다면 또 모르지만 아무것도 안 하면서 참견하지 말아줘)
(D) いまにも 당장에라도 いまも라고 하면 (○)

24 妹夫婦は時々けんかをしながらも＿＿＿＿。

(A) 仲良く暮らしている　(B) 別れてしまった
(C) けがをしてしまった　(D) 妹のほうが強い

여동생 부부는 가끔 싸움을 하면서도 사이 좋게 살고 있다.

해설 동사의 ます형 + ながらも ~하면서도

---

25 何でも話せる大親友といえども、これだけは＿＿＿＿。

(A) 話し足りない　(B) 話せないことだ
(C) ぜひ話したい　(D) 話してしまった

뭐든지 말할 수 있는 매우 친한 친구라고 할지라도, 이것만은 말할 수 없는 일이다.

해설 といえども 라고 할지라도　(A) 더 이야기하고 싶지만 시간이 모자라다　(C) 꼭 이야기하고 싶다　(D) 말해 버렸다

---

26 冬なのに窓を＿＿＿＿寝たら風邪をひいた。

(A) 開けずじまいで　(B) 開けっ放しで
(C) 閉めたまま　(D) 開けずに

겨울인데 창문을 열어 놓은 채 잤더니 감기에 걸렸다.

해설 동사의 ます형 + っ放はなし　해야 하는 것을 하지 않고 팽개쳐 두다, 그대로 놔두는 모양.
예 服ふくが脱ぬぎっ放し 옷을 벗어 놓은채 / 窓まどが開あけっ放し 창이 열린 채
(A) 열지 않은 채로　(C) 닫은 채로　(D) 열지 않고

---

27 この橋は本州と四国を＿＿＿＿橋だ。

(A) 通る　(B) 伝う
(C) 握る　(D) 結ぶ

이 다리는 혼슈와 시코쿠를 연결하는 다리다.

해설 結むすぶ 묶다
예 靴くつの紐ひもを結ぶ 구두 끈을 묶다 / 髪かみを結ぶ 머리를 묶다
この鉄道てつどうはアジアとヨーロッパを結ぶ (이 철도는 아시아와 유럽을 잇는다)

28 ちゃんと3食食べないと体を_____わよ。 　　제대로 세끼 먹지 않으면 건강을 헤쳐요.

(A) つぶす　　　　(B) こわす

(C) 痛める　　　　(D) 落とす

해설 体をこわす 건강을 해치다 (C)体を痛める 몸을 아프게 하다
예 重いものを持って腰を痛めた (무거운 것을 들어서 허리를 다쳤다)

29 指先をたくさん使うことに_____脳が活性化される。　　손끝을 많이 사용함에 따라 뇌가 활성화된다.

(A) 通じて　　　　(B) 比例して

(C) とって　　　　(D) よって

해설 ~によって (수단) 에 의해서
예 たくさん話し合うことによって理解しあう (얘기를 많이 나누는 것에 의해 서로 이해하다)
(A) 통해서　(B) 비례해서　(C) 있어서

30 どうぞ、こちらに_____少々お待ちください。　　자, 이쪽에 앉으셔서 잠시 기다려 주세요.

(A) おすわりされて　　(B) おすわって

(C) おすわりになって　(D) おすわりして

해설 お+동사의 ます형+になる(존경어) おすわりになる 앉으시다

상급 30問									
01	(A)	02	(B)	03	(B)	04	(B)	05	(B)
06	(A)	07	(B)	08	(B)	09	(D)	10	(B)
11	(D)	12	(C)	13	(B)	14	(B)	15	(B)
16	(C)	17	(B)	18	(A)	19	(B)	20	(B)
21	(C)	22	(C)	23	(D)	24	(D)	25	(C)
26	(B)	27	(C)	28	(A)	29	(B)	30	(C)

Ⅶ. 아래_____선에 들어갈 적당한 말을 (A)에서 (D) 가운데 하나를 고르시오.

01 雨に濡れて全身_____になってしまった。

(A) びしょびしょ　　(B) べたべた
(C) ふにゃふにゃ　　(D) ぐずぐず

비에 젖어서 온몸이 흠뻑 젖어버렸다.

해설 びしょびしょ 흠뻑 (완전히 물에 젖어 있는 모습)
(B) べたべた 끈적끈적 (C) ふにゃふにゃ 흐물흐물 (D) ぐずぐず 우물쭈물

02 長年不景気が続いたが、来年度は景気が回復する_____だ。

(A) 見積もり　　(B) 見通し
(C) 見晴らし　　(D) 見送り

여러 해 불경기가 이어졌지만, 내년에는 경기가 회복될 전망이다.

해설 見通(みとお)し 전망, 간파
(A) 見積(みつ)もり 견적 (C) 見晴(みは)らし 전망, 조망 (D) 見送(みおく)り 배웅

03 今のところ事件を解決する_____は目撃者の証言だけだ。

(A) 手取り　　(B) 手がかり
(C) 手づかみ　　(D) 手探り

지금 현재 사건을 해결 할 단서는 목격자의 증언뿐이다.

해설 手(て)がかり 단서
(A) 手取(てど)り 실수입, 실수령액 (C) 手(て)づかみ 손으로 잡음 (D) 手探(てさぐ)り 손으로 더듬음, 암중 모색함

04 今まで何度も失敗してきたが、今度＿＿＿＿成功させたいと思う。

(A) までは　　　　　(B) こそ
(C) さえ　　　　　　(D) すら

지금까지 몇 번이나 실패해 왔지만, 이번에야말로 성공시키고 싶다.

> 해설　こそ ~이야말로　(A) までは 까지는　(C) さえ 조차(도), 마저(도)　(D) すら 조차, 마저

05 両親に反抗して家を出るなんて、本当に＿＿＿＿としかいいようがない。

(A) 挙句の果て　　　(B) 若気の至り
(C) 至れり尽くせり　(D) うどの大木

부모님에게 반항해 집을 나오다니, 정말로 젊은 혈기의 소치라고 밖에는 달리 표현할 길이 없다.

> 해설　若気の至り 젊은 혈기의 소치　(A) 挙句の果て 끝에 가서는, 결국
> (C) 至れり尽くせり 극진함, 더할 나위 없음　(D) うどの大木 덩치만 크고 쓸모 없는 사람

06 父が亡くなり、母はショックのあまり、3日間も寝＿＿＿＿しまった。

(A) こんで　　　　　(B) いって
(C) すぎて　　　　　(D) だして

아버지가 돌아가셔서, 어머니는 충격받은 나머지 3일간이나 자리에 누워버렸다.

> 해설　寝込む (깊이) 잠들다, 병으로 (오래) 자리에 눕다
> (B) 寝入る 완전히 잠들어 버리는 것　(C) 寝過ぎる 너무 오래 자다

07 この本を出版するに＿＿＿＿編集部の山田さんには本当にお世話になった。

(A) つれて　　　　　(B) あたって
(C) かえって　　　　(D) したがって

이 책을 출판할 즈음하여 편집부의 야마다 씨에게는 정말로 신세를 졌다.

> 해설　~にあたって ~에 즈음하여　(A) ~につれて ~함에 따라서　(D) ~にしたがって ~에 따라서

08	合格の知らせを聞いた彼女は喜び＿＿＿＿、母親に抱きついた。	합격 통지를 들은 그녀는 기쁜 나머지 엄마에게 와락 안겼다.
	(A) が高じて (B) のあまり	
	(C) 過ぎて (D) ついでに	

해설 〜のあまり 〜한 나머지 (A)〜が高じて 〜가 심해져서
예 アクセサリー作りの趣味が高じてとうとう自分の店を開いてしまった
(액세서리를 만드는 취미가 발전하여 결국 자신의 가게를 열고 말았다)

09	開演に＿＿＿＿お客様にお願い申しあげます。携帯電話の電源は必ず切りになってお待ちください。	개연에 앞서서 손님 여러분께 부탁말씀 올리겠습니다. 휴대전화의 전원은 반드시 끄시고 기다려 주시기 바랍니다.
	(A) 始まりまして (B) まいりまして	
	(C) おわりまして (D) 先立ちまして	

해설 〜に先立って 〜가 시작되기 전에

10	語学も＿＿＿＿になるまでには少なくとも3年はかかるだろう。	어학도 일정 수준에 달하기까지는 적어도 3년은 걸릴 것이다.
	(A) 上達 (B) もの	
	(C) マスター (D) なに	

어휘 ものになる・ものにする 완성하다, 실용적으로 사용할 수 있는 레벨에 달한다

11	子供のしたことだし、今回は＿＿＿＿あげましょうよ。	아이가 한 일이고 하니, 이번은 관대하게 봐 주죠.
	(A) ひいき目に見て (B) 見届けて	
	(C) 見落として (D) 大目に見て	

해설 大目に見る 관대하게 보다
(A) ひいき目に見る 호의적인 눈으로 보다 (B) 見届ける 끝까지 지켜보다 (C) 見落とす 간과하다, 빠뜨리고 보다

12 この曲を聞くと、昔を思い出して心に_____くるものがあり
ますよ。

(A) そっと　　(B) どっと
(C) ぐっと　　(D) ぱっと

이 곡을 들으면 옛날이 생각나서 마음에 뭉클하게 와 닿는 것이 있어요.

해설　ぐっとくる 뭉클하게 와 닿다
어휘　そっと 가만히, 살짝　どっと 우루루, 왈칵　ぱっと (어떤일이)순식간에 일어나는 모양. 짝, 확

13 いくら待っても友達は来ないので、待ち_____てしまった。

(A) に待っ　　(B) くたびれ
(C) あわせ　　(D) ぼうけ

아무리 기다려도 친구는 오지 않아서 기다림에 지쳐 버렸다.

해설　待ちくたびれる 기다리다 지치다
(A)待ちに待った 기다리고 기다리던 (B)待ち合わせ 약속 (C)待ちぼうけ 기다리는 사람이 끝내 오지 않아 헛물켬

14 今日田中さんは上から下まで黒_____の服を着ている。

(A) だらけ　　(B) ずくめ
(C) まみれ　　(D) ぞろい

오늘 야마다 씨는 위에서 아래까지 검정일색의 옷을 입고 있다.

해설　~ずくめ는 명사에 붙어서 온통 그것만 있는 것을 나타낸다. 黒ずくめ는 관용표현

15 今日は気持ちのいい秋晴れで、遠足_____ですね。

(A) 気取り　　(B) 日和
(C) 天気　　　(D) 好み

오늘은 기분 좋은 가을의 청정한 날씨여서, 소풍가기 좋은 날씨네요.

해설　명사 +日和 날씨가 안성맞춤

16 本屋で高校時代の恩師に_____会った。　　　서점에서 고등학교 시절의 은사님과 딱 마주쳤다.

(A) ぐったり　　　(B) どっさり
(C) ばったり　　　(D) ぱったり

해설　ばったり会う (뜻밖에 마주치는 모양) 딱 만나다
(A)ぐったり 매우 피곤해서 일하는 것도 불가능한 상태 (B)どっさり 듬뿍, 잔뜩
(C)ぱったり 연락 등이 돌연 툭 끊어지는 모습
예 あれ以来 彼からの連絡はぱったりと途絶えてしまった (그 이래로 그에게서의 연락은 뚝 끊겨버렸다)

17 昨日は、体の調子が悪く仕事_____ではなかった。　　　어제는 컨디션이 안 좋아서 일할 상황이 아니었다.

(A) の場合　　　(B) どころ
(C) のとき　　　(D) ばかり

해설　〜どころではない 할 상황이 아니다

18 そこまで言う_____相当自信があるのだろう。　　　그렇게까지 말한 이상은 꽤 자신이 있는 거겠지.

(A) からには　　　(B) からして
(C) からでは　　　(D) からこそ

어휘　〜というからには 〜라고 한 이상은

19 恋人の_____、ホラー映画が怖いなんて言えなかった　　　애인 바로 앞에서 호러영화가 무섭다고는 할 수 없었다.

(A) 顔前　　　(B) 手前
(C) 目前　　　(D) 直前

해설　〜の手前 〜의 면전
(C)目前 목전, 눈앞 예 ゴールはもう目前だ(골은 이제 눈앞에 있다)
(D)直前 직전 예 直前になって変更する(직전이 되어서 변경되다)

20 あんなに大変な思いをして働いたのにたったこれだけの報酬だなんて、全く_____。

(A) 呂律が回らない　　(B) 割に合わない
(C) 埒が明かない　　(D) 金に糸目をつけない

그렇게 힘들게 일했는데 겨우 보수가 이것뿐이라니 완전히 밑지는 장사야.

해설 割わりに合あわない 고생이나 노력 등이 걸맞지 않다(수지가 맞지 않는다)
(A) 呂律ろれつが回まわらない 취하거나, 혀가 짧거나 해서 혀가 잘 움직이지 않는 것
(C) 埒らちが明あかない 결말이 나지 않다
(D) 金かねに糸目いとめをつけない 돈을 아낌없이 쓰다

---

21 そんなこと_____言うまでもないよ。

(A) まして　　(B) いまに
(C) あえて　　(D) さらに

그런 것 굳이 말할 것도 없어.

해설 あえて 굳이　(A)まして 하물며 (B)いまに 아직도 (D)さらに 한층

---

22 引越し屋は3月から4月に_____一番忙しい。

(A) 達して　　(B) 通して
(C) かけて　　(D) 至って

이사센터는 3월부터 4월에 걸쳐서 가장 바쁘다.

해설 ～にかけて ～에 걸쳐서

---

23 あの部長が_____を押しただけのことはある。

(A) 大風呂敷　　(B) 正念場
(C) 大目玉　　(D) 太鼓判

저 부장님이 확실하다고 보증한 만큼의 가치는 있다.

해설 太鼓判たいこばんを押おす 어떤 물건이나 사람에 관하여 보증하는 것
(A) 大風呂敷おおぶろしきを広ひろげる 현실성이 없는 과장된 이야기를 하다(허풍을 떨다)
(B) 正念場しょうねんば 가장 중요한 고비
(C) 大目玉おおめだまをくらう・くう 심한 꾸중을 듣다

24 ここは昔_____の製法でお酒を造る唯一の酒蔵だ。

(A) まま　　　　　　(B) ふう
(C) かたぎ　　　　　(D) ながら

여기는 옛날 그대로의 제조 방법으로 술을 제조하는 유일한 술 곳간이다.

해설　昔ながらの 옛날 그대로의 ~옛날부터 변하지 않은
(A)昔のまま 라고 하면 (ㅇ) (B)昔風 옛날 풍, 예스럽다 (C)昔気質 옛날 기질

---

25 昨日は言い_____てしまったが、実は会社を辞めることにしたんだ。

(A) すて　　　　　　(B) かけ
(C) そびれ　　　　　(D) くるめ

어제는 말할 기회를 놓쳐버렸는데, 실은 회사를 그만두기로 했어.

해설　言いそびれる 말할 기회를 놓치다
(A)言い捨てる 말을 내뱉다　(B)言いかける 말을 하다 말다　(D)言いくるめる (감언이설로)구슬리다

---

26 人間は_____生きているのだ。1人で生きているのではない。

(A) 食うか食われるかで　(B) 持ちつ持たれつで
(C) 踏んだり蹴ったりで　(D) あの手この手で

인간은 상부상조하면서 살아가는 것이다. 혼자서 살고 있는 것이 아니다.

해설　持ちつ持たれつ 상부상조하다
(A)食うか食われるか 먹느냐 먹히느냐　(C)踏んだり蹴ったり 엎친 데 덮친 격으로
(D)あの手この手で 온갖 방법으로

---

27 その子供は今にも転びそうで、見ていて_____する。

(A) すらすら　　　　(B) よちよち
(C) はらはら　　　　(D) うきうき

그 아이는 당장이라도 넘어질 것 같아서, 보고 있으면 조마조마하다.

해설　はらはら 조마조마
(A)すらすら 술술　(B)よちよち 아장아장　(D)うきうき 들썩들썩

28 _____と言うが、時間のたつのは本当に早いものだ。

(A) 光陰矢の如し　　(B) 蛍雪の功
(C) 時は金なり　　(D) 春眠暁を覚えず

세월은 화살 같이 빠르다고 하지만, 시간이 흐르는 것은 정말 빠르기도 하군.

해설 光陰矢のごとし (세월은 화살과 같다) 세월이 흐르는 것이 빠르다는 것
(B) 蛍雪の功 (형설지공)
옛날, 기름을 살 돈이 없어서 여름 밤은 반딧불, 겨울 밤은 눈빛으로 공부를 했다는 말에서, 고생해서 공부를 한다는 의미
(C) 時は金なり (시간은 금이다) 시간은 소중하다라는 의미
(D) 春眠暁を覚えず (봄에 기분 좋게 자는 늦잠)
봄밤에는 아주 기분 좋게 잘 수 있어 새벽이 된 줄도 모르고 늦잠을 자 버린다는 의미

29 料理は_____ご飯だって自分で炊いたことがない。

(A) まさか　　(B) おろか
(C) まして　　(D) ひきかえ

요리는 고사하고 밥조차 나 혼자 지어본 적이 없다.

(A) 설마　　(B) 커녕
(C) 하물며　　(D) 반대로

해설 AはおろかBも A는 커녕 B도

30 社長のご機嫌取りにかけては吉田部長の_____に出るものはいないよ。

(A) 上　　(B) 下
(C) 右　　(D) 左

사장님의 비위를 맞추는 데 있어 요시다 부장님을 능가할 자는 없다.

해설 ~の右に出るものはいない ~가 가장 훌륭하다는 의미

모의TEST1 30問	01	(B)	02	(B)	03	(C)	04	(A)	05	(B)
	06	(D)	07	(B)	08	(C)	09	(C)	10	(B)
	11	(B)	12	(A)	13	(B)	14	(C)	15	(C)
	16	(D)	17	(B)	18	(D)	19	(C)	20	(B)
	21	(A)	22	(B)	23	(B)	24	(B)	25	(D)
	26	(B)	27	(A)	28	(B)	29	(C)	30	(C)

Ⅶ. 아래_____선에 들어갈 적당한 말을 (A)에서 (D) 가운데 하나를 고르시오.

01 週末はいつも_____をしていますか。
(A) どこ　　　(B) なに
(C) どんな　　(D) だれ

주말은 항상 무엇을 하고 있습니까?

해설 (A) 어디 (C) 어떤 (D) 누구

02 風邪をひいたんですか。じゃあ、薬を_____下さい。
(A) 食べて　　(B) 飲んで
(C) 入れて　　(D) 取って

감기에 걸렸습니까? 약을 먹으세요.

해설 약은 食べる라고는 말하지 않는다는 것에 주의
어휘 薬を飲む 약을 먹다

03 田中さん、よかったら明日、私と一緒に映画に_____。
(A) 行きます　　　　(B) 行きました
(C) 行きませんか　　(D) 行きましたか

다나카 씨, 괜찮다면 내일 나와 함께 영화 보러 가지 않겠습니까?

해설 권유 동사 ます형+ませんか ~하지 않겠습니까?
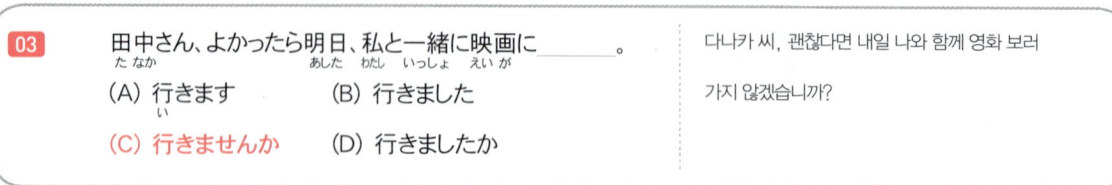

| 04 | 明日までに電話＿＿＿メールで連絡をしてください。 | 내일까지는 전화 또는 메일로 연락해 주세요. |

(A) または　　　　(B) かつ
(C) だけど　　　　(D) それとも

해설　(A) 또는　(B) 동시에　(C) 그렇지만　(D) 아니면

| 05 | 学校の図書館には＿＿＿本があります。 | 학교 도서관에는 많은 책이 있습니다. |

(A) 多い　　　　　(B) たくさんの
(C) 多いの　　　　(D) とても

해설　多い는 명사를 수식할 수 없다.
　　　(A)多い本がある(×)→たくさんの本がある(○) / 本が多い(○) 많은 책이 있다 / 책이 많다

| 06 | 父は医者で、兄＿＿＿医者です。 | 아버지는 의사이고, 형도 의사입니다. |

(A) は　　　　　(B) が
(C) と　　　　　(D) も

| 07 | このCDは私の誕生日に友達が＿＿＿ものです。 | 이 CD는 내 생일날에 친구가 준 것입니다. |

(A) あげた　　　　(B) くれた
(C) もらった　　　(D) あげてくれた

해설　남이 나에게 주는 경우에는 くれる를 사용한다.

08 家（いえ）にいないかもしれないから電話（でんわ）を＿＿＿＿訪問（ほうもん）したほうがいいですよ。

(A) するから　　(B) しながら
(C) してから　　(D) するなら

집에 없을지도 모르니까 전화하고 나서 방문하는 것이 좋아요.

해설 동사의 ます형+てから=～たあとに (～한 후에)
(A) 할거니까 (B) 하면서 (C) 하고 나서 (D) 한다면

---

09 どんなに両親（りょうしん）が反対（はんたい）＿＿＿＿私（わたし）は私の夢（ゆめ）をあきらめるつもりはない。

(A) したら　　(B) すれば
(C) しても　　(D) したけど

아무리 부모님이 반대해도 나는 나의 꿈을 포기할 생각은 없다.

해설 どんなに～て형+も 아무리 ～해도

---

10 明日（あした）は＿＿＿＿が悪（わる）くて集（あつ）まりに参加（さんか）することができません。

(A) 事情（じじょう）　　(B) 都合（つごう）
(C) 時間（じかん）　　(D) 予定（よてい）

내일은 사정이 안 좋아서 모임에 참가할 수 없습니다.

해설 都合（つごう）がいい / 悪い 형편이 좋다/안 좋다
(A) 事情（じじょう）が悪い（×）ある（○）사정이 있다
(B) 時間（じかん）が悪い（×）ない（○）시간이 없다
(C) 予定（よてい）が悪い（×）ある（○）예정이 있다

---

11 海外（かいがい）に住（す）む友人（ゆうじん）が結婚（けっこん）したので＿＿＿＿を送（おく）ろうと思（おも）うんですが、何（なに）がいいでしょうか。

(A) おみやげ　　(B) おみまい
(C) おとしだま　　(D) おいわい

해외에 사는 친구가 결혼해서 축하선물을 보내려 하는데, 뭐가 좋을까요?

해설 お祝い（おいわい）축하선물
(A) おみやげ（お土産）여행 등에 가서 여행지에서 사 온 물품, 남의 집을 방문할 때에 가지고 가는 물건
(B) おみまい（お見舞い）병문안 (C) おとしだま（お年玉）세뱃돈

12 佐藤さん、帰国子女なんだって。_____発音がいいと思ったよ.

(A) どうりで   (B) どうやら
(C) きっと   (D) いったい

사토 씨, 귀국자녀래. 어쩐지 발음이 좋다고 생각했어.

해설 どうりで ~이유, 원인, 이유를 알아서 납득하는 모습. 어쩐지
예 今日はお祭りなんだね。どうりで人が多いと思ったよ (오늘 축제구나. 어쩐지 사람이 많다 했어)
(B)どうやら 아무래도 (C)きっと 꼭, 분명 (D)いったい 도대체
어휘 帰国子女 귀국자녀. 어렸을 때부터 외국에서 살다 온 사람

---

13 その町は急激に発展し、_____ビルが建っている。

(A) だんだん   (B) どんどん
(C) すくすく   (D) ばたばた

그 동네는 급격하게 발전하여, 잇따라 빌딩이 서고 있다.

해설 どんどん 사물이 기세 좋게 진행하는 모습, 잇따라, 계속해서
예 遠慮しないでどんどん食べてくださいね (사양하지 말고 많이 드세요)
(A)だんだん 조금씩 천천히 변화해 가는 모습, 점점 (C)すくすく 아이나 식물이 기세 좋게 성장하는 모습, 쑥쑥
(D)ばたばた ① 계속해서 쓰러지거나, 떨어지거나 하는 모습 ② 바쁘게 하고 있는 모양, 허둥지둥
예 伝染病で人がばたばたと死んだ (전염병으로 많은 사람이 죽었다)

---

14 娘は大きくなる_____だんだん母親に似てきた。

(A) にかけて   (B) について
(C) につれて   (D) によって

딸은 자라면서 점점 엄마를 닮아갔다.

어휘 ~につれて ~에 따라 (A)~にかけて ~에 걸쳐서 (B)~について ~에 대해서 (D)~によって ~에 의해서

---

15 ストレスを_____ないようにすることが健康の秘訣です。

(A) もらわ   (B) つまら
(C) ため   (D) たまら

스트레스가 쌓이지 않도록 하는 것이 건강의 비결입니다.

해설 ストレスをためる 스트레스를 쌓다
(A)ストレスをもらう 라고 하는 표현은 없다. (D)ストレスがたまらないように ~라고 하면 (○)
おまけ ストレスを受ける 스트레스를 받다 ストレスを解消する 스트레스를 해소하다
ストレスを発散する 스트레스를 발산하다

16 今は仕事が忙しくて友人とお酒を飲むなんて＿＿＿＿＿なくなったよ。

(A) ほどほど　　(B) たくさん
(C) よく　　　　**(D) めったに**

지금은 일이 바빠서 친구와 술을 마시는 일 같은 거 거의 없어졌어.

해설　めったに~ない 좀처럼 ~없다(빈도수가 매우 적은 것) (A) 적당히 (B) 많이 (C) 자주

---

17 結婚して10年＿＿＿＿＿ようやく最初の子供を授かった。

(A) だけに　　**(B) めに**
(C) ぶりに　　(D) ごろに

결혼해서 10년 만에 겨우 첫아이를 가졌다.

해설　10年目ねんめに 10년 만에
(C)10年ぶりに도 '10년 만에'라고 번역되지만 10年ぶり라고 하면 10년 전에도 아이를 가졌다는 의미가 되고 문제의 最初の子供부분과 맞지 않음
(D)10年ごろに 10년 쯤에

---

18 書類は迅速＿＿＿＿＿正確に処理するようにしてください。

(A) なお　　(B) さて
(C) では　　**(D) かつ**

서류는 신속하고 정확하게 처리하도록 해 주세요.

어휘　かつ 동시에(조금 딱딱한 표현) (A) 더욱 (B) 그건 그렇고 (C) 그럼

---

19 この線路＿＿＿＿＿に歩いていけば駅に出ますよ。

(A) なり　　(B) なみ
(C) ぞい　(D) どおり

이 선로따라 걸어가면 역이 나와요.

해설　~沿そいに ~를 따라
(A)~なりに 도중에 모퉁이를 돌지 않고, 도로에 자연스런 커브를 따라 道なりに에서만 사용된다. 線路なり라는 표현은 없다.
(B)~なみに ~물결로 (D)~どおりに ~대로

20 彼女はアナウンサーになりたいそうだが、彼女の声はアナウンサー＿＿＿＿＿ではないと思う。

(A) 用　　　　　　(B) 向き
(C) より　　　　　(D) 式

그녀는 아나운서가 되고 싶어 한다지만, 그녀의 목소리는 아나운서에 적격은 아니라고 생각한다.

해설 ～向き ～에 어울리다. ～에 재능이 있다.
예 彼女の明るい性格は営業向きだ (그녀의 밝은 성격은 영업에 어울린다)
(A)～用 ～용　예 教師用の教科書　교사용 교과서　(D)～式 ～식

---

21 ハンサムな上に仕事ができる＿＿＿＿＿、女性社員に人気があるのも当然だ。

(A) とくれば　　　(B) とすれば
(C) にしては　　　(D) となっては

잘 생긴 데다 일을 잘한다고 할 것 같으면, 여성사원에게 인기가 있는 것도 당연하다.

어휘 とくれば ～라고 할 것 같으면

---

22 私の気持ちは彼を許す方向に傾き＿＿＿＿＿あった。

(A) ながら　　　　(B) つつ
(C) ように　　　　(D) だして

나의 마음은 그를 용서하는 방향으로 계속 기울고 있었다.

어휘 동사의 ます형+つつある 계속 ～하고 있다

---

23 お金がないといっても、毎日の食べるものに困る＿＿＿＿＿。

(A) ほどだ　　　　(B) ほどではない
(C) ぐらいだ　　　(D) ぐらいではない

돈이 없다고 해도, 매일 끼니 걱정할 정도는 아니다.

어휘 ほどではない ～만큼(정도)은 아니다
この程度のこと、お礼を言われる(ぐらい×/ほど○)ではないよ
(이 정도일로, 인사를 들을 정도는 아니야) ぐらいではない라는 표현은 없기 때문에 주의해야 한다.

24 30歳の若さ_____会社を設立した。　　　30세의 젊은 나이로 회사를 설립했다.
(A) にもなって　　　(B) にして
(C) において　　　(D) におうじて

> 해설　~にして 주로 연령을 나타내는 말과 함께 이용되어 '그 단계에서'라고 하는 의미를 나타낸다.
> 예　40歳にして始めて子供を授さずかった (40살이 되어서야 처음으로 아이를 가졌다)
> (A) ~にもなって ~나 돼서　(C) ~において ~에 있어서　(D) ~に応じて ~에 응하여

25 ちょっとそこまで飲み物を買いに行った_____時間がかかりすぎているんじゃないか。
마실 것 좀 사러 간 것 치고는 시간이 너무 걸리고 있잖아.
(A) にひきかえ　　　(B) にはんして
(C) にかかっては　　　(D) にしては

> 해설　~にしては ~치고는
> 예　初めてにしては上手に出来ている (처음 치고는 잘 만들었다)

26 子供を育てるのは本当に手が_____。　　　아이를 키우는 것은 정말로 손이 많이 간다.
(A) 込んでいる　　　(B) かかる
(C) 空いている　　　(D) いく

> 해설　手がかかる 손이 많이 가다. 특히 애완동물이나 아이들에 대해 사용되는 경우가 많다.
> (A) 手が込む 치밀하게 짜여 있다.
> 예　最近の詐欺の手口は非常に手が込んでいる (최근의 사기수법은 매우 치밀하게 짜여져 있다)
> (C) 手が空く 손이 비다. 시간이 나다.

27 結婚して新居に引っ越した矢先に_____。
결혼해서 새집에 이사하려고 할 때 마침 아내가 병으로 쓰러졌다.
(A) 妻が病気で倒れた　　　(B) 3年つきあった
(C) 幸せになった　　　(D) 喧嘩ばかりしている

> 해설　~した矢先に ~하려고 했던 딱 그때에
> 예　バリに行こうとした矢先にテロが起きた (발리에 가려고 할 때에 테러가 일어났다)
> (D) 일정기간 지속되는 것이 뒤에 이어질 수는 없다.

28 1人で外国暮らしなんてさぞかし寂しいのではないかと_____海外生活が楽しくて日本には帰りたくないそうだ。

(A) 思う存分　　(B) 思いきや
(C) 思ったとおり　(D) 思いのまま

혼자서 외국살이라니 필시 외롭지 않을까 했더니 생각했지만 해외생활이 즐거워서 일본에는 돌아오고 싶지 않다고 한다.

해설　〜と思いきや 〜라고 생각했지만
(A) 思う存分 마음껏　(C) 思ったとおり 생각했던 대로　(D) 思いのまま 마음 가는 대로

29 さみしさ_____子供が非行に走ることもよくあることだ。

(A) ために　　(B) ように
(C) ゆえに　　(D) せいで

외로움 때문에 아이가 비행을 저지르는 일도 자주 있는 일이다.

해설　명사+ゆえに 〜가 원인으로
(A) のために 라고 하면 (○) (B)のせいで 라고 하면 (○)

30 彼は忘れっぽくて、聞いた_____忘れてしまう。

(A) ところから　(B) すぐから
(C) そばから　　(D) となりから

그는 건망증이 심해서 들으면 바로 잊어 버린다.

어휘　〜そばから 〜하면 바로, 하자 마자

01	(D)	02	(D)	03	(C)	04	(D)	05	(C)
06	(C)	07	(B)	08	(D)	09	(A)	10	(A)
11	(C)	12	(A)	13	(D)	14	(B)	15	(D)
16	(D)	17	(A)	18	(B)	19	(A)	20	(B)
21	(C)	22	(A)	23	(B)	24	(B)	25	(B)
26	(D)	27	(A)	28	(A)	29	(B)	30	(A)

모의TEST2 30問

Ⅶ. 아래_____선에 들어갈 적당한 말을 (A)에서 (D) 가운데 하나를 고르시오.

01 お腹(なか)がすいて、パンを5つ_____食(た)べました。

(A) の　　　　(B) と
(C) が　　　　**(D) も**

배가 고파서 빵을 5개나 먹었습니다.

02 友達(ともだち)と3時(じ)に待(ま)ち合(あ)わせをしました。_____いくら待っても友達は来(き)ません。

(A) すると　　　(B) それでも
(C) それでは　　**(D) ところが**

친구와 3시에 만나기로 했습니다. 그런데 아무리 기다려도 친구는 오지 않습니다.

해설 ところが (역접)그런데　(A) 그러자　(B) 그래도　(C) 그러면

03 あんなに頑張(がんば)って勉強(べんきょう)した_____また試験(しけん)に落(お)ちてしまった。

(A) から　　　（B) だけど
(C) のに　　(D) ので

저렇게 열심히 공부했는데 또 시험에 떨어지고 말았다.

해설 のに (~인데)가정되면 결과와 다른 결과가 올 때 사용

어휘 試験(しけん)に落(お)ちる 시험에 떨어지다

94

04 先週本を買いましたが、とても_____本なのでまだ全部
　　 読んでいません。

(A) おもしろい　　(B) ふとい
(C) うすい　　　　**(D) あつい**

지난주 책을 샀습니다만, 매우 두꺼운 책이기 때문에 아직 다 읽지 않았습니다.

해설 책은 厚あつい, 薄うすい라고 하고 ふとい라고는 하지 않는다.

---

05 塩は_____入れればいいですか。

(A) どんなに　　(B) なんにん
(C) どのぐらい　(D) いくら

소금은 어느 정도 넣으면 됩니까?

해설 どのくらい 어느 정도 (B) なんにん 몇 명 (D) いくら(얼마)는 値段ねだん(가격)을 묻는 의문사

---

06 食事を_____後で歯を磨きます。

(A) 食べた　　(B) 食べる
(C) した　　(D) する

식사를 한 후에 이를 닦습니다.

해설 동사의 た형 + あとで ~한 뒤에
(A) 食事しょくじを食たべる(X) → 食事しょくじをする 식사를 하다

어휘 磨みがく 닦다

---

07 毎年この時期になる_____神社でお祭りが開かれる。

(A) なら　　**(B) と**
(C) とき　　(D) ば

매년 이 시기가 되면 신사에서 축제가 열린다.

해설 と 반복・습관 / 매년, 항상 등 습관이나 반복을 나타내는 부사를 동반하는 경우가 많다.
(D) 접속사가 맞지 않다. なれば라고 하면 (O)

08 大学に入_____必死に勉強し、無事合格することが
    できた。
    (A) ように   (B) から
    (C) なら   (D) ために

    대학에 들어가기 위해서 필사적으로 공부해서 무사히 합격할 수 있었다.

    해설 ために 위해서 (A) 入れるように 와 같이 동사를 가능형으로 하면 (O)

09 テーブルの上にスプーンとフォークを_____ください。
    (A) 並べて   (B) 並んで
    (C) 入れて   (D) 入って

    테이블 위에 스푼과 포크를 가지런히 놓으세요.

    해설 並べる→並べて (타동사) 並ぶ→並んで (자동사)
    어휘 並べる 줄지어놓다, 나란히 놓다

10 本気で_____と思えばできないことはない。
    (A) やろう   (B) やるよう
    (C) やれ   (D) やる

    진심으로 하고자 한다면 불가능한 일은 없다.

    해설 (동사의 의지형) 자신의 의사·의향을 표현한다
    (5단) 遊びます→遊ぼう (1단) 食べます→食べよう (する) します→しよう (来る) 来ます→来よう

11 彼と知り合って3年になる。_____はあまり好きではなかっ
    たが今は一番の親友だ。
    (A) はじめて   (B) まず
    (C) はじめ   (D) さき

    그와 서로 알게 된지 3년이 된다. 처음에는 그다지 좋지 않았지만 지금은 가장 친한 친구다.

    해설 初めは 처음은 最初は도 가능 初めては라는 표현은 없다.

12 先生、今日は何時まで研究室に_____んですか。
선생님, 오늘은 몇 시까지 연구실에 계십니까?
(A) いらっしゃる　　(B) 来られる
(C) ごらんになる　　(D) お伺いする

해설　いる의 존경어 いらっしゃる가 들어간다. まで(어떤 상태에서 연속되는 최종 시점) までに(기한) 까지/까지는
예　今日の3時までずっと働いた (오늘 3시까지 계속 일했다)
　　今日の3時までに提出して下さい (오늘 3시까지 제출해 주세요)

13 蚊が入ってくるので私が窓を_____。
모기가 들어오기 때문에 내가 창을 닫아 두었습니다.
(A) 閉めてあります　　(B) 閉まっています
(C) 閉めていました　　(D) 閉めておきました

해설　~ておく 동작주가 목적을 가지고 한 행위, ~해 두다
어휘　蚊 모기

14 この洋服を着ない_____サイズが合わないからだ。
이 양복을 입지 않는 것은 사이즈가 맞지 않기 때문이다.
(A) ことは　　(B) のは
(C) のに　　　(D) ので

해설　~のは~からだ ~것은 ~기 때문이다

15 おかしいな、確かにここにおいた_____なのに、何でないんだろう。
이상하네, 분명히 여기에 두었을 텐데, 왜 없는 거지?
(A) かも　　(B) べき
(C) わけ　　(D) はず

해설　はず ~일 터이다, ~일 것이다

16 1人で起きられない患者さんを看護婦さんが_____てあげた。 　혼자서 일어날 수 없는 환자를 간호사가 일으켜 주었다.

(A) 起こさせて　　　(B) 起きて

(C) 起きられて　　　**(D) 起こして**

> 해설　起こす 직접 상대의 몸을 일으키는 경우도, 말로 하여 상대방이 일어나게끔 하는 경우도 다 사용한다.
>
> 어휘　患者 환자

17 母が同窓会に行ったため、私は一日中家で留守番を_____。　엄마가 동창회에 갔기 때문에, 나는 하루 종일 집에서 집을 봐야 했다.

(A) させられた　　　(B) された

(C) させた　　　(D) しられた

> 해설　留守番をさせられた (사역수동형)
> 母が私に留守番をしなさいという (어머니가 나에게 집을 지키라고 말한다)
> 이것을 사역문으로 하면 母が私に留守番をさせる가 된다.
> 이것을 나를 주어로 한 사역수동문으로 하면 私は母に留守番をさせられる가 된다.
>
> 어휘　同窓会 동창회　留守番 집을 지킴

18 彼女、本当に_____ですね。スカートははかないし、力は強いし。　그녀, 정말로 남자같네요. 스커트는 안 입지, 힘은 세지.

(A) 男らしい　　　**(B) 男みたい**

(C) 女らしい　　　(D) 女のよう

> 해설　(A)男らしい는 남성에 대해서만 사용된다.

19 山田さん、いいところで会いましたね。_____今、山田さんの所に行くところだったんですよ。　야마다 씨, 마침 잘 만났군요. 지금 막 야마다 씨가 있는 곳으로 갈 참이었어요.

(A) ちょうど　　　(B) たった

(C) さっき　　　(D) ぴったり

> 해설　ちょうど 타이밍이나 크기 등이 딱 맞는 것
> ちょうど~するところだった (마침 ~할 참이었다)

20 朝食を＿＿＿のは健康によくないから、ちゃんと、食べた方がいいよ。

(A) とる (B) ぬく
(C) ひく (D) はずす

아침식사를 거르는 것은 건강에 좋지 않으니까 꼬박꼬박 먹는 편이 좋아요.

해설 朝食を抜く 아침식사를 거르다 (A) 朝食をとる 아침식사를 하다
어휘 ちゃんと 제대로, 잘

---

21 学費を払うために、こつこつと働いてお金を＿＿＿いる。

(A) 集めて (B) 損して
(C) 稼いで (D) 儲けて

학비를 내기 위해 부지런히 일해서 돈을 벌고 있다.

해설 お金を稼ぐ 돈을 벌다
(A) お金を集める 돈을 모으다 (B) お金を儲ける 돈을 벌다
稼ぐ/儲ける 양쪽 모두 금전상의 이익을 얻는다는 의미지만 稼ぐ는 일을 해서 돈을 번다는 뉘앙스가 강한데 반해 儲ける는 생각지도 못하게 이익을 얻는다는 뉘앙스가 강하다.
アルバイトをして毎日金を儲ける(×)稼ぐ(○) 아르바이트를 해서 매일 돈을 벌다.
株でずいぶんと儲けた(○)稼いだ(△) 주식으로 꽤 벌었다.

---

22 もう今年は旅行には行かないと言ったその＿＿＿の根も乾かないうちにまた海外旅行の計画を立てている。

(A) 舌 (B) 歯
(C) 口 (D) 喉

올해는 더이상 여행은 가지 않겠다고 말한 그 입에 침도 채 마르기 전에 또 해외여행 계획을 세우고 있다.

해설 舌の根も乾かないうちに 입에 침도 채 마르기 전에

---

23 田中さんは出版社で編集の仕事をする＿＿＿自分でも小説を書いて発表している。

(A) 反面 (B) かたわら
(C) そばから (D) ながら

다나카 씨는 출판사에서 편집 일을 하는 한편 자기도 스스로 소설을 써서 발표하고 있다.

해설 ~かたわら ~하는 한편, ~함과 동시에, 그와 아울러 (A) 反面 반면
예 洋子さんは気が強い反面、泣き虫なところもある (요코 씨는 기가 센 반면, 울보같은 면도 있다)
(D) しながら 라고 하면 (○)

24 名古屋を_____に日本中で講演をしてまわる予定だ。
(A) 醍醐味　　　(B) 皮切り
(C) 上出来　　　(D) 土壇場

나고야를 시작으로 일본전역으로 강연을 하며 돌 예정이다.

해설 ~を皮切りに ~를 필두로 하여
(A) 醍醐味 참다운 묘미 (C) 上出来 성과가 훌륭함 (D) 土壇場 막판

---

25 秘密にしておいてくれと言った_____彼が話してしまうのではないかと心配だ。
(A) ものに　　　(B) ものの
(C) もので　　　(D) ものが

비밀로 해 달라고 말하긴 했지만 그가 말해 버리지는 않을까 걱정이다.

해설 ~たものの ~했지만
예 任せておけといったものの、解決策は見つかっていない
(내게 맡기라고 하긴 했지만, 해결책은 나오고 있지 않다)

---

26 お金を_____争いなど、本当に見るに耐えない。
(A) まわっての　　　(B) かかっての
(C) 通しての　　　(D) めぐっての

돈을 둘러싸고 싸우는 꼴은 정말 차마 눈뜨고 볼 수 없다.

어휘 見るに耐えない 차마 눈뜨고 볼 수 없다　~をめぐっての ~을 둘러싼

---

27 長年付きあっているけれど、彼は本当に信頼に_____人だ。
(A) 値する　　　(B) 価値する
(C) 相当の　　　(D) ふさわしい

오랜 세월 알고 지내고 있지만, 그는 정말로 신뢰할만한 사람이다.

해설 ~に値する ~할만한, 가치가 있는
(B) 이런 표현은 없다　(D) ふさわしい 어울리다, 걸맞다

28 百年の長きに_____続いたこの政権もとうとう終焉の幕を閉じた。

(A) わたって   (B) のぼって
(C) はしって   (D) ながれて

백년이라는 오랜 세월에 걸쳐서 계속된 이 정권도 마침내 대단원의 막을 내렸다.

> **해설** ~にわたって ~에 걸쳐서
> **어휘** 政権(せいけん) 정권   終焉(しゅうえん) 임종, 종언

29 資金繰りがうまくいかず、その事業から手を_____ことにした。

(A) あげる   (B) ひく
(C) こまねく (D) だす

자금조달이 잘 되지 않아 그 사업에서 손을 빼기로 했다.

> **해설** 手(て)を引(ひ)く 손을 떼다
> (A)手をあげる 손을 들다(항복하다), 폭력을 휘두르다 (C)手をこまねく 수수방관하다 (D)手を出(だ)す 손을 내밀다
> **어휘** 資金繰(しきんぐ)り 자금마련

30 まだこの会社に入社したばかりで_____点が多いと思いますが、よろしくご指導ください。

(A) 至(いた)らない   (B) 役不足(やくぶそく)な
(C) ふつつかな   (D) ありがちな

아직 이 회사에 입사한지 얼마 되지 않아서 미숙한 점이 많다고 생각하지만, 잘 지도해 주시기 바랍니다.

> **해설** 至(いた)らない 미치지 못하다
> (B) 役不足(やくぶそく) (능력에 비해)직책, 역할이 하찮음 (C) ふつつかな 못난 (D) ありがちな 있을법한

PART 8 読解 독해

초급 30問

01	(A)	02	(C)	03	(B)	04	(C)	05	(B)
06	(B)	07	(D)	08	(C)	09	(C)	10	(A)
11	(A)	12	(A)	13	(C)	14	(D)	15	(C)
16	(B)	17	(D)	18	(C)	19	(C)	20	(D)
21	(D)	22	(D)	23	(B)	24	(A)	25	(C)
26	(C)	27	(B)	28	(B)	29	(C)	30	(D)

Ⅳ. 아래 문장을 읽고, 질문에 가장 적합한 대답을 (A)에서 (D) 가운데 하나를 고르시오.

01-05

こんにちは。私は中国から来た留学生です。経営学を学ぶために3年前に日本に来て、今は、埼玉県の大学に通①ています。学生寮にはいろいろな国の人がいます。韓国人やタイ人、もちろん日本人もいます。日本に来たばかりのとき一番困ったことは、アルバイトをするためにアルバイト情報誌で探して電話をしても、日本語がうまく話せないのでいつも断られてしまったことです。どうしても言葉が分からないときは紙に漢字を書いて見せたりしましたが、日本の漢字と中国の漢字は意味が違うことも多くて通じないこともありました。今は日本語も話せる ② 、毎日楽しく過ごしています。

안녕하세요. 저는 중국에서 온 유학생입니다. 경영학을 배우기 위해서 3년 전에 일본에 와서, 지금은 사이타마 현의 대학에 다니①고 있습니다. 학생 기숙사에는 여러 나라의 사람들이 있습니다. 한국인과 태국인, 물론 일본인도 있습니다. 일본에 온 지 얼마 되지 않았을 때 가장 곤란했던 것은, 아르바이트를 하기 위해서 아르바이트 정보지에서 찾아 전화를 해도, 일본어를 잘 할 수 없기 때문에 항상 거절당했던 일입니다. 아무리 해도 말을 모를 때는 종이에 한자를 써서 보여주거나 했지만, 일본 한자와 중국 한자는 의미가 다른 경우도 많아서 통하지 않은 적도 있었습니다. 지금은 일본어도 말할 수 ② , 매일 즐겁게 지내고 있습니다.

01 この人はどこから来ましたか。

(A) 中国です。
(B) 埼玉県です。
(C) 韓国です。
(D) タイです。

이 사람은 어디서 왔습니까?

(A) 중국입니다.
(B) 사이타마 현입니다.
(C) 한국입니다.
(D) 태국입니다.

02 この人が日本に来て一番困ったことは何ですか。

(A) アルバイトでたくさん失敗したこと。

(B) アルバイト雑誌の日本語が読めないこと。

(C) 日本語ができなくて、アルバイトができなかったこと。

(D) 中国語と日本語の漢字が違うこと。

이 사람이 일본에 와서 가장 곤란했던 것은 무엇입니까?

(A) 아르바이트에서 많은 실수를 한 것

(B) 아르바이트 잡지의 일본어를 읽을 수 없는 것

(C) 일본어를 할 수 없어서 아르바이트가 불가능했던 것

(D) 중국어와 일본어 한자가 다른 것

03 この人が日本に来たのはどうしてですか。

(A) 仕事をするため。

(B) 大学で学ぶため。

(C) 友達に会うため。

(D) 日本文化を知るため。

이 사람이 일본에 온 것은 어째서 입니까?

(A) 일을 하기 위해서

(B) 대학에서 배우기 위해서

(C) 친구를 만나기 위해서

(D) 일본문화를 알기 위해서

04 ①ていますと同じ用法のものはどれですか。

(A) 子供は今、本を読んでいます。

(B) その人は太っています。

(C) 毎週ピアノを習っています。

(D) 父はもう寝ています。

①ています와 같은 용법인 것은 어느 것입니까?

(A) 아이는 지금 책을 읽고 있습니다.

(B) 그 사람은 살쪘습니다.

(C) 매주 피아노를 배우고 있습니다.

(D) 아빠는 벌써 자고 있습니다.

05 _____②_____ に入る言葉はどれですか。

(A) ようですから

(B) ようになって

(C) ことになって

(D) ことですから

_____②_____ 에 들어갈 말은 어느 것입니까?

(A) 모양이니까

(B) 있게 되어서

(C) 것으로 되어서

(D) 것이니까

해설 ~たばかり ① 시간적인 직후 **예** さっき食べたばかりじゃないか (방금 막 먹었잖아?)

② 심리적인 직후 **예** 私はカナダに来たばかりだから英語なんてまだしゃべれない
(나는 캐나다에 온지 얼마 되지 않아 영어는 아직 말할 수 없다)

04 ① 정기적·계속적인 행위 (A) 현재진행 (B) 상태 (C) 습관이나 정기적인 행위 (D) 완료

05 ようになる 변화 ことになる 제 3자의 의지에 의한 결정

어휘 留学生(りゅうがくせい) 유학생 経営学(けいえいがく) 경영학 学(まな)ぶ 배우다 通(かよ)う 다니다
学生(がくせい) 학생 寮(りょう) 기숙사 情報誌(じょうほうし) 정보지 断(ことわ)る 거절하다 通(つう)じる 통하다

06-10

ぼくはたいてい朝6時に起きます。①長い間の習慣のおかげで、目覚まし時計がなくても、この時間になると自然に目が　②　。それからシャワーを浴びます。平日はシャワーですが、休日にはお風呂に入ります。普通、お風呂は夜に入る人が多いのだけど、ぼくは朝にのんびり入るお風呂は特別にリラックスできると思います。それから、健康のためにジョギングをしています。夜ご飯を食べる前に川辺を走るのが日課です。これだけしていれば食べ物に特に気を使わなくても　③　。

나는 대개 아침 6시에 일어납니다. ①오랜 습관 덕분에, 자명종 시계가 없어도, 이 시간이 되면 자연스레 눈이 　②　. 그리고 나서 샤워를 합니다. 평일은 샤워를 하지만, 휴일에는 목욕을 합니다. 보통, 목욕은 밤에 하는 사람이 많지만, 나는 아침에 느긋하게 하는 목욕은 특히 긴장이 풀린다고 생각합니다. 그리고 나서 건강을 위해 조깅을 합니다. 저녁밥을 먹기 전에 강변을 달리는 것이 일과입니다. 이것만 하고 있으면 음식에 특히 신경 쓰지 않아도　③　.

06 男の人の①長い間の習慣は何ですか。

(A) 夜にお風呂に入ること。
(B) 朝、6時に起きること。
(C) 毎日ジョギングをすること。
(D) 目覚まし時計をかけること。

남자의 ①오랜 습관은 무엇입니까?

(A) 밤에 목욕하는 것
(B) 아침 6시에 일어나는 것
(C) 매일 조깅하는 것
(D) 자명종 시계를 맞춰 놓는 것

07 　②　 に入る適当な言葉はどれですか。

(A) 開けます。
(B) 覚まします。
(C) 起きます。
(D) 覚めます。

　②　에 들어갈 적당한 말은 어느 것입니까?

(A) 엽니다.
(B) (잠을) 깹니다.
(C) 일어납니다.
(D) 떠집니다.

08 　③　 に入る適当な文はどれですか。

(A) ジョギングをするのが楽しいです。
(B) 健康を保つことができません。
(C) 元気でいられるのです。
(D) ご飯がおいしく感じます。

　③　에 들어갈 적당한 문장은 어느 것입니까?

(A) 조깅을 하는 것이 즐겁습니다.
(B) 건강을 유지하는 것이 불가능합니다.
(C) 건강하게 있을 수 있답니다.
(D) 밥이 맛있게 느껴집니다.

09 男の人が毎日必ずすることはどれですか。

(A) シャワーを浴びます。

(B) 朝、お風呂に入ります。

(C) ジョギングをします。

(D) 散歩をします。

남자가 매일 반드시 하는 것은 어느 것입니까?

(A) 샤워를 합니다.

(B) 아침에 목욕을 합니다.

(C) 조깅을 합니다.

(D) 산책을 합니다.

10 本文の内容に合っているものはどれですか。

(A) 走ることが男の人の健康法です。

(B) 男の人は夜にお風呂に入るのが好きです。

(C) 男の人は寝る前に必ずジョギングをします。

(D) 男の人は朝起きるのが苦手です。

본문 내용과 맞는 것은 어느 것입니까?

(A) 달리는 것이 남자의 건강법입니다.

(B) 남자는 밤에 목욕하는 것을 좋아합니다.

(C) 남자는 자기 전에 꼭 조깅을 합니다.

(D) 남자는 아침에 일어나는 것을 힘들어 합니다.

해설 07 目が覚める(자동사)눈이 떠지다 目を覚ます(타동사)눈을 뜨다

어휘 習慣しゅうかん 습관 目覚めざまし時計とけい 자명종(시계) シャワーを浴あびる 샤워를 하다 お風呂ふろ 목욕
日課にっか 일과 気きを使つかう 신경 쓰다 保たもつ 유지되다, 견디다 ~のおかげで ~덕분에

11-15

原田さんが小学校の先生になったのは、子供たちに「①あること」を伝えたい ② です。原田さんはいいます。「僕は『③一人一人、みんな違っていていいんだよ』っていうのを教えたいんです。みんなと違うということは、恥ずかしいこと ④ すばらしいことなんです。」原田さんは、生まれた時から足がありません。でも、これが自分の個性だと原田さんは明るく言います。

하라다 씨가 초등학교 선생님이 된 것은 아이들에게 '①어떤 것'을 전하고 싶기 ② 입니다. 하라다 씨는 말합니다. "나는 ③한 명 한 명, 모두 달라도 괜찮다는 것을 가르치고 싶습니다. 다르다는 것은, 부끄러운 것 ④ 멋진 것입니다." 하라다 씨는, 태어났을 때부터 발이 없습니다. 하지만, 이것이 자신의 개성이라고 하라다 씨는 밝게 말합니다.

11 ①あることとは何ですか。

(A) 人と違うことはすばらしいということ。
(B) 間違ったことをしてはいけないということ。
(C) あいさつのできる人になってほしいということ。
(D) 人間を愛する心を持ってほしいということ。

①어떤 것이라는 것은 무엇입니까?

(A) 다른 사람과 다르다는 것은 멋지다는 것
(B) 잘못된 것을 해서는 안 된다는 것
(C) 인사를 할 수 있는 사람이 되길 바라는 것
(D) 인간을 사랑하는 마음을 가지길 바라는 것

12 ② に入る言葉はどれですか。

(A) から
(B) ので
(C) なの
(D) こと

② 에 들어갈 말은 어느 것입니까?

(A) 때문에(から)
(B) 때문에(ので)
(C) 인 것
(D) 것

13 ③一人の一と同じ読み方をするものはどれですか。

(A) 一番
(B) 一回
(C) 一言
(D) 一本

③ 一人의 一와 같은 읽기 방법은 어느 것입니까?

(A) 제일(一番)
(B) 한 번(一回)
(C) 한마디(一言)
(D) 한 개(一本)

14 ④ に入る言葉はどれですか。

(A) じゃないで
(B) だけど
(C) だから
(D) ではなくて

④ 에 들어갈 말은 어느 것입니까?

(A) 하지 말고 (X)
(B) 이지만
(C) 때문에
(D) 이 아니고

15 原田さんについて正しいものはどれですか。

(A) 原田さんは足をけがしています。
(B) 原田さんは学校の先生です。
(C) 原田さんは先生になりたいです。
(D) 原田さんは自分を恥ずかしく思っています。

하라다 씨에 대해 바른 것은 어느 것입니까?

(A) 하라다 씨는 발을 다쳤습니다.
(B) 하라다 씨는 학교 선생님입니다.
(C) 하라다 씨는 선생님이 되고 싶어합니다.
(D) 하라다 씨는 자신을 부끄럽게 생각하고 있습니다.

해설 12 のは~からだ라는 강조구문을 사용할 수 있는 것은 から뿐 ので는 사용할 수 없다.

14 じゃなくて 도 쓸 수 있다. ではない・じゃない의 て형은 ではなくて・じゃなくて

어휘 伝(つた)える 전하다   恥(は)ずかしい 부끄럽다   すばらしい 멋지다, 훌륭하다   個性(こせい) 개성   ~のは~からだ ~것은 ~때문이다

16-20

さやかさん、暑中お見舞い申し上げます。いつも連絡しようと思いながら、ずいぶん長い間　　①　　してしまいました。すみません。さやかさんは元気にお過ごしですか。長い休みが始まりましたね。去年は一緒に英語の学校に行きましたね。覚えてますか。今年は映画をたくさん見たり、買っておいた本を読んだりと、いつもは　　②　　できないことをするつもりです。さやかさんはどのように過ごす予定ですか。まだまだ、暑い日が続きますので体に気を付けて過ごしてくださいね。

春田友子より

사야카 씨, 한여름 문안인사 올립니다. 항상 연락하려고 하면서도 상당히 오랫동안 　①　 하고 있었습니다. 미안합니다. 사야카 씨는 잘 지내고 계십니까? 긴 방학이 시작되었네요. 작년에는 함께 영어학교에 갔었죠. 기억하고 있나요? 올해는 영화를 많이 보거나, 사 둔 책을 읽거나 하면서, 평소에는 　②　 하지못한 것을 할 계획입니다. 사야카 씨는 어떻게 보낼 예정입니까? 아직도 더운 날이 계속되고 있으니까 건강에 유의하세요.

하루타 도모코로부터

16 いつの季節のあいさつですか。

(A) 春
(B) 夏
(C) 秋
(D) 冬

어느 계절 인사입니까?

(A) 봄
(B) 여름
(C) 가을
(D) 겨울

17 　①　 に入る言葉はどれですか。

(A) おとさた
(B) おひさしぶり
(C) おやすみ
(D) ごぶさた

　①　 에 들어갈 말은 어느 것입니까?

(A) 소식
(B) 오랜만
(C) 잘 자
(D) 격조

18 　②　 に入る言葉はどれですか。

(A) ようやく
(B) けっこう
(C) なかなか
(D) そろそろ

　②　 에 들어갈 말은 어느 것입니까?

(A) 겨우
(B) 제법
(C) 좀처럼
(D) 슬슬

19	友子さんは休みに何をするつもりですか。	도모코 씨는 휴가에 무엇을 할 생각입니까?
	(A) 海外旅行に行くつもりです。	(A) 해외여행에 갈 생각입니다.
	(B) 英語の勉強をするつもりです。	(B) 영어공부를 할 생각입니다.
	(C) 映画をたくさん見るつもりです。	(C) 영화를 많이 볼 생각입니다.
	(D) 本をたくさん買うつもりです。	(D) 책을 많이 살 생각입니다.
20	本文の内容に合っているものはどれですか。	본문 내용에 맞는 것은 어느 것입니까?
	(A) 友子さんはさやかさんにいつも連絡します。	(A) 도모코 씨는 사야카 씨에게 항상 연락합니다.
	(B) 友子さんはさやかさんの体が弱いので心配です。	(B) 도모코 씨는 사야카 씨의 몸이 약하기 때문에 걱정입니다.
	(C) 友子さんはさやかさんを旅行に誘っています。	(C) 도모코 씨는 사야카 씨에게 함께 여행을 가자고 하고 있습니다.
	(D) 友子さんはさやかさんの休みの予定を知りません。	(D) 도모코 씨는 사야카 씨의 방학 일정을 모릅니다.

해설 ながら ~하면서
예 勉強しようと思いながらつい寝てしまった (공부해야지하면서 그만 자 버렸다)
なかなか~ない 좀처럼 ~없다
16 한여름 더울 때 하는 문안(暑中見舞い)은 여름에 보내는 인사의 문서로 보통은 엽서로 보냅니다.
여름 끝 무렵이 되면 한여름 문안이 아닌 늦더위 문안(残暑見舞ざんしょみまい)이라고 한다.
17 (A) おとさた 한자로 쓰면 音沙汰おとさた 소식, 편지, 연락의 뜻. おとさたする 라고는 하지 않는다.
예 彼からは何の音沙汰もない (그들은 어떤 소식도 없다)
인사로 오랜만입니다-お久しぶり(です)라고 말하지만, お久しぶりする라는 표현은 없다.
19 (B)去年は一緒に英語の学校に行った (작년에는 함께 영어학교에 다녔다)
(D)買ってあった本を読むつもりだ (사 두었던 책을 읽을 생각이다)
어휘 暑中見舞しょちゅうみまい 여름에 보내는 인사 ご無沙汰ぶさた 격조, 무소식

21-25

みなさん、①今日はこの寒い中、わざわざ来てくださってありがとうございます。私と明子が初めて会ったのは、大学のテニスサークルでした。彼女が1年後輩で入ってきたんですが、②彼女は、おとなしい私とはちがって、元気で名前の通り明るい子という印象でした。あれから6年という長い年月が経ちましたが、彼女はいつも笑顔で私の心の支えになって　　③　　。今日から夫婦になりますが、これからは彼女と2人で楽しい家庭を作りたいと思っています。みなさん、暖かく見守ってください。

여러분, ①오늘 이렇게 추운 가운데 일부러 와 주셔서 고맙습니다. 저와 아키코가 처음 만난 것은, 대학의 테니스 동아리였습니다. 그녀가 1년 후배로 들어왔습니다만, ②그녀는 말이 없는 저와는 다르게, 싹싹하고 이름대로 밝은 아이라는 인상이었습니다. 그로부터 6년이라는 긴 시간이 흘렀습니다만, 그녀는 항상 웃는 얼굴로 내 마음의 버팀목이 되어　　③　　. 오늘부터 부부가 됩니다만, 이제부터는 그녀와 둘이서 즐거운 가정을 만들고 싶습니다. 여러분, 따뜻하게 지켜봐 주세요.

21 ①今日は何の日ですか。
(A) 卒業記念パーティ
(B) 大学の同窓会
(C) テニスサークルの集まり
(D) 男の人と明子さんの結婚式

22 明子さんはどんな人ですか。
(A) おとなしいけど明るい人
(B) テニスが上手な人
(C) 短気ですぐ怒る人
(D) 元気でいつも笑顔の人

23 ②彼女は、おとなしい私とはちがってとはどんな意味ですか。
(A) 彼女はおとなしいですが、私はそうではありません。
(B) 私はおとなしいですが、彼女はおとなしくありません。
(C) 彼女は私のことをおとなしいと思っていますが、ちがいます。
(D) 私はおとなしい時もありますが、元気な時もあります。

24 ③ に入る言葉はどれですか。
(A) くれました。
(B) あげました。
(C) もらいました。
(D) いただきました。

25 本文の内容と合っているものはどれですか。
(A) 2人が出会ってから1年になります。
(B) 男の人は明子さんの先輩です。
(C) 2人は友達の紹介で出会いました。
(D) 今日は気温が暖かいです。

해설 21 今日から夫婦になる라고 되어있기 때문에 (D)결혼식이 정답

22 彼女はおとなしい私とは違って (그녀는 조용한 나와는 다르게)라고 표현했으므로 반대되는 의미로 (D)가 적절하다.

24 주어가 행위자인 彼女 행위를 받는 사람은 私이므로 ~해주다의 ~てくれる가 적절하다.
　　私は彼女にお弁当を作ってもらう(주어가 나 = 행위자는 아니다) 나는 그녀에게 도시락을 (만들어) 받았다.
　　彼女は私にお弁当を作ってくれる(주어가 그녀 = 행위자) 그녀는 나에게 도시락을 만들어 준다.

25 (A) 만난 지 6년입니다. (C) 대학의 테니스 동아리에서 만났습니다. (D) 오늘은 춥습니다.

어휘 わざわざ 일부러　後輩こうはい 후배　年月ねんげつ 연월　支ささえ 받침, 버팀　夫婦ふうふ 부부　見守みまもる 지켜보다

26-30

卒業旅行のことだけど、次のような条件で選ぼうと思います。1. 治安がいい 2. 遊ぶ手段が豊富 3. 直行便がある 4. 手頃な値段、この4つです。候補にケアンズ、グアム、サイパンを考えてるんだけど、①みんなの意見はどうですか。この中　②　　希望の多い場所に決めたいと思うので、このアドレスに希望の場所を書いて返信してください。日程はみんなで相談した③通り、3月20日　②　1週間にします。その後のホテルの手配は私に任せてくださいね。では、返信待ってます。

　　　　　　　　　　　　　　　　　　　　田中より

졸업여행에 관한 것인데, 다음과 같은 조건으로 선택하려고 생각합니다. 1. 치안이 좋다 2. 놀 수단이 풍부 3. 직행편이 있다 4. 적당한 가격, 이 4가지 입니다. 후보에 케언스, 괌, 사이판을 생각하고 있는데, ①모두의 의견은 어떻습니까? 이 중　②　희망이 많은 장소로 결정하려고 하니, 이 주소로 희망하는 장소를 써서 회신해 주세요. 일정은 모두 같이 상의한 ③대로, 3월20일　②　1주일 동안으로 하겠습니다. 그 다음 호텔 준비는 저에게 맡겨 주세요. 그럼, 회신 기다리고 있겠습니다.

다나카로부터

---

26 旅行先の条件ではないものはどれですか。

(A) 安全なところ
(B) 値段が高くないところ
(C) 距離が近いところ
(D) 色々な遊びを楽しめるところ

여행지의 조건이 아닌 것은 어느 것입니까?

(A) 안전한 곳
(B) 가격이 비싸지 않은 곳
(C) 거리가 가까운 곳
(D) 다양한 놀이를 즐길 수 있는 곳

27	①みんなの意見をどのような方法で集めますか。	①모두의 의견을 어떤 방법으로 모읍니까?
	(A) 田中さんに電話をします。	(A) 다나카 씨에게 전화를 합니다.
	(B) 田中さんにメールをします。	**(B) 다나카 씨에게 메일을 보냅니다.**
	(C) 田中さんに手紙を書きます。	(C) 다나카 씨에게 편지를 씁니다.
	(D) 田中さんのホームページに意見を書きます。	(D) 다나카 씨의 홈페이지에 의견을 씁니다.

28	_____ ② _____ の両方に入る言葉はどれですか。	_____ ② _____ 의 양쪽에 들어갈 말은 어느 것입니까?
	(A) で	(A) 로
	(B) から	**(B) 부터**
	(C) の	(C) 의
	(D) に	(D) 에

29	③通りと同じ用法のものはどれですか。	③대로와 같은 용법의 것은 어느 것입니까?
	(A) 私の意見が通り、とても嬉しい。	(A) 나의 의견이 통해, 매우 기쁘다.
	(B) この通りは車がとても多い。	(B) 이 도로는 차가 매우 많다.
	(C) みんなの予想通り、彼が優勝した。	**(C) 모두의 예상대로 그가 우승했다.**
	(D) 彼は学校の前を通り、右に曲がった。	(D) 그는 학교 앞을 지나가서, 오른쪽으로 돌았다.

30	本文の内容に合っているものはどれですか。	본문의 내용에 맞는 것은 어느 것입니까?
	(A) 卒業旅行はケアンズとグアムとサイパンです。	(A) 졸업여행은 케언스와 괌과 사이판입니다.
	(B) 田中さんが旅行の日程を決めます。	(B) 다나카 씨가 여행의 일정을 정합니다.
	(C) 3月20日までに田中さんに返信します。	(C) 3월 20일까지는 다나카 씨에게 회신합니다.
	(D) ホテルの予約は田中さんがします。	**(D) 호텔 예약은 다나카 씨가 합니다.**

해설
- **26** 直行便がある(직행편이 있다)＝近い(가깝다)는 아니다.
- **27** アドレス(메일주소), 返信(답장)이라고 되어있기 때문에 메일이다.
- **28** この中から 이 중에서・20日から 20일부터
- **30** ホテルの手配は私に任せてください (호텔 준비는 저에게 맡겨주세요)라고 되어있기 때문에 (D)가 정답

어휘 条件 じょうけん 조건　治安 ちあん 치안　豊富 ほうふ 풍부　直行便 ちょっこうびん 직행편　手頃 てごろ な 적당한, 알맞은　候補 こうほ 후보　希望 きぼう 희망　返信 へんしん 반신, 회신　日程 にってい 일정　手配 てはい 준비　任 まか せる 맡다

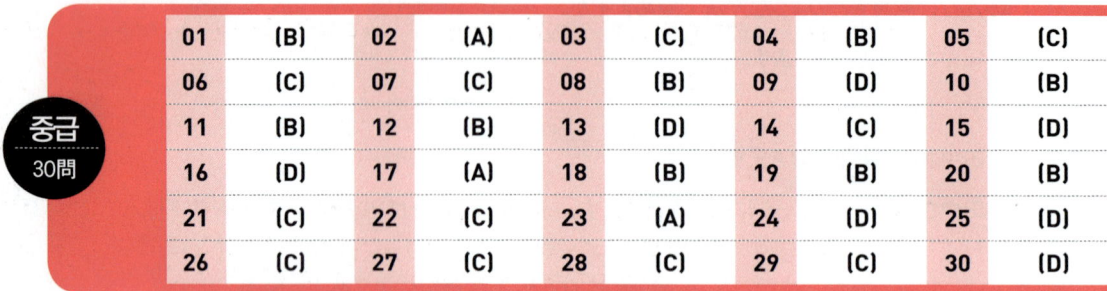

IV. 아래 문장을 읽고, 다음 물음에 가장 적합한 것을 (A)에서 (D) 가운데 하나를 고르시오.

01-05

私は昨日妻と近くのショッピングセンターに行った。妻はここは野菜は高いから家の近くのスーパーで買うのだと言い、私たちは肉と魚を中心に買い物をした。会計を待って並んでいる時、妻が急に「あっ」と声を上げた。「どうしたの」と私が聞くと「そうそう、忘れてた。ここで3000円以上買う ① 500円引きっていうクーポン持ってたのよ。今いくら買った。」そこで、私たちは急いで②ざっと計算してみると、3000円には若干足りない③ようだった。妻は、「じゃあ、せっかくだから野菜もここで買っちゃおうか。」と言い、私たちは再び売り場に戻った。野菜を買いながら、近くのスーパーで野菜を買うのと、クーポンを使うのとどちらが得なんだろうと考えたが、正直よく分からなかった。いずれにせよ、④この店の戦略にまんまとはまってしまったことだけは間違いない。

나는 어제 아내와 근처 쇼핑센터에 갔다. 아내가 여기는 야채는 비싸니까 집 근처의 슈퍼에서 산다고 해서, 우리는 고기와 생선을 중심으로 장을 봤다. 계산을 기다리며 줄을 서 있을 때, 아내가 갑자기 "앗"하고 소리를 질렀다. "왜 그래?"라고 내가 묻자 "맞아 맞아, 잊고 있었어. 여기에서 3000엔 이상 사 ① 500엔 할인해 주는 쿠폰을 가지고 있단 말이야. 지금 얼마나 샀어?" 그래서 우리는 서둘러서 ②대충 계산해 보니, 3000엔에는 조금 부족한 ③모양이었다. 아내는, "그럼, 모처럼 왔으니까 야채도 여기에서 사버릴까?"라고 말했고, 우리들은 다시 매장으로 돌아갔다. 야채를 사면서, 근처의 슈퍼에서 야채를 사는 것과, 쿠폰을 사용하는 것 중 어느 쪽이 이익일까 생각했지만, 솔직히 잘 모르겠다고 생각했다. 어쨌든 ④이 가게의 전략에 감쪽같이 빠져버린 것만은 틀림없다.

01 ① に入る適当な言葉はどれですか。

(A) なら
(B) と
(C) とき
(D) のに

① 에 들어갈 적당한 말은 어느 것입니까?

(A) 라면
(B) 면
(C) 때
(D) 는데

02 ②ざっとの意味として正しいものはどれですか。

(A) おおまかに

(B) すべて

(C) こまかく

(D) 頭の中で

03 ③ようと同じ用法のものはどれですか。

(A) 踊っている彼女の姿はまるで妖精のようだ。

(B) 冷めないうちに、早く食べようと彼は言った。

(C) 返事がないところをみると、まだ怒っているようですね。

(D) 部長、みんなが思っているような悪い人じゃないよ。

04 ④この店の戦略とは何ですか。

(A) 売り上げを伸ばすため野菜を高くしてあること。

(B) 3000円以上買った方が得だと思わせること。

(C) クーポン発行によって店の評判をあげること。

(D) クーポンを使って野菜を安くすること。

05 本文の内容に合っているものはどれですか。

(A) 結局、野菜だけスーパーで買うことにした。

(B) ショッピングセンターに来たのはクーポンを使うためだ。

(C) スーパーには行かず、ショッピングセンターですべて買った。

(D) クーポンを使ったのでスーパーに行くよりやや安かった。

해설 01 필연의 と A가 발생하면, B가 발생한다는 관계를 표현한다.
예) 春になると花が咲きます (봄이 되면 꽃이 핍니다)
ボタンを押すと音楽が流れます (버튼을 누르면 음악이 흐릅니다)
02 ざっと 대충 예) ざっと見渡す 대충 훑어보다 ざっと数える 대충 세다 ざっと見た感じ 대충 본 느낌
04 이 가게의 전략은 3000엔 이상 사는 쪽이 득이라고 생각하게 하는 것이다.

어휘 クーポン 쿠폰 足りない 부족하다 せっかくだから 모처럼이니까 売り場 매장 戦略 전략 はまる 빠져들다

06-10

この頃話題になっている①下流くん。稼ぎも少なく、上昇志向もなく、毎日楽して生きられればいい……社会的な格差が広がっているとされる昨今、下流くんはますます増加すると言われています。そんな下流くんに目を　②　のが食品業界。下流くんの特徴のひとつである「食事にこだわりがない」を逆手にとって、新しい③市場を模索しているのです。下流くんは収入も少なく、食にこだわりがないので、食事は　④　。そこで食品業界も、「安くて味はそこそこ」の食品を開発しているのです。

요즘 화제가 되고 있는 ①하류군. 벌이도 적고, 상승지향도 없고, 매일 편하게 살 수 있다면 그만이라는……. 사회적인 격차가 벌어지고 있다는 요즘, 하류군은 더욱 증가할 것으로 전망되고 있습니다. 그런 하류군에 눈을　②　 것이, 식품업계. 하류군의 특징의 하나인 '식사에 별로 신경을 쓰지 않는 것'을 역으로 취하여, 새로운 ③시장을 모색하고 있는 것입니다. 하류군은 수입도 적고, 먹는 것에 별로 신경을 쓰지 않기 때문에, 식사는　④　. 그래서 식품업계도 '싸고 맛은 그냥 그런' 식품을 개발하고 있는 것입니다.

06　① 下流くんとはどんな人を指しますか。

(A) 社会との関わりを避けて家の中だけで過ごしている人
(B) 安定した仕事がなく、アルバイトで生活している人
(C) 低収入に満足し、努力して上を目指そうとしない人
(D) 食べ物は安ければいいと思っている人

①하류군은 어떤 사람을 가리키고 있습니까?

(A) 사회와의 관계를 피해서 집안에서만 지내고 있는 사람
(B) 안정된 일이 없이, 아르바이트로 생활하고 있는 사람
(C) 저수입에 만족하고, 노력해서 상승하려 하지 않는 사람
(D) 음식은 싸면 좋다고 생각하고 있는 사람

07　　②　に入る言葉どれですか。

(A) 入れた
(B) かけた
(C) つけた
(D) まるくした

　②　에 들어갈 말은 어느 것입니까?

(A) 入れた
(B) かけた
(C) つけた
(D) まるくした

08　③市場の読み方として正しいものはどれですか。

(A) しじょん
(B) しじょう
(C) いちば
(D) しば

③시장의 읽는 방법으로써 올바른 것은 어느 것입니까?

(A) しじょん
(B) しじょう
(C) いちば
(D) しば

09 ＿＿④＿＿に入る最も適当な文はどれですか。

(A) 一日で最も幸せなひとときです。

(B) 他人とのコミュニケーションの手段の一つです。

(C) おいしいものをいかに安く食べるかが重要です。

(D) 空腹を満たすだけの行為に過ぎません。

10 食品業界はどんな食品の開発をしていますか。

(A) 安いけどおいしくない食品

(B) まずくなくて、値段も安い食品

(C) デザインなど細部までこだわった食品

(D) 簡単に食べられるインスタント食品

＿＿④＿＿ 에 들어갈 가장 적당한 문장은 어느 것입니까?

(A) 하루 중에서 가장 행복한 때입니다.

(B) 타인과의 대화 수단의 하나 입니다.

(C) 맛있는 것을 얼마나 싸게 먹는가가 중요합니다.

(D) 단지 공복을 채우는 행위에 지나지 않습니다.

식품업계는 어떤 식품개발을 하고 있습니까?

(A) 싸지만 맛없는 식품

(B) 맛없지 않고 가격도 싼 식품

(C) 디자인 등 세부까지 신경 쓴 식품

(D) 간단하게 먹을 수 있는 인스턴트 식품

해설
- **06** 하류군이라는 것은 벌이도 적고 상승지향도 없고, 매일 편안하게 살아갈 수 있다면 그만이라고 생각하고 있는 사람을 가리킨다 바꿔 말하면 (C)가 된다.
- **07** 目をつける 점 찍다, 노리다 (B)目をかける 보살피다, 주의해서 보다 (D)目を丸くする 눈을 동그랗게 뜨다
- **08** 상품으로서 재물이나 서비스가 교환되는 장에 대해서 말할 때에는 しじょう라고 하고, 실제로 물건을 파는 장소를 나타낼 때에는 いちば 라고 읽는다.
   市場調査しじょうちょうさ 시장조사   為替市場かわせしじょう 외환시장   証券市場しょうけんじょう 증권시장
- **09** 먹는 것에 별로 신경을 쓰지 않는다. 즉 살기 위해서 배를 채우면 그걸로 됐다는 것.
- **10** 味はそこそこ 특별히 맛있지도 않고, 맛없지도 않다는 의미

어휘 下流かりゅう 하류 稼かせぎ 돈벌이 上昇志向じょうしょうしこう 상승지향 格差かくさ 격차 昨今さっこん 요즘, 근래
こだわり 구애 逆手さかてにとる 거꾸로 취하다 そこそこ 그럭저럭

11-15

現在の医学では、ギャンブル依存症になってしまった患者を「適度に楽しめる」ように戻してくれる治療法はありません。唯一の解決策は、一生ギャンブルに　①　を出さないことです。

②ブレーキの壊れた車は止めておけば何の害もありませんが、いったん走り出すと何かに衝突するまでは止まりません。しかし、衝突して壊れてからでは遅いのです。「節度を心がければ大丈夫」と考える人もいるでしょう。しかしそれは、ブレーキの壊れた車でも　③　という考えに似ています。実はギャンブルの回数を減らすことは、完全に止めることよりも難しいのです。そしてそれは依存症という進行性の病気の長い長い下り坂をただゆっくり　④　だけにすぎないのです。

현재의 의학으로는, 도박 의존증이 되어 버린 환자를 '적당히 즐기는 정도'로 되돌려 줄 치료법은 없습니다. 유일한 해결책은, 평생 도박에　①　을 대지 않는 것입니다.

②브레이크가 고장난 차는 세워두면 아무런 해도 없습니다만, 일단 달리기 시작하면 무언가에 충돌하기 전까지는 멈추지 않습니다. 그러나 충돌해서 망가지고 나면 늦고 맙니다. '절제하면 괜찮다'고 생각하는 사람도 있겠죠. 그러나 그것은, 브레이크가 고장 난 차라도　③　라고 하는 생각과 유사합니다. 실은 도박의 회수를 줄이는 것은, 완전하게 멈추는 것보다도 어려운 것입니다. 그리고 그것은 의존증이라는 진행성 병의 길고 긴 내리막길을 단지 천천히 　④　 것에 지나지 않습니다.

11　　①　に入る適当な言葉はどれですか。　　①　에 들어갈 적당한 말은 어느 것입니까?

(A) 口
(B) 手
(C) 足
(D) 顔

(A) 입
(B) 손
(C) 발
(D) 얼굴

12　②ブレーキの壊れた車とは何を指しますか。　②브레이크가 고장난 차는 것은 무엇을 가리킵니까?

(A) 現在の医学
(B) 依存症患者
(C) ギャンブル
(D) 長い下り坂

(A) 현재의 의학
(B) 의존증 환자
(C) 도박
(D) 긴 내리막길

13　　③　に入る適当な文はどれですか。　　③　에 들어갈 적당한 문장은 어느 것입니까?

(A) 車を走らせることはできる
(B) 止めておけば危険はない
(C) 修理すれば元通りになる
(D) ゆっくり走れば事故にならない

(A) 차를 달리게 하는 것은 가능하다.
(B) 세워두면 위험은 없다.
(C) 수리하면 원래대로 된다.
(D) 천천히 달리면 사고가 나지 않는다.

14 ____④____ に入る言葉はどれですか。　　　____④____ 에 들어갈 말은 어느 것입니까?

(A) さがっている　　　　　　　　　　　　(A) 내려가고 있다.

(B) おちている　　　　　　　　　　　　　(B) 떨어지고 있었다.

(C) くだっている　　　　　　　　　　　　(C) 내려가고 있다.

(D) のぼっている　　　　　　　　　　　　(D) 오르고 있다.

15 本文に合っているものはどれですか。　　본문에 맞는 것은 어느 것입니까?

(A) ギャンブルをやめるには節度を守ることが大切だ。　　(A) 도박을 그만두기 위해서는 절도를 지키는 것이 중요하다.

(B) ギャンブルは車の運転のようなものだ。　　(B) 도박은 차 운전 같은 것이다.

(C) 一度依存症になったら治す方法はない。　　(C) 한번 의존증이 되면 고칠 방법은 없다.

(D) ギャンブルは完全にやめる以外解決法がない。　　(D) 도박은 완전히 그만두는 것에는 해결책이 없다.

해설

11 手を出す 관계하다, 손을 대다

(A) 口を出す 참견하다　　君が口を出す問題じゃない (네가 참견할 문제가 아니야)

(C) 足を出す (X)　　足が出る는 예산을 초과한다는 의미

(D) 顔を出す 참석하다, 드러내다　　たまには顔出してよ (가끔은 얼굴 좀 보여줘)

12 車(차) = 人(사람)　　ブレーキ(브레이크) = 自制心(자제심)

브레이크가 망가진 차라는 것은 자제를 할 수 없게 된 사람을 의미하고 있다. (=의존증환자)

13 〈ギャンブル〉도박　　〈車〉차

節度を心がける　 =　 ゆっくり走る、スピードを出さない

절도를 다짐한다　　　천천히 달린다. 스피드를 내지 않는다

14 下り坂を下る / 下りる　내리막길을 내려가다 (くだる) 또는 내려가다 (おりる)

어휘 ギャンブル 도박　依存症 의존증　適度に 적당하게　治療法 치료법

唯一 유일　解決策 해결책　ブレーキ 브레이크　害 해　衝突 충돌　下り坂 내리막길

16-20

最近とても　①　言葉がある。「すみません、打ち合わせしたときの話と《違く》て……」「前にお渡しした資料と《違かった》ですね。」クライアントの若い社員が当たり前のように発していて、本人は正しい言葉だと信じているようだ。テレビを観ていても、若いタレントが同じ言い回しをしている。ひどい場合には局アナまでが言っているのを見てイライラ　②　。「違くて」「違かった」は本来、日本語には存在しない言い回し、つまり誤用である。「違かったですね」は正しくは　③　だ。こういう言葉の間違いを指摘すると、必ず④言葉は生き物だ、という反論を受ける。それは事実なので否定しない。しかし、変化は受容するべきだが、乱れと変化を混同してはいけない。乱れを修正しつつ、伝統的な日本語を大切にしたい。

최근 매우　①　말이 있다. '미안합니다, 협의 했을 때와 이야기가《달라서》……' '전에 건네 드린 자료와《달랐다》지요.' 고용주의 젊은 사원이 당연한 듯이 말하고 있고, 본인은 바른 말이라고 믿고 있는 모양이다. 텔레비전을 보고 있어도, 젊은 탤런트가 같은 표현을 하고 있다. 심한 경우에는 방송국 아나운서까지 말하고 있는 것을 보고 짜증　②　. '違くて' '違かった'는 본래 일본어에는 존재하지 않는 표현, 즉 오용이다. '違かったですね'는 정확하게는　③　이다. 이런 말이 틀렸다고 지적하면, 반드시 ④언어는 살아있는 것이다라는 반론을 받는다. 그것은 사실이기 때문에 부정하지 않겠다. 그러나 변화는 수용해야 하지만, 혼란과 변화를 혼동해서는 안 된다. 혼란을 계속 수정하면서, 전통적인 일본어를 소중하게 여기고 싶다.

16　①　に当てはまる言葉はどれですか。

(A) 耳を澄ます
(B) 耳に挟む
(C) 耳が痛い
(D) 耳に障る

①　에 들어맞는 말은 어느 것입니까?

(A) 귀를 기울이다
(B) 언뜻 듣다
(C) 귀가 아프다
(D) 귀에 거슬리다

17　②　に入る正しいものはどれですか。

(A) させられる
(B) される
(C) させれる
(D) させる

②　에 들어갈 알맞은 것은 어느 것입니까?

(A) 나게 됨을 당하다 (사역수동 표현)
(B) 나게 되다
(C) (× 문법틀림)
(D) 나게 하다

18 ③ に入る正しいものはどれですか。

(A) 違うでしたね

(B) 違いましたね

(C) 違ったんですね

(D) 違いでしたね

③ 에 들어갈 알맞은 것은 어느 것입니까?

(A) 違うでしたね

(B) 違いましたね

(C) 違ったんですね

(D) 違いでしたね

19 ④言葉は生き物とはどういう意味ですか。

(A) 言葉には魂がこもっている。

(B) 言葉は本来変わり行くものだ。

(C) 言葉は丁寧に扱うべきものだ。

(D) 言葉は使い方によって意味が変化する。

④언어는 살아있는 것이라는 것은 어떤 의미입니까?

(A) 말에는 영혼이 깃들어 있다.

(B) 말은 본래 변해가는 것이다.

(C) 말은 소중하게 다뤄야 하는 것이다.

(D) 말은 사용방법에 따라 의미가 변화한다.

20 本文の内容と合っているものはどれですか。

(A) 伝統的な日本語を守るためには言葉の変化を容認すべきでない。

(B) 言葉の変化と言葉の乱れは切り離して考えるべきだ。

(C) 若者の言葉が乱れているのはテレビの影響が大きい。

(D) 「違くなる」や「違かった」は言葉の変化である。

본문의 내용과 맞는 것은 어느 것입니까?

(A) 전통적인 일본어를 지키기 위해서는 말의 변화를 용인해서는 안 된다.

(B) 말의 변화와 말의 혼란은 분리해서 생각해야 한다.

(C) 젊은이의 말이 흐트러지고 있는 것은 텔레비전의 영향이 크다.

(D) 「違くなる」나 「違かった」는 말의 변화이다.

해설 耳障みみざわりだ와 같이 사용되는 경우가 많다
  (A)耳を澄ます 귀를 기울이다   (B)耳に挟む 언뜻 듣다 小耳に挟む의 형태로 자주 사용된다
  (C)耳が痛い 귀가 아프다   (D)耳に障る 귀에 거슬리다
する의 사역수동 させられる
局きょくアナが (私を) イライラさせる(사역형) 방송국 아나운서가 (나를) 짜증나게 한다
私は (局アナに) イライラさせられる(사역수동태) 나는 (방송국 아나운서때문에) 짜증이 난다.

19 違う(동사) て형▶違って た형▶違った ます형▶違います ば형▶違えば
  違い는 명사로 '차이'라는 뜻.
  違いです는 차이입니다, 違います는 틀립니다(아닙니다)라는 의미이다.
  예 これが僕と彼との違いです (이것이 나와 그와의 차이입니다)

어휘 打うち合あわせ 협의 渡わたす 건네다, 전하다 クライアント 클라이언트, 고용주 (言葉を)発はっする (말)을 하다, 발음하다 言いい回まわし 말의 표현, 말솜씨 局きょくアナ 방송국 아나운서 イライラする 안달복달 하다, 짜증이 나다 誤用ごよう 오용 指摘してき 지적 反論はんろん 반론 受容じゅよう 수용 混同こんどう 혼동

21-25

木曜日、オースティン郊外で銀行強盗事件が発生した。銀行にやってきた男は ① と受付にいた職員を脅迫した。 ② 、金を奪った男は逃げようともせず、それから約1時間も銀行内で雑誌を読んでいたため、駆けつけた警察官に簡単に逮捕された。警察当局の発表によると、男は犯行の動機を「映画館から出てきた③ばかりで、今見た映画の真似をしてみたかった」と供述しているそうだ。犯行において男は一切武器を使用せず、ケガをした人もいないとのことだ。

목요일, 오스틴 교외에서 은행 강도사건이 발생했다. 은행에 쳐들어 온 남자는 ① 라고 접수대에 있는 직원을 협박했다. ② , 돈을 빼앗은 남자는 도망치려고도 하지 않고, 그후로도 약 1시간이나 은행 안에서 잡지를 읽고 있었기 때문에, 급히 달려온 경찰관에게 쉽게 체포되었다. 경찰당국의 발표에 따르면, 남자는 범행의 동기를 "영화관에서 ③막 나와, 지금 본 영화를 흉내 내보고 싶었다."라고 공술하고 있다고 한다. 남자는 범행에 일절 무기를 사용하지 않아, 부상을 당한 사람도 없다는 것이다.

21 ① に入る最も適切な文はどれですか。

(A) 金を払え
(B) 金をあげろ
(C) 金を出せ
(D) 金をくれ

① 에 들어갈 가장 적당한 문장은 어느 것입니까?

(A) 돈을 지불해
(B) 돈을 들어 올려
(C) 돈을 내놔
(D) 돈을 줘

22 ② に入る言葉はどれですか。

(A) そのため
(B) やはり
(C) ところが
(D) なおさら

② 에 들어갈 말은 어느 것입니까?

(A) 그 때문에
(B) 역시
(C) 그런데
(D) 더더욱

23 ③ばかりと同じ用法のものはどれですか。

(A) 先生になったばかりでまだうまく教えられない。
(B) よっぽど気に入ったのか、その曲ばかり聴いている。
(C) 彼女の努力にはただ感心するばかりだ。
(D) 彼は転勤を断ったばかりか会社まで辞めてしまった。

24 この記事のタイトルとして最も合っているものはどれですか。

(A) 凶悪強盗犯。ついに逮捕
(B) 犯人逃走。警察官が負傷
(C) 銀行員の機転で犯人逮捕
(D) 強盗シーンに憧れ銀行強盗

25 本文の内容に合っているものはどれですか。

(A) 男は雑誌を読むために銀行に来た。
(B) 今回の犯行は借金を返すためのものだった。
(C) 男は職員に銃を突き付け脅迫した。
(D) 男は雑誌を読んでいる間に逮捕された。

---

③ばかり와 같은 용법은 어느 것입니까?

(A) 이제 막 선생이 되어서 아직 잘 가르치지 못 한다.
(B) 무척 마음에 들었는지, 그 곡만 듣고 있다.
(C) 그녀의 노력에는 그저 감탄 할 뿐이다.
(D) 그는 전근을 거절했을 뿐만 아니라 회사까지 그만둬 버렸다.

이 기사 타이틀로 가장 적합한 것은 어느 것입니까?

(A) 흉악강도범! 결국 체포
(B) 범인도주. 경찰관이 부상
(C) 은행원의 재치로 범인체포
(D) 강도 장면을 동경하여 은행강도

본문의 내용에 맞는 것은 어느 것입니까?

(A) 남자는 잡지를 읽기 위해서 은행에 왔다.
(B) 이번 범행은 빚을 갚기 위한 것이었다.
(C) 남자는 직원에게 총을 들이대고 협박했다.
(D) 남자는 잡지를 읽고 있는 동안에 체포되었다.

어휘 郊外こうがい 교외 銀行ぎんこう 은행 強盗ごうとう 강도 脅迫きょうはくする 협박하다 奪うばう 뺏다 駆かけつける 급히 가다, 오다
当局とうきょく 당국 ケガ 상처, 부상

26-30

スポーツの競技であれば、勝敗やタイムなどの数値で能力が表されるので、誰が優勝したかは誰の目にも明らかです。しかし、「絵」の場合はどうでしょうか。どの絵が素晴らしいと思うかは見る人 ① 違うし、時代 ① も違うのではないでしょうか。例えば、多くの人が②絶賛する絵であっても「こんな絵のどこがいいのか ③ 分からない」と思う人もいるように、絵の好みというのはさまざまです。多くの人に認められなくても権威者一人に認められたがために有名になった人もいますし、後世に名を残した偉大な画家でも、生きている間には認められず、死後にようやく認められた人もいます。絵画の世界で認められるには実力はさることながら、運が必要なのかもしれません。

스포츠 경기라면 승패나 시간 등의 수치로 능력이 표현되기 때문에, 누가 우승했는가는 누구의 눈에도 명백합니다. 그러나, 「그림」의 경우는 어떨까요? 어느 그림이 훌륭하다고 생각하는 지는 보는 사람 ① 틀리고, 시대 ① 도 틀린 것은 아닐까요? 예를 들면, 많은 사람들이 ②절찬하는 그림이라도 '이런 그림의 어디가 좋은지 ③ 모르겠다'라고 생각하는 사람도 있듯이, 그림의 기호라는 것은 다양합니다. 많은 사람에게 인정받지 못해도 권위자 한 사람에게 인정받았기 때문에 유명해진 사람도 있고, 후세에 이름을 남긴 위대한 화가라도 살아있는 동안에는 인정받지 못하고, 사후에 겨우 인정받은 사람도 있습니다. 화가의 세계에서 인정받으려면 실력은 물론이고 운이 필요할지도 모릅니다.

26 ① に入る適当な言葉はどれですか。　① 에 들어갈 적당한 언어는 어느 것입니까?

(A) において　(A) 에 있어서
(B) につれて　(B) 에 따라서
(C) によって　(C) 에 따라
(D) について　(D) 에 대해서

27 ②絶賛すると最も意味が近い言葉はどれですか。　②절찬하다와 가장 의미가 같은 단어는 어느 것입니까?

(A) 尊敬する。　(A) 존경하다.
(B) 絶交する。　(B) 절교하다.
(C) 称賛する。　(C) 칭찬하다.
(D) 推薦する。　(D) 추천하다.

28 ③ に入る適当な言葉はどれですか。　　　　③ 에 들어갈 적당한 말은 무엇입니까?

(A) てっきり　　　　　　　　　　　　　　　　　(A) 영락없이

(B) すっきり　　　　　　　　　　　　　　　　　(B) 산뜻이

(C) さっぱり　　　　　　　　　　　　　　　　　(C) 전혀

(D) すっかり　　　　　　　　　　　　　　　　　(D) 완전히

29 絵画の世界で認められるために必要なことは何ですか。　회화의 세계에서 인정받기 위해서 필요한 것은 무엇입니까?

(A) 運は必要だが、実力が最も必要だ。　　　　　(A) 운은 필요하지만, 실력이 가장 필요하다.

(B) 実力よりも、運がなければならない。　　　　(B) 실력보다도 운이 없으면 안 된다.

(C) 実力と運の両方がなくてはいけない。　　　　(C) 실력과 운 양쪽이 없으면 안 된다.

(D) 実力を発揮するために運が必要だ。　　　　　(D) 실력을 발휘하기 위해서 운이 필요하다.

30 本文の内容に合っているものはどれですか。　　본문의 내용에 맞는 것은 어느 것입니까?

(A) スポーツ競技に勝つには運がよくなければならない。　(A) 스포츠 경기에 이기려면 운이 좋아야 한다.

(B) 有名な画家はたいてい死後に認められている。　(B) 유명한 화가는 대개 사후에 인정받는다.

(C) 絵の良し悪しは誰がみても明確だ。　　　　　(C) 그림의 좋고 나쁨은 누가 봐도 명확하다.

(D) 絵の評価は運や時代に左右されることが多い。　(D) 그림의 평가는 운이나 시대에 좌우되는 경우가 많다.

해설 **28** (A) てっきり 영락없이　約束はてっきり明日だと思っていた (약속은 영락없이 내일이라고 생각하고 있었다)

(B) すっきり ① 후련히, 상쾌해지다 ② 말쑥이, 산뜻이

① 言いたいことを言ってすっきりした (말하고 싶은 것을 말해서 속이 후련하다)

② ダイエットをしてずいぶん顔がすっきりした (다이어트를 해서 상당히 얼굴 윤곽이 뚜렷해졌다)

(C) さっぱり ① 상쾌해지다 ② 통 ③ 도무지

① シャワーを浴びてさっぱりした (샤워를 해서 상쾌해졌다)

② この問題はさっぱりわからない (이 문제는 도무지 알 수가 없다)

③ 彼女はさっぱりした性格だ (그녀는 담백한 성격이다)

(D) すっかり 완전히　すっかり遅くなってしまった (완전히 늦고 말았다)

어휘 勝敗しょうはい 승패　タイム 타임, 시간　数値すうち 수치　絶賛ぜっさんする 절찬하다　好このみ 기호　さまざま 여러 가지　認みとめる 인정하다　権威者けんいしゃ 권위자　後世こうせい 후세　名なを残のこす 이름을 남기다

~はさることながら ~은 물론이고, ~은 말할 것도 없고

01	(A)	02	(B)	03	(C)	04	(D)	05	(C)
06	(B)	07	(C)	08	(C)	09	(D)	10	(C)
11	(C)	12	(B)	13	(D)	14	(C)	15	(C)
16	(A)	17	(B)	18	(D)	19	(D)	20	(D)
21	(B)	22	(C)	23	(C)	24	(C)	25	(C)
26	(D)	27	(A)	28	(C)	29	(C)	30	(B)

상급 30問

Ⅳ. 아래 문장을 읽고, 다음 물음에 가장 적합한 것을 (A)에서 (D) 가운데 하나를 고르시오.

01-05

主婦のアイデアによる多くの発明商品が生まれている。2児の母親である安井さんは、夏の暑い日に子供をベビーカーに乗せてショッピングに出かけていたが、乗り換えで地下鉄の中を歩いているうちに、あまりの暑さに子供がぐったりしてしまったそうだ。この時、「階段やエスカレーターの場所が前もって分かるものがあると便利」と考えたのだ。そして、それからの行動がすごい。子供をおんぶしながら、東京の地下鉄の階段やエスカレーターを ① 調べ②あげたそうだ。そして、車両のどの辺に乗れば乗り換えが楽に出来るかが分かるマップを作ったのである。このように主婦の発明は ③ 体験から生まれているものが多く、なるほどこれは便利とうなずけるものが多い。その後、安井さんはこれを何とか商品化したいと約50社に売り込んだ。しかし、結果は全て不採用。それでも諦めずに売り込み続けた結果、ついにあるシステム手帳会社が採用してくれた。それを機に彼女は会社を興し、現在では年商は約1億5000万円になっているそうである。

주부의 아이디어에 의한 많은 발명상품이 탄생되고 있다. 두 아이의 엄마인 야스이 씨는 더운 여름 날에 아이를 베이비 카에 태워 쇼핑하러 외출을 했는데, 환승하려고 지하철 안을 걷고 있는 중에 너무 더운 나머지 아이가 지쳐 버렸다고 한다. 이 때, '계단이나 에스컬레이터의 장소를 미리 알 수 있는 것이 있으면 편리하겠다'고 생각한 것이다. 그리고 나서의 행동이 놀랍다. 아이를 업은 채로 도쿄의 지하철 계단과 에스컬레이터를 ① 조사해 ②냈다고 한다. 그리고 몇 번째 차량에 타면 환승을 편하게 할 수 있는지를 알 수 있는 지도를 만든 것이다. 이처럼 주부의 발명은 ③ 체험에서 탄생된 것이 많아서, 과연 이것은 편리하다고 수긍할 수 있는 물건이 많다. 그 후, 야스이 씨는 이것을 어떻게든지 상품화하고 싶다면서 약 50개 회사에 팔아 넘겼다. 그러나 결과는 전부 불채용. 그래도 포기하지 않고 계속 팔러다닌 결과, 결국 한 시스템 수첩회사가 채용해 주었다. 그것을 계기로 그녀는 회사를 세우고, 현재는 연간매출액 약 1억 5000만엔이 되고 있다고 한다.

01 安井さんが作ったものは何ですか。

(A) 地下鉄の乗り換えが楽にできる車両の位置を示したマップ
(B) トイレや授乳室など地下鉄内の施設を示したマップ
(C) エスカレーターがある駅とない駅を示したマップ
(D) 目的地までの最短の行き方を示したマップ

야스이 씨가 만든 것은 무엇입니까?

(A) 지하철 환승이 편해질 수 있는 차량의 위치를 표시한 지도
(B) 화장실이나 수유실 등 지하철 안의 시설을 표시한 지도
(C) 에스컬레이터가 있는 역과 없는 역을 표시한 지도
(D) 목적지까지 가장 가깝고 빠르게 가는 방법을 표시한 지도

02 ____①____ に入らないものはどれですか。

(A) くまなく

(B) 根掘り葉掘り

(C) 片っ端から

(D) 徹底的に

____①____ 에 들어가지 않는 것은 어느 것입니까?

(A) 샅샅이

(B) 꼬치 꼬치

(C) 모조리

(D) 철저하게

03 ②あげたと同じ用法のものはどれですか。

(A) 差しあげたサンプルは1週間分です。

(B) 事故のニュースを大きく取りあげた。

(C) ようやく原稿を書きあげた。

(D) 沈没した船を海から引きあげた。

②あげた와 같은 용법인 것은 어느 것입니까?

(A) 드린 샘플은 1주일 분입니다.

(B) 사고 뉴스를 크게 다루었다.

(C) 겨우 원고를 완성해놨다.

(D) 침몰한 배를 바다에서 건져 올렸다.

04 ____③____ に当てはまる言葉はどれですか。

(A) 仕事上の

(B) 長年の

(C) 特別な

(D) 日常的な

____③____ 에 해당하는 말은 어느 것입니까

(A) 업무 상의

(B) 오랜 세월의

(C) 특별한

(D) 일상적인

05 本文の内容と合っているものはどれですか。

(A) 安井さんは少ない主婦の発明家である。

(B) ショッピング中の出来事が発明につながった。

(C) 安井さんの行動力が成功につながった。

(D) マップは売り込んだ会社すべてに採用された。

본문의 내용과 맞는 것은 어느 것입니까?

(A) 야스이 씨는 소수의 주부 발명가이다.

(B) 쇼핑 중에 생긴 일이 발명으로 이어졌다.

(C) 야스이 씨의 행동력이 성공으로 이어졌다.

(D) 지도는 팔아 넘긴 회사 전부가 채용했다.

해설 02 根掘り葉掘り 꼬치꼬치, 철저히, 미주알고주알 質問する、尋ねる、聞く와 같이 사용한다.

03 동사 ます형 + あげる 완성시키다, 끝나게 하다

어휘 アイディア 아이디어 発明(はつめい) 발명 二児(にじ)の母(はは) 두 아이의 엄마 あまりの 너무나 ぐったりする 녹초가 되다 前(まえ)もって 미리 おんぶ 업음 マップ 맵, 지도 売(う)り込(こ)む (힘써 권하여)물건을 팔다 不採用(ふさいよう) 불채용 システム手帳(てちょう) 시스템수첩 会社(かいしゃ)を興(おこ)す 회사를 일으키다 年商(ねんしょう) 연간 매출액

06-10

青森大学が2005年に開発した「①携帯電話による出欠確認システム」がほかの大学でも　②　。学生の履修科目の出席状況が一目で分かり、教員の労力も大幅に軽減できるのがメリット。導入した大学では「携帯全盛の時代にぴったり。休み　③　な学生の指導や授業改善に役立つ」と好評だ。システムは青森大が開発し、青森共同計算センターが実用化した。確認方法は、講義中に教員が1桁の数字を発表、学生は携帯電話で、1分以内に数字と講義名を専用サイトに入力する。携帯を忘れたり、持っていなかったりした学生は出席カードで対応する。学生160人が履修する歴史学の講義を持つ田村教授は「出席者が増え、遅刻も減った」と効果を指摘。また「最近はまじめに出席しても講義を理解できない学生がいる。出欠の手間が省けた分、学生の指導に力を注ぐことができる」と歓迎する。

아오모리 대학이 2005년에 개발한 「①휴대전화에 의한 출결확인 시스템」이 다른 대학에서도　②　. 학생의 이수 과목의 출결상황을 한눈에 알 수 있어, 교원의 수고도 대폭 줄일 수 있는 것이 장점. 도입한 대학에서는 "휴대전화 전성시대에 딱 맞는다. 결석　③　하는 학생의 지도나 수업개선에 도움이 된다"고 호평이다. 시스템은 아오모리 대학이 개발하고, 아오모리 공동계산 센터가 실용화했다. 확인방법은 강의 중에 교원이 한 자리 숫자를 발표, 학생은 휴대전화로 1분 이내에 숫자와 강의명을 전용사이트에 입력한다. 전화를 놓고 왔거나, 없거나 하는 학생은 출석 카드로 대체한다. 학생 160명이 이수하는 역사학의 강의를 담당하고 있는 다무라 교수는 "출석자가 늘고, 지각도 줄었다" 효과를 지적한다. 또 "최근에는 성실하게 출석해도 강의를 이해하지 못하는 학생이 있다. 출결을 확인하는 수고를 던 만큼, 학생들의 지도에 힘을 쏟을 수 있다"고 환영한다.

06 ①携帯電話による 出欠確認システムではどのように出欠を確認しますか。

(A) 授業の最後に発表されるキーワードをメールで先生に送る。
(B) 当日に発表された数字と講義名をサイトに入力する。
(C) 欠席する人は先生に携帯電話で連絡する。
(D) 出欠サイトで講義名と番号を選択してチェックする。

① 휴대전화에 의한 출결확인 시스템 에서는 어떻게 출결을 확인합니까?

(A) 수업 마지막에 발표되는 키워드를 메일로 선생에게 보낸다.
(B) 당일에 발표된 숫자와 강의명을 사이트에 입력한다.
(C) 결석한 사람은 선생님에게 휴대전화로 연락한다.
(D) 출결사이트에서 강의명과 번호를 선택해서 체크한다.

07 ①のシステムのいい点として正しくないものはどれですか。

(A) 学生一人一人の 授業への出席率が把握しやすい。
(B) 出席をとるのに時間がかからない。
(C) 携帯電話のサイトで休講などの情報が分かる。
(D) 学生の出席率が高くなった。

①의 시스템의 좋은 점으로 옳지 않은 것은 어느 것입니까?

(A) 학생 한 명 한 명의 수업 출석률 파악이 쉽다.
(B) 출석을 부르는 데에 시간이 걸리지 않는다.
(C) 휴대전화의 사이트에서 휴강 등의 정보를 알 수 있다.
(D) 학생들의 출석률이 높아졌다.

08 _____ ② _____ に入る適当な語はどれですか。 | ② 에 들어갈 적당한 말은 어느 것입니까?

(A) 使い始めた | (A) 사용하기 시작했다
(B) 使い始まった | (B) 사용이 시작됐다
(C) 使われ始めた | (C) 사용되기 시작했다
(D) 使われ始まった | (D) 사용되기 시작됐다

09 _____ ③ _____ に入る適切な語はどれですか。 | ③ 에 들어갈 적당한 말은 어느 것입니까?

(A) っぽい | (A) ~같은
(B) だらけ | (B) 투성이
(C) 気味 | (C) 기미
(D) がち | (D) ~하는 경향의(결석이 잦은)

10 本文の内容に合っているものはどれですか。 | 본문의 내용에 맞는 것은 어느 것입니까?

(A) このシステムを導入した大学では携帯電話が必ず必要だ。 | (A) 이 시스템을 도입한 대학에서는 휴대전화가 꼭 필요하다.
(B) このシステムの導入により、学生の学力が向上した。 | (B) 이 시스템 도입에 의해 학생들의 학력이 향상했다.
(C) このシステムの導入により、授業により専念できるようになった。 | (C) 이 시스템 도입에 의해 수업에 더욱 전념할 수 있게 되었다.
(D) このシステムは開発されるやいなや全国に広まった。 | (D) 이 시스템은 개발되자마자 전국에 확산되었다.

해설
08 始める 시작하다(타) 始まる 시작되다(자)
09 がち는 바람직하지 않은 변화나 동작, 상황이 발생하기 쉽다라는 의미
예 彼は病気がちだ (그는 병이 잦다)
気味는 바람직한 경우에도 바람직하지 않은 경우에도 사용된다.
예 風邪気味だ 감기 기운이다 (風邪気味がある는 틀린 표현) うつ気味 우울한 기분
太り気味 살찌는 기미 疲れ気味 피곤한 기색 浮かれ気味 들뜬 기분 興奮気味 흥분한 기분

어휘 出欠しゅっけつ 출결 履修科目りしゅうかもく 이수과목 一目ひとめで 한눈에 労力ろうりょく 노력
大幅おおはば 폭넓게 軽減けいげん 경감 全盛ぜんせい 전성 ぴったり 딱, 정확히
一桁ひとけた 한자리 手間てまが省はぶける 노력이 많이 절약됨 力ちからを注そそぐ 힘을 쏟다

11-15

「子供は言うことを聞きません。親は叱り続けるものです。それで子供も親も正常です。」子育て講演会での講師の言葉だ。どうようもない子供も、ヒステリックな私も「それで正常ですよ」という診断なのだ。何となく①気が抜けた。叱られる子供の方が親から学ぶことが多い。多く叱られている子供の方が、親や他人とのコミュニケーションの量が圧倒的に多く、小さい頃からの人間形成には、叱られることが欠かせないのだそうだ。また、親が　②　叱ることも大切だそうだ。自分の親があきらめずに子供に関わり続けようとする行為そのものが、信頼関係や絆をはぐくむ基礎となる。「だから叱り続けなさい」きっぱりと言われた。子供を叱るのは疲れ果てることだが、「　③　」という先生の言葉を信じてしっかり子供と向かい合ってみようと思う。

"아이는 말을 듣지 않습니다. 부모는 계속 나무라기 마련입니다. 그것으로 아이도 부모도 정상입니다." 육아 강연회에서 강사가 한 말이다. 어떻게 해 볼 수 없는 아이도, 히스테리한 나도, "그것이 정상입니다"라는 진단이다. 왠지 ①맥이 빠졌다. 혼이 나는 아이 쪽이 부모에게 배우는 것이 많다. 많이 혼나는 아이 쪽이 부모나 타인과의 의사소통의 양이 압도적으로 많아서, 어렸을 때부터의 인간형성에는 혼나는 것이 필수불가결 하다고 한다. 또, 부모가　②　혼내는 것도 중요하다고 한다. 자신의 부모가 포기하지 않고 아이에게 계속 관여하려고 하는 행위 그 자체가 신뢰관계나 유대관계를 키워나가는 기초가 된다. "그러니 계속 혼내세요" 단호하게 말했다. 아이를 혼내는 것은 몹시 지치는 일이지만, 　③　라고 하는 선생님의 말을 믿고 제대로 아이와 마주보려고 한다.

11　① 気が抜けたの意味に一番近いものを選びなさい。

(A) 見損なった
(B) 落ち込んだ
(C) 拍子抜けした
(D) 気が引けた

①맥이 빠졌다의 의미로 가장 가까운 것을 고르시오.

(A) 잘못봤다
(B) 침울해졌다
(C) 맥이 빠졌다
(D) 주눅이 들었다

12　叱ることのいい点として正しくないものはどれですか。

(A) 子供とのコミュニケーションが増える。
(B) 子供の信頼を得ることができる。
(C) 子供にさまざまなことを教えることができる。
(D) 子供に親の権威を示すことができる。

혼내는 것의 좋은 점으로 옳지 않은 것은 어느 것입니까?

(A) 아이와의 의사소통이 는다.
(B) 아이의 신뢰를 얻을 수 있다.
(C) 아이에게 다양한 것을 가르칠 수 있다.
(D) 아이에게 부모의 권위를 나타낼 수 있다.

13 ＿＿② ＿＿に入る言葉はどれですか。

(A) 大きな声で
(B) 一度だけ
(C) やさしく
(D) 繰り返し

＿＿② ＿＿에 들어갈 말은 어느 것입니까?

(A) 큰 목소리로
(B) 한 번만
(C) 상냥하게
(D) 반복해서

14 ＿＿③ ＿＿に入る最も適切な文はどれですか。

(A) 叱ることによって親子の間に溝ができますよ。
(B) 子供は褒めて育てるものですよ。
(C) 叱られる子供の方が豊かに育つのですよ。
(D) 親と子は対等な関係でなければならないのですよ。

＿＿③ ＿＿에 들어갈 가장 적당한 문장은 어느 것입니까?

(A) 화내는 것에 의해 부모자식 간에 틈이 생겨요.
(B) 아이는 칭찬하며 키우는 거예요.
(C) 혼나는 아이 쪽이 풍요롭게 자란답니다.
(D) 부모와 자식은 대등한 관계라야 해요.

15 本文の内容と合っているものはどれですか。

(A) 子供には両親が揃っていることが必要だ。
(B) 子供を叱ることによって親が学ぶこともある。
(C) 見離さずに叱ることによって子供は親を信頼する
(D) 親がヒステリックになると子供は言うことを聞かない。

본문의 내용과 맞는 것은 어느 것입니까?

(A) 아이에게 부모가 함께 있는 것이 필요하다.
(B) 아이를 혼내는 것에 의해 부모가 배우는 것도 있다.
(C) 포기하지 않고 혼내는 것에 의해 아이는 부모를 신뢰한다.
(D) 부모가 신경질적으로 되면 아이는 말을 안 듣는다.

해설 **13** あきらめずに関わり続ける(포기하지 않고 계속 관여한다) 라고 하는 문장에서 **繰り返し**(반복)가 적당하다.

어휘 叱る 혼내다 ヒステリック 히스테릭 診断 진단 気が抜ける 맥이 빠지다 繰り返し 반복
圧倒的に 압도적으로 人間形成 인간형성 欠かせない 빠뜨릴 수 없다 きっぱり 단호하게
疲れ果てる 지칠 대로 지치다 絆をはぐくむ 유대관계를 키우다 ※はぐくむ 는 한자로 쓰면 **育む**

16-20

夏休みを利用して、小学生に投資や金融の仕組みを教える教室が証券業界で広がっている。敵対的企業買収など証券市場に　①　ニュースが増加する中、投資への関心が子供の間でも　②　進んで参加を希望する小学生も少なくないという。昨年は12回開催したが、希望者が多数で断る場合が多く、今年は約50回開く。講師を務めるのは大手企業の現役役員らで、実際の経済活動などを紹介する。小学生など子供向けの投資・経済教室はここ数年増加しているが、　③　あるのも事実だ。昨年1月には、T証券が「株のがっこう」を開講。参加した小中学生28人に、1人あたり10万円を支給し、数カ月にわたり株取引を実体験してもらった。しかし「自立していない子供への教育としてはやり過ぎ」などの④批判が起きた。これに対しT証券側は「株取引は金もうけの手段と考えている子供が実際には多い。私たちは株取引そのものではなく、会社や経済の仕組みを正しく理解し、将来の生活や職業に役立ててもらうのが狙い」と話している。

여름방학을 이용해서 초등학생에게 투자나 금융의 구조를 가르치는 교실이 증권업계에 확산되고 있다. 적대적 기업 매수 등 증권시장에　①　뉴스가 증가하는 중, 투자에 대한 관심이 아이들 사이에서도　②　자진해서 참가를 희망하는 초등학생도 적지 않다고 한다. 작년은 12회 개최했지만, 희망자가 많아서 전부 받아들이지 못하는 경우가 많아, 올해는 약 50회 연다. 강사를 맡은 사람은 대형 기업의 현역 임원들로, 실제 경제활동 등을 소개한다. 초등학생 등 아이들을 대상으로 하는 투자·경제교실은 요 근래 수년간 증가하고 있지만,　③　있는 것도 사실이다. 작년 1월에는 T 증권이 '주식학교'를 개강하여 참가한 초중학생 28명에게 1인당 10만엔을 지급하고, 수개월에 걸쳐 주식거래를 체험하게 했다. 그러나 "자립도 하지 않은 아이에 대한 교육으로서는 지나침" 등과 같은 ④비판이 일었다. 이에 대해 T증권측은 "주식거래는 돈벌이의 수단이라고 생각하고 있는 아이들이 실제로는 많다. 우리들은 주식거래 그 자체가 아닌, 회사나 경제의 구조를 올바르게 이해하고, 장래의 생활이나 직업에 도움을 주는 것이 목적"이라고 말하고 있다.

16 　①　に入る適切な言葉はどれですか。

(A) 関する
(B) 基づいた
(C) 通じた
(D) 対する

①에 들어갈 적절한 말은 어느 것입니까?

(A) 관한
(B) 기초한
(C) 통한
(D) 대한

17 　②　に入る適切な言葉はどれですか。

(A) 高なり
(B) 高まり
(C) 高ぶり
(D) 高じて

②에 들어갈 적절한 말은 어느 것입니까?

(A) 울려 퍼져
(B) 높아져
(C) 흥분하여
(D) 심해져서

18 ③ に入る最も適切な四字熟語はどれですか。

(A) 悪戦苦闘
(B) 波乱万丈
(C) 紆余曲折
(D) 賛否両論

19 ④批判の内容として正しいものはどれですか。

(A) 子供に月10万円の小遣いは多すぎる。
(B) 株を金儲けの手段にすべきではない。
(C) 経済については小中学校で教えるべきではない。
(D) 子供に現金を使った株体験までさせる必要はない。

20 本文の内容に合っているものはどれですか。

(A) 最近投資について教える小中学校が増えている。
(B) 「株のがっこう」に参加した子供たちは10万円の利益を上げた。
(C) T証券は投資家になりたい子供を育てたいと考えている。
(D) 経済教室の目的は経済の仕組みを理解させることだ。

해설

17 高まる → 높아지다
(A) 高なる (크게 울려 퍼지다) (C) 高ぶる (기분이나 감정이 고조돼서 흥분하다) (D) 高じる (심해지다)
예) ケーキ作りの趣味が高じて店を開いてしまった (케익만들기 취미가 발전하여 가게를 열고 말았다)

18 아이를 대상으로 투자교실에 찬성의 목소리도 있다면 반대의 목소리도 있다 (찬부양론)

20 (A)小中学校が増えている(×) (B)10万円の利益をあげた(×) (C) 投資家になりたい子供を育てたい(×)

어휘 投資 투자　金融 금융　仕組 구조　証券 증권　敵対 적대　企業 기업
買収 매수　開催 개최　現役 현역　支給 지급　自立 자립　株 주식
取引 흥정, 거래　役立てる 유용하게 쓰다　狙い 노리는 바, 목표, 목적

おまけ つとめる
　　務める　講師を務める (강사를 맡다)
　　勤める　彼は銀行に勤めている (그는 은행에 근무하다)
　　努める　今後不祥事がないように努めます (앞으로 불상사가 없도록 노력하겠습니다)

21-25

コンビニやマーケット、居酒屋、八百屋と、普段なにげなくつり銭を受け取っているが、たったそれだけの動作で①実にいろいろな渡し方があるのに驚かされる。レシートの上に置く人、レシートと小銭を別々に渡す人、手が触れないように落っことす人などいろいろだ。この2~3年で多くなったと感じるのは、___②___ ような渡し方をする人だ。こちらとしては若い売り子さんに手を握られるような錯覚をおこし悪い気はしないが、なにせ他人にいきなり握られる感覚なので時々③赤面してしまうほどだ。実は今日CDレンタル店に行ったのだが、つり銭を渡される時、手のひらの2センチくらい上から落とすので、あぶなく小銭を落とすところだった。確かに見ず知らずの人の手に少しでも触れるのは、ちょっと勇気がいるかもしれない。また、小銭が多い場合はお客さんの片手に載らず、落としてしまう場合もある。いっそ「トレー(お盆)」を用意して、レシートもつり銭も一緒に載せたらお互い気持ちが楽になるのではないだろうか。

21 ①実にと同じ意味のものはどれですか。

(A) 実は
(B) **本当に**
(C) 実際には
(D) 意外に

22 ___②___ に入る最も適切なものはどれですか。

(A) 手のひらにつり銭を載せて客に取らせる。
(B) 人差し指と親指で小銭をつまむ。
(C) お客さんの手の上に投げる。
(D) **お客さんの手を両手ではさむ。**

23 ③赤面してしまうはどんな気持ちを表しますか。

(A) びっくりする

(B) 腹が立つ

(C) 恥ずかしい

(D) 不思議だ

③얼굴이 붉어져 버릴은 어떤 기분을 나타냅니까?

(A) 깜짝 놀라다

(B) 화가 나다

(C) 부끄럽다

(D) 불가사의하다

24 この人が提案するつり銭の渡し方はどれですか。

(A) レシートを渡してから小銭を渡す。

(B) 手を握るように小銭を渡す。

(C) トレーの上にレシートと小銭を置く。

(D) 手が触れないように気をつけて渡す。

이 사람이 제안한 잔돈을 건네는 방법은 어느 것입니까?

(A) 영수증을 건네고 나서 잔돈을 건넨다.

(B) 손을 잡는 것처럼 잔돈을 건넨다.

(C) 쟁반 위에 영수증과 잔돈을 놓는다.

(D) 손이 닿지 않도록 조심해서 건넨다.

25 本文の内容と合っているものはどれですか。

(A) つり銭を落とすように渡すのは勇気がいることだ。

(B) ここ2～3年でつり銭の渡し方が改善された。

(C) つり銭の渡し方は千差万別だ。

(D) CDレンタル店でのおつりの渡し方を見習うべきだ。

본문의 내용과 맞는 것은 어느 것입니까?

(A) 잔돈을 떨어뜨리는 것처럼 건네는 것은 용기가 필요한 것이다.

(B) 최근 2～3년 동안 잔돈 건네는 방법이 개선되었다.

(C) 잔돈 건네는 방법은 천차만별이다.

(D) CD대여점에서의 잔돈 건네는 방법을 배워야 한다.

해설 **21** 実には 강조를 표현한다. **예** この花は実に美しい (이 꽃은 실로 아름답다)

22 손을 잡히는 것 같은 착각을 불러 일으키는 건네는 방법이라고 하면 (D)밖에 없다.

어휘 なにげなく 아무렇지도 않게, 별 생각없이   つり銭せん 거스름돈   受うけ取とる 수취하다, 받다   たった 단   実じつに 실로
レシート 영수증   落おっことす 떨어뜨리다   手てを握にぎる 손을 잡다   錯覚さっかく 착각   見みず知しらず 전혀 모름

26-30

千葉県にある研究所「ソマテックセンター」でカレーのルーやカレーパウダーの開発や、スパイス、ハーブの研究をするのが彼の主な仕事だ。社内では「①キング・オブ・スパイスマスター」と呼ばれる。20～50種類のスパイスを配合して製造されるカレーパウダー。その香りも味も、スパイスの中で最も複雑なものだが、「鼻」「舌」「目」の3つの感覚を駆使して、出来上がったカレーの香り、味、彩りを ② 言い当てることができる。大学時代は微生物の研究をし、食品への関心からハウス食品を志望した。当初はスナック菓子の開発などに携わり、約10年前からスパイス研究に携わるようになった。以前は「スパイスは品質が一定の工業製品のようなもの」という印象を持っていたが、実際に関わってみると、産地や収穫年によって香りや味が全く違うことを知った。カレールーの製品化に当たっては、出来上がりをいかに一定に保つかが ③ の見せ所だという。スパイスやハーブは、大半が漢方薬として利用されているもので、食べると健康になるカレーや香辛料などの開発に全力を挙げているそうだ。

치바현에 있는 연구소 '소마테크 센터'에서 카레 베이스나 카레 파우더의 개발이나, 스파이스, 허브의 연구를 하는 것이 그의 주된 일이다. 사내에서는 '①킹·오브·스파이스마스터'라고 불린다. 20~50종류의 스파이스를 배합해서 제조된 카레 파우더, 그 향도 맛도, 스파이스 가운데 가장 복잡한 것이지만, '코' '혀' '눈'의 3개의 감각을 구사해서, 완성된 카레의 향, 맛, 색깔을 ② 짐작해서 알아맞히는 것이 가능하다. 대학시절에는 미생물 연구를 했고, 식품에 대한 관심으로부터 하우스 식품을 지망했다. 처음에는 스낵과자의 개발 등에 종사하였고, 약 10년 전 부터 스파이스 연구에 종사하게 되었다. 이전에는 '스파이스는 품질이 일정한 공업제품 같은 것'이라는 인상을 가지고 있었지만, 실제로 관계하다 보니, 산지나 수확 연도에 따라 향기나 맛이 전혀 다르다는 것을 알았다. 카레 베이스의 제품화에 즈음해서는, 완성품을 어떻게 일정하게 보존하는지가 ③ 를 보여주는 것이 라는 것. 스파이스나 허브는 대부분이 한방 약으로 이용되고 있기 때문에, 먹으면 건강해지는 카레나 향신료 등의 개발에 전력을 다하고 있다고 한다.

26 彼が①キング・オブ・スパイスマスターと呼ばれる理由は何ですか。

(A) 食べると健康になるカレーを開発したから。
(B) 社内で一番長い間スパイス研究に携わっているから。
(C) カレーを食べただけでスパイスの調合が分かるから。
(D) カレーパウダーだけでどんなカレーができるか分かるから。

그가 ①킹·오브·스파이스마스터라고 불리는 이유는 무엇입니까?

(A) 먹으면 건강해지는 카레를 개발했기 때문에
(B) 사내에서 가장 오랫동안 스파이스 연구에 종사하고 있기 때문에
(C) 카레를 먹은 것만으로 스파이스의 조합을 알 수 있기 때문에
(D) 카레 파우더만으로 어떤 카레가 나올지 알 수 있기 때문에

27 ② に入る適当な言葉はどれですか。

(A) ぴたりと
(B) ぽろりと
(C) ごろりと
(D) ずしりと

② 에 들어갈 적당한 말은 어느 것입니까?

(A) 정확히
(B) 가볍게
(C) 벌렁
(D) 묵직하게

28 ③ に入る適当な言葉はどれですか。

(A) 頭(あたま)
(B) 目(め)
(C) 腕(うで)
(D) 腹(はら)

③ 에 들어갈 적당한 말은 어느 것입니까?

(A) 머리
(B) 눈
(C) 솜씨
(D) 배

29 カレールーを製品化するのにもっとも難しいことは何ですか。

(A) 誰(だれ)が食べてもおいしいと思(おも)うカレーを作(つく)ること。
(B) 原料(げんりょう)をできるだけ同(おな)じ産地で仕入(しい)れること。
(C) 製品によって品質が変(か)わらないようにすること。
(D) 出来上(できあ)がりのカレーの味を予測(よそく)すること。

카레 베이스를 제품화하는 것에 가장 어려운 것은 무엇입니까?

(A) 누가 먹어도 맛있다고 생각하는 카레를 만드는 것
(B) 원료를 가능한 한 같은 산지에서 사들이는 것
(C) 제품에 따라서 품질이 변하지 않도록 하는 것
(D) 완성품 카레의 맛을 예측하는 것

30 本文(ほんぶん)の内容(ないよう)に合(あ)っているものはどれですか。

(A) 彼は入社以来(いらい)スパイスの研究をしている。
(B) スパイスは産地や年(とし)で味が異(こと)なる。
(C) スパイスは品質が常(つね)に一定している。
(D) ソマテックセンターでは微生物の研究をしている。

본문의 내용에 맞는 것은 어느 것입니까?

(A) 그는 입사 이래 스파이스 연구를 하고 있다.
(B) 스파이스는 산지나 생산연도에 따라 맛이 다르다.
(C) 스파이스는 품질이 늘 일정하다.
(D) 소마테크 센터에서는 미생물 연구를 하고 있다.

해설 **27** ぴたりと 정확히

① 조금의 어긋남도 없는 모양

예 そのマジシャンはカードの数字(すうじ)をぴたりと当(あ)てた (그 마술사는 카드의 숫자를 정확히 맞혔다)

② 틈 없이 밀착하고 있는 모양

예 子供(こども)は母親(ははおや)にぴたりとくっついて離(はな)れない (아이는 엄마에게 착 달라붙어 떨어지지 않는다)

③ 갑자기 완전하게 멈춰지는 모양

예 家(いえ)の前(まえ)で足音(あしおと)がぴたりと止(と)まった (집 앞에서 발소리가 딱 멈췄다)

(B) ぽろりと

① 방울 같은 것이 떨어지는 모양 **예** 涙(なみだ)がぽろりと落(お)ちた (눈물 방울이 떨어졌다)

② 깜박하고 말해버린 모양 **예** 彼女(かのじょ)の秘密(ひみつ)をぽろりとしゃべってしまった (그녀의 비밀을 깜박하고 말해 버렸다)

(C) ごろりと 중요한 것이나 사람이 넘어지거나, 눕는 모양 **예** 床(ゆか)にごろりと寝転(ねころ)んだ (바닥에 벌렁 드러누웠다)

(D) ずしりと 무거워서 중량감이 있는 모양 **예** その荷物(にもつ)はずしりと重(おも)かった (그 짐은 묵직했다)

28 腕 기술이나 능력 **예** 腕前(うでまえ) 솜씨 腕をあげる 솜씨를 올리다 腕を磨(みが)く 기술을 연마하다
腕がいい 솜씨가 좋다, 솜씨가 정확하다

어휘 カレー 카레 スパイス 스파이스 ハーブ 허브 配合(はいごう) 배합 駆使(くし)する 구사하다 彩(いろど)り 채색, 착색
言(い)い当(あ)てる 알아맞히다 微生物(びせいぶつ) 미생물 携(たずさ)わる 종사하다 一定(いってい) 일정 いかに 어떻게, 얼마나
漢方薬(かんぽうやく) 한방약 香辛料(こうしんりょう) 향신료 全力(ぜんりょく)を挙(あ)げる 전력을 다하다(올리다)
キング・オブ・スパイスマスター KING OF SPICE MASTER

모의TEST1 30問

01	(B)	02	(A)	03	(B)	04	(D)	05	(C)
06	(B)	07	(D)	08	(C)	09	(B)	10	(C)
11	(D)	12	(B)	13	(C)	14	(A)	15	(B)
16	(B)	17	(B)	18	(C)	19	(B)	20	(D)
21	(C)	22	(A)	23	(A)	24	(A)	25	(C)
26	(C)	27	(B)	28	(C)	29	(D)	30	(C)

Ⅳ. 아래 문장을 읽고, 다음 물음에 가장 적합한 것을 (A)에서 (D) 가운데 하나를 고르시오.

01-03

小学生の時、私たちは運動場を毎日はだしで走りました。雪の降った日は、本当に冷たくて①つらかったです。でも、先生たちは、がまんできない子は弱い子だと言って、私もずっと「がまんすること」はいいことだと思っていました。それで、今の会社に入って初めての大切なプレゼンテーションに、高い熱があるのにがまんして参加しました。② 途中で具合が悪くなって、みんなに迷惑をかけてしまいました。③そのことがあってから、わたしはがまんすることが必ずしもいいことではないと学びました。

초등학교 때, 우리들은 운동장을 매일 맨발로 달렸습니다. 눈이 내린 날은, 정말로 차가워서 ①괴로웠습니다. 하지만 선생님들은 못 참는 아이는 약한 아이라고 말했고, 나도 줄곧 '인내하는 것은 좋은 것'이라고 생각하고 있었습니다. 그래서, 지금의 회사에 들어와서 처음 맡은 중요한 프레젠테이션에, 고열이 있음에도 참고 참가했습니다. ② 도중에 상태가 악화되어 모두에게 폐를 끼치고 말았습니다.③ 그 일이 있고 나서 나는 참는다는 것이 반드시 좋은 것만은 아니라는 것을 배웠습니다.

01 私はどうして①つらかったのですか。

(A) 雪が降った日に学校に行くのが大変だったから。
(B) 雪が降っている中を靴をはかないで走ったから。
(C) 雪が降っているのに、かさがなかったから。
(D) 冬は寒くて、よく風邪をひいたから。

나는 왜 ①괴로웠던 것입니까?

(A) 눈이 내린 날에 학교에 가는 것이 힘들었기 때문에
(B) 눈이 내리고 있는 중에 신발을 신지 않고 달렸기 때문에
(C) 눈이 내리고 있는데도, 우산이 없었기 때문에
(D) 겨울은 추워서, 자주 감기에 걸렸기 때문에

02 ②　に入る言葉はどれですか。

(A) でも
(B) ところで
(C) それに
(D) また

②　에 들어갈 말은 어느 것입니까?

(A) 하지만
(B) 그런데
(C) 게다가
(D) 또

03 ③そのこととはどんなことですか。

(A) 雪の日にはだしで走ったこと。
(B) 我慢してみんなに迷惑をかけたこと。
(C) 今の会社に入ったこと。
(D) 初めてのプレゼンテーションに参加したこと。

③그 일이란 것은 어떤 것입니까?

(A) 눈 내리는 날에 맨발로 달린 것
(B) 참아서 모두에게 폐를 끼친 것
(C) 지금의 회사에 들어온 것
(D) 첫 프레젠테이션에 참가 한 것

어휘 はだし 맨발　つらい 괴롭다　がまんする 참다　プレゼンテーション 프레젠테이션
迷惑をかける 폐를 끼치다　必ずしも〜でない 반드시 〜한 것은 아니다

04-07

私は最近小説をよく読みます。小説といっても①携帯小説です。これは、携帯電話で読む小説で、電車やバスの中、駅のホームなど　②　手軽に読むことができますから、私はよくバスを待っている時に読みます。普通の小説と違うのは、まず小さな画面でも読みやすいように文章が短いこと、文章のほとんどが会話であることです。メールを読むように読めるので、メールに親しんでいる女子高生に特に人気があります。それから、ストーリーは毎日少しずつ更新されるので、私たちの意見によって結末が変わることもあります。

나는 최근 소설을 자주 읽습니다. 소설이라고 해도 ①모바일 소설입니다. 이것은 휴대전화로 읽는 소설로, 전철이나 버스 안, 역의 플랫폼 등　②　가볍게 읽을 수 있기 때문에 나는 자주 버스를 기다릴 때에 읽습니다. 보통 소설과 다른 것은 우선 작은 화면에서도 읽기 쉽도록 문장이 짧은 것, 문장의 대부분이 대화인 것입니다. 문자를 읽는 것처럼 읽을 수 있기 때문에 문자에 익숙해져 있는 여고생에게 특히 인기가 있습니다. 그리고 스토리는 매일 조금씩 갱신되기때문에, 우리들의 의견에 따라 결말이 바뀌는 경우도 있습니다.

04 ①携帯小説の特徴として正しくないものはどれですか。　①모바일 소설의 특징으로 바르지 않은 것은 어느 것입니까?

(A) どんな場所でも気軽に読めます。　(A) 어떤 장소에서도 가볍게 읽을 수 있습니다.
(B) 物語が毎日少しづつ発表されます。　(B) 이야기가 매일 조금씩 발표됩니다.
(C) 会話文が多いので簡単に読めます。　(C) 대화문이 많아서 간단하게 읽을 수 있습니다.
(D) 携帯電話サイズの本なので持ち運びに便利です。　(D) 휴대전화 크기의 책이어서 가지고 다니기 편리합니다.

05 この人はどこで携帯小説を読みますか。　이 사람은 어디에서 모바일 소설을 읽습니까?

(A) 電車の中　(A) 전철 안
(B) バスの中　(B) 버스 안
(C) バス停　(C) 버스 정류장
(D) 駅のホーム　(D) 역의 플랫폼

06 ＿＿②＿＿に入る言葉はどれですか。　＿＿②＿＿ 에 들어갈 말은 어느 것입니까?

(A) なんでも　(A) 뭐라도
(B) どこでも　(B) 어디에서든
(C) どうでも　(C) 아무렇게든
(D) だれでも　(D) 누구라도

07 女子高生に特に人気があるのはどうしてですか。　여고생에게 특히 인기가 있는 것은 왜입니까?

(A) 忙しい高校生にも手軽に読めるから。　(A) 바쁜 고등학생도 가볍게 읽을 수 있기 때문에
(B) 高校生で本を買うお金がないから。　(B) 고등학생이어서 책 살 돈이 없기 때문에
(C) 小説の内容が恋愛中心だから。　(C) 소설 내용이 연애중심이기 때문에
(D) メールを読むことに慣れているから。　(D) 문자를 읽는 것에 익숙해져 있기 때문에

해설 04 (D) 휴대전화 크기의 책이 아닌, 휴대전화 화면을 통해서 읽는 소설이다.

어휘 メール 휴대전화의 문자를 일본에서는 메일이라고 한다. 컴퓨터 메일도 마찬가지로 메일, 또는 이메일이라고 말한다.
ホーム 홈　手軽(てがる)に 손쉽게, 간편하게　画面(がめん) 화면　文章(ぶんしょう) 문장　ほとんど 거의, 대부분
親(した)しむ 즐기다　少(すこ)しずつ 조금씩　更新(こうしん) 갱신　結末(けつまつ) 결말

08-11

私の家の前には、花の湯という銭湯があります。花の湯の入浴料は300円でしたが、去年から400円になりました。少し高いのでいつも行くことはできませんが、広いお風呂でゆっくりしたい時には行きます。この間、あるおじいさんが銭湯で①こんな話をしました。「私たちの時代の子供はいつも銭湯に来てね、風呂で泳ぐなとか、挨拶をしろとか怒られながら社会のルールを学んだんだよ。最近の子供は銭湯に来ないね。」私は銭湯には体を温めるだけでなく、それ以外にも②大切な役割があるのだと思いました。

우리 집 앞에는 하나노유라고 하는 대중탕이 있습니다. 하나노유 입욕료는 300엔이었는데, 작년부터 400엔이 되었습니다. 조금 비싸기 때문에 항상 가는 것은 불가능하지만, 넓은 목욕탕에서 느긋하게 있고 싶을 때는 갑니다. 일전에 어떤 할아버지가 대중탕에서 ①이런 이야기를 했습니다. "우리들 시대의 아이들은 항상 대중탕에 와서 탕에서 수영하지마라, 인사를 해라 등 혼나면서 사회의 규칙을 배웠거든. 요즘 아이들은 대중탕에 오지 않는군."
나는 대중탕에는 몸을 따뜻하게 하는 것 뿐만 아니라, 그 이외에도 ②중요한 역할이 있구나라고 생각했습니다.

08 私はどんな時に銭湯に行きますか。

(A) あまり時間がないとき
(B) 家の風呂がこわれたとき
(C) 広い風呂にゆっくりしたいとき
(D) 友達と話をしたいとき

나는 어떤 때에 대중탕에 갑니까?

(A) 그다지 시간이 없을 때
(B) 집의 목욕탕이 고장 났을 때
(C) 넓은 목욕탕에서 느긋하게 있고 싶을 때
(D) 친구와 이야기를 하고 싶을 때

09 ①こんな話とはどんな話ですか。

(A) 最近、社会のルールを守らない大人が多い。
(B) 昔の子供は銭湯で社会のルールを学んだ。
(C) 最近の親は子供を怒らなくなった。
(D) 昔の子供は泳ぐのが上手だった。

①이런 이야기라는 것은 어떤 말입니까?

(A) 최근, 사회의 규칙을 지키지 않는 어른들이 많다.
(B) 옛날 아이들은 대중탕에서 사회의 규칙을 배웠다.
(C) 요즘 부모는 아이를 혼내지 않게 되었다.
(D) 옛날 아이들은 헤엄치는 것이 능숙했다.

10 ②大切な役割とは何ですか。

(A) 体を温めること。
(B) おじいさんと話をすること。
(C) 公共マナーを学ぶこと。
(D) 気持ちをリラックスすること。

②중요한 역할이란 것은 무엇입니까?

(A) 몸을 따뜻하게 하는 것
(B) 할아버지와 이야기를 하는 것
(C) 공공매너를 배우는 것
(D) 마음을 편안하게 하는 것

11 本文の内容に合っているものはどれですか。　　　본문의 내용에 맞는 것은 어느 것입니까?

(A) 銭湯はマナーを守らない人がいるので行きたくない。　(A) 대중탕은 매너를 지키지 않는 사람이 있기 때문에 가고 싶지 않다.

(B) 花の湯の入浴料は子供300円、大人400円だ。　(B) 하나노유의 입욕료는 아이 300엔, 어른 400엔이다.

(C) 花の湯は私の家から近いのでいつも行く。　(C) 하나노유는 나의 집에서 가까워서 항상 간다.

(D) おじいさんが子供の頃はいつも銭湯に行った。　(D) 할아버지가 어렸을 때는 항상 대중탕에 갔다.

해설 명령형 - 1단동사 食べる→食べろ　5단동사 走る→走れ　する→しろ　来る→こい
　　10 옛날에는 목욕탕은 어른이 아이에게 사회의 매너나 공공 규칙을 가르치는 역할을 했다.
어휘 銭湯せんとう 대중탕　入浴料にゅうよくりょう 목욕비　おじいさん 할아버지　ルールrule 규칙　役割やくわり 역할
　　　温あたためる 따뜻하게 하다, 데우다

12-15

毎年日本漢字協会が、その年を最もよく表す「①今年の漢字」を発表します。「今年の漢字」は一般の人からの公募で一番多かったものが選ばれます。2007年の漢字は「偽」に決まりました。「偽」は「嘘をつく」「事実を隠す」という意味ですが、2007年は政界や食品業界、スポーツ界などで多くの偽装が発覚したため、この漢字が最もふさわしいと考える人が多かったのです。「今年の漢字」を見ると、その1年がどんな年だったかよく分かって②面白いです。来年はいい年になるといいですね。

매년 일본한자협회가 그 해를 가장 잘 표현하는 '①올해의 한자'를 발표합니다. '올해의 한자'는 일반사람들이 공모한 것 중 가장 많았던 것이 선택됩니다. 2007년의 한자는 「偽」로 결정되었습니다. 「偽」는 '거짓말을 하다' '사실을 숨기다'라는 의미입니다만, 2007년은 정계나 식품업계, 스포츠계 등에서 많은 위장이 발각됐기 때문에, 이 한자가 가장 어울린다고 생각하는 사람이 많았던 것입니다. '올해의 한자'를 보면, 그 일년이 어떤 해였는지 잘 알 수 있어서 ②재미 있습니다. 내년에는 좋은 해가 되면 좋겠네요.

---

12 ①今年の漢字とは何ですか。　　①올해의 한자란 무엇입니까?

(A) その年に新しくできた漢字　(A) 그 해에 새롭게 생긴 한자

(B) その年を象徴する漢字　(B) 그 해를 상징하는 한자

(C) その年への希望を込めた漢字　(C) 그 해에 대한 희망을 담은 한자

(D) その年に一番多く使われた漢字　(D) 그 해에 가장 많이 사용된 한자

13 ①今年の漢字はどうやって決まりますか。

(A) 毎年、天皇陛下がその年に一番合う漢字を選ぶ。

(B) 日本漢字協会で会議をして決める。

(C) 一般の人の応募の中から多数決で決める。

(D) 政界やスポーツ界などの人にアンケートをとる。

①올해의 한자는 어떻게 결정됩니까?

(A) 매년 천황이 그 해에 가장 알맞은 한자를 고른다.

(B) 일본한자협회에서 회의를 하여 결정한다.

(C) 일반 사람들이 응모한 것 중에서 다수결로 결정한다.

(D) 정계나 스포츠계 등의 사람에게 앙게이트를 실시한다.

14 2007年の漢字が「偽」に決まった理由は何ですか。

(A) この年、日本中で多くの偽装が明らかになったから。

(B) 偽装問題に反対する大きなデモが起こった年だから。

(C) 子供に嘘をつく大人が増えてきたから。

(D) 偽物のブランド品がたくさん出回った年だから。

2007년의 한자가 「偽」로 결정된 이유는 무엇입니까?

(A) 올해, 일본전역에서 많은 위장이 밝혀졌기 때문에

(B) 위장문제에 반대하는 큰 데모가 일어난 해이기 때문에

(C) 아이에게 거짓말을 하는 어른이 늘어났기 때문에

(D) 유명브랜드 위조상품이 많이 나돌았던 해이기 때문에

15 この人は何が②面白いと言っていますか。

(A) 2007年に多くの偽装が発覚したこと。

(B) 今年の漢字が1年をよく表していること。

(C) 今年の漢字が発表されたこと。

(D) 来年がいい年になるということ。

이 사람은 무엇이 ②재미있습니다라고 말하고 있습니까?

(A) 2007년에 많은 위장이 발각됐던 것

(B) 올해의 한자가 일년을 잘 표현하고 있는 것

(C) 올해의 한자가 발표된 것

(D) 내년이 좋은 해가 된다라는 것

해설 偽는 훈독으로 いつわる(偽る)로 읽는다.

어휘 表あらわす 표현하다, 나타내다   発表はっぴょうする 발표하다   一般いっぱん 일반   公募こうぼ 공모   隠かくす 숨기다
ふさわしい 어울리다

16-19

みんながやっていない珍しいスポーツをやってみたい方、ロックラグビーはいかがでしょうか。これはただのラグビーではなく、ボールほどの大きさの岩を持って海底で行うラグビーで、ハワイで生まれました。もともとは海で人を助けるライフガードたちのトレーニングからできたものです。水中にコートを設置し、その両側に置かれた大きな岩の上にボール代わりの岩を置けば得点となります。息が苦しくなるのでチーム員が一度にもぐるのではなく、＿＿①＿＿パスを続けていくことがポイントです。ロックラグビーは誰にでもできる楽しいスポーツです。ロックラグビー協会では、ロックラグビーを安全に楽しむための講習会を開催しています。ぜひ一度問い合わせてみてはいかがでしょうか。

모두가 하지 않는 희귀한 스포츠를 해보고 싶으신 분, 락 럭비는 어떨까요? 이것은 단순한 럭비가 아닌, 공 크기만한 바위를 가지고 바다 속에서 행하는 럭비로, 하와이에서 생겨났습니다. 원래는 바다에서 사람을 구하는 라이프가드들의 훈련에서 생겨난 것입니다. 수중에 코트를 설치하고, 그 양쪽에 놓인 큰 바위 위에 공을 대신하는 바위를 놓으면 득점이 됩니다. 숨이 힘들어지기 때문에 팀원이 한 번에 잠수하는 것이 아닌, ＿＿①＿＿ 패스를 계속해 가는 것이 포인트입니다. 락 럭비는 누구에게라도 가능한 즐거운 스포츠입니다. 락 럭비 협회에서는, 락 럭비를 안전하게 즐기기 위한 강습회를 개최하고 있습니다. 꼭 한번 문의해 보는 것은 어떨까요?

---

16 ロックラグビーとはどんなスポーツですか。

(A) 水の入ったボールを使ってするラグビー
(B) 海の中で岩をボールとして使うラグビー
(C) トレーニングのための激しいラグビー
(D) 大きな岩の上でプレーするラグビー

락 럭비라는 것은 어떤 스포츠입니까?

(A) 물이 들어간 볼을 사용해 하는 럭비
(B) 바다 안에서 바위를 공으로 사용하는 럭비
(C) 훈련을 위한 격렬한 럭비
(D) 큰 바위 위에서 플레이 하는 럭비

17 ロックラグビーはどのように生まれましたか。

(A) ロックラグビー協会が新しいスポーツとして開発した。
(B) ライフガードのトレーニング用として開発された。
(C) ハワイでできる珍しいスポーツとして観光局が開発した。
(D) 水泳選手の体力づくりのために開発された。

락 럭비는 어떻게 탄생되었습니까?

(A) 락 럭비 협회가 새로운 스포츠로 개발했다.
(B) 라이프가드 훈련용으로 개발 되었다.
(C) 하와이에서 할 수 있는 희귀한 스포츠로서 관광국이 개발했다.
(D) 수영선수의 체력 만들기를 위해서 개발되었다.

18 ① に入る言葉はどれですか。
(A) 少しずつ走りながら
(B) 連続して走りながら
(C) 次々ともぐりながら
(D) 同時にもぐりながら

① 에 들어갈 말은 어느 것입니까?
(A) 조금씩 달리면서
(B) 연속해서 달리면서
(C) 차례차례로 잠수하면서
(D) 동시에 잠수하면서

19 本文の内容に合っているものはどれですか。
(A) ロックラグビーは資格がないとできないスポーツだ。
(B) ロックラグビーは岩をボールの代わりとして使う。
(C) ロックラグビーは現在世界中でブームになっている。
(D) 講習会に申し込めば、ロックラグビーを体験できる。

본문의 내용에 맞는 것은 어느 것입니까?
(A) 락 럭비는 자격이 없으면 할 수 없는 스포츠다.
(B) 락 럭비는 바위를 볼 대신으로 사용한다.
(C) 락 럭비는 현재 세계 각지에서 붐을 이루고 있다.
(D) 강습회에 신청하면 락 럭비를 체험할 수 있다.

해설 18 一度にもぐるのではなく(한번에 잠수하는 것이 아닌) 에 어울리는 말을 찾으면 (C)밖에 없다.
어휘 ロックラグビー 락 럭비 岩 바위 海底 해저 ライフガード 라이프 가드, 구조원, 안전 요원
得点 득점 もぐる 잠수하다 講習会 강습회 開催する 개최하다

20-22

「自分の住む地域の医療に満足しているか」という質問では、「非常に」と「多少は」を合わせて「満足している」人が70%で、「不満だ」の計27%を大きく上回った。ただ、不満に感じている人を都市規模別に見ると、小都市が大都市・中都市よりもはるかに多く、都市規模が小さくなるほど満足度が低くなる傾向が見られ、満足度が低かった理由のトップに医師不足が挙げられた。医師不足を感じている人を年代別で見ると、30代が最も高かった。この世代は ① で、医師不足に対する危機感や不安が強いようだ。この医師不足を解決するため、全国の病院や医療施設で結婚や育児、介護、配偶者の転勤などを理由に退職した社員が、元の職場に復帰できる制度を導入する動きが広がっている。

"자신이 사는 지역의 의료에 만족하고 있는가"라는 질문에서는, '매우'와 '다소는'을 합해서 '만족하고 있다'는 사람이 70%로, '불만족이다' 27%를 크게 웃돌았다. 단지, 불만스럽게 느낀 사람들을 도시규모 별로 보면, 소도시가 대도시·중도시보다도 훨씬 많고, 도시규모가 작아질수록 만족도가 낮아지는 경향이 보였고, 만족도가 낮았던 가장 큰 이유로 의사부족을 들었다. 의사부족을 느끼고 있는 사람을 연대별로 보면, 30대가 가장 높았다. 이 세대는 ① 여서, 의사부족에 대한 위기감이나 불안이 높은 것 같다. 이 의사부족을 해결하기 위해, 전국 병원이나 의료시설에서 결혼이나 육아, 간호, 배우자의 전근 등을 이유로 퇴직한 사원이 원래의 직장으로 복귀할 수 있는 제도를 도입하는 움직임이 확산되고 있다.

20 医療の満足度に関して正しいものはどれですか。

(A) 地域の医療に満足している人は約半数だ。
(B) 満足度は年代によって大きく異なる。
(C) 70％の人が医療に非常に満足している。
(D) 都市の大きさと満足度は比例している。

의료의 만족도에 관해서 올바른 것은 어느 것입니까?

(A) 지역의 의료에 만족하고 있는 사람은 약 절반이다.
(B) 만족도는 연령대에 따라 크게 다르다.
(C) 70%의 사람이 의료에 매우 만족하고 있다.
(D) 도시의 크기와 만족도는 비례하고 있다.

21 ① に入る適切な文はどれですか。

(A) 就職や進学で悩みの多い世代
(B) 年金生活で金銭的余裕のない世代
(C) 出産や子育てに直面している世代
(D) 体の成長が最も著しい世代

① 에 들어갈 적절한 문장은 어느 것입니까?

(A) 취직이나 진학으로 고민하는 많은 세대
(B) 연금생활로 금전적 여유가 없는 세대
(C) 출산이나 육아에 직면하고 있는 세대
(D) 몸의 성장이 가장 현저한 세대

22 医師不足を解決するためにどんな動きがありますか。

(A) 一度辞めた医師や看護婦が復帰できるようにする。
(B) 都会から地方へ医師を派遣する制度を導入する。
(C) 医療施設の社員の新規採用を増やしていく。
(D) 地方勤務者の勤務待遇を都市よりも優遇する。

의사부족을 해결하기 위해서 어떤 움직임이 있습니까?

(A) 한번 그만둔 의사나 간호사가 복귀할 수 있도록 한다.
(B) 도시에서 지방으로 의사를 파견하는 제도를 도입한다.
(C) 의료시설 사원의 신규채용을 늘려간다.
(D) 지방 근무자의 근무 대우를 도시보다도 우대한다.

해설 **20** (A) 70%이니까 반수가 아닌, 과반수 (B) 연령대별 만족도에 관해서는 언급하고 있지 않다.
(C) '매우'와 '다소'를 합쳐서 70%

21 30대에 대해 설명하고 있는 것은 (C)이다. (A) 주로 20대 또는 10대 (B) 60대 (D) 10대

어휘 地域いき 지역   医療いりょう 의료   非常ひじょうに 대단히, 매우   多少たしょう 다소   上回うわまわる 웃돌다   都市とし 도시
規模きぼ 규모   傾向けいこう 경향   危機感ききかん 위기감   育児いくじ 육아   介護かいご 간호
復帰ふっき 복귀   著いちじるしい 현저하다, 두드러지다

23-26

神社でおさい銭を入れるとき、「〇〇になってほしいなぁ」と願いながら入れると思いますが、①そのことが叶わなかったからといってお金を返せと怒り出す人はいません。結婚相手に対しても同じ。もし、「優しさ」や「親切」をたくさんあげたのに、相手が返してくれなかった時、「　②　」という気持ちになると、相手との関係が悪くなってしまいます。「いつか返ってくればいい」「返ってこなければ、それはまぁ、しょうがない」くらいの軽い気持ちでいれば、相手との関係もうまくいきます。そして大切なのは「あなたが余裕があるときに、相手に優しくしろ」ということ。おさい銭に全財産を使う人はいませんよね。自分の時間の大部分を犠牲にしたり、ものすごく労力をかけてまで、相手に尽くす必要はないのです。大切なのは「自分の幸せを最優先にする」ことです。

신사에서 새전(참배할 때 바치는 돈)을 넣을 때, '〇〇가 되면 좋겠는데'라고 기원하면서 넣는다고 생각합니다만, ①그것이 실현되지 않았다고 해서 돈을 돌려달라고 화내는 사람은 없습니다. 결혼상대에 대해서도 마찬가지. 만일, '상냥함'이나 '친절함'을 많이 베풀었는데, 상대가 되돌려주지 않았을 때, '　②　'라고 하는 마음이 되면, 상대와의 관계가 나빠지고 맙니다. '언젠가 돌아오면 돼' '돌아오지 않으면 그것은 뭐, 어쩔 수 없지' 정도의 가벼운 마음으로 있으면, 상대와의 관계도 좋아집니다. 그리고 중요한 것은 당신이 여유 있을 때에, 상대에게 친절하게 하라는 것. 새전에 전재산을 사용하는 사람은 없잖아요? 자신의 시간의 대부분을 희생하거나, 굉장한 수고를 하면서 까지, 상대에게 전력을 다 할 필요는 없습니다. 중요한 것은 '자신의 행복을 최우선으로 한다'는 것입니다.

23 ①そのこととは何ですか。

- (A) 願い
- (B) 結婚
- (C) おさい銭
- (D) 幸せ

①그것이란 무엇입니까?

- (A) 소원
- (B) 결혼
- (C) 새전
- (D) 행복

24 　②　に入る言葉はどれですか。

- (A) わたしだけ損をしている。
- (B) 返してくれなくて当然だ。
- (C) あげた金がもったいない。
- (D) もっと優しくしよう。

②　에 들어갈 말은 어느 것입니까?

- (A) 나만 손해를 보고 있다.
- (B) 돌려주지 않는 게 당연하다.
- (C) 준 돈이 아깝다.
- (D) 더 상냥하게 하자.

25 この文でおさい銭とは何を例えていますか。

- (A) 神社
- (B) 結婚相手
- (C) 優しさ
- (D) 余裕

이 글에서 새전이라는 것은 무엇을 비유하고 있습니까?

- (A) 신사
- (B) 결혼상대
- (C) 상냥함
- (D) 여유

26 この人の考えと合っているものはどれですか。

(A) 相手の幸せをまず第一に考えて行動することが大切だ。
(B) 優しくすればするほど相手も優しくしてくれるものだ。
(C) 与えただけの見返りが返ってくることを期待しないほうがよい。
(D) 自分を犠牲にして相手に尽くせば自分も幸せになれる。

이 사람의 생각과 맞는 것은 어느 것입니까?

(A) 상대의 행복을 우선 제일로 생각해서 행동하는 것이 중요하다.
(B) 상냥하게 하면 할수록 상대도 상냥하게 해 주기 마련이다.
(C) 주는 것만큼의 대가가 돌아오는 것을 기대하지 않는 편이 좋다.
(D) 자신을 희생해서 상대에게 전력을 다하면 자신도 행복해 질 수 있다.

해설 **24** 私は優しくしてあげたのに、返してくれない (나는 친절하게 해 줬는데, 고마움을 갚지 않는다)
→ 優しくして損をした (친절하게 해서 손해봤다) = 私だけが損をしている (나만 손해 보고 있다)
26 되돌아 오지 않으면 어쩔수 없다 할 정도로 가벼운 기분으로 있는 것이 좋다

어휘 神社じんじゃ 신사　おさい銭せん 새전(참배할 때 바치는 돈)　叶かなう 이루다　全財産ぜんざいさん 전재산
犠牲ぎせい 희생　労力ろうりょく 수고　尽つくす 다하다　最優先さいゆうせん 최우선

27-30
世界中のレストランを厳しく格付けしてきた「①ミシュランガイド」の東京版がついに登場した。星の付いたレストランは、パリの64店を大幅に上回る150店と驚くべき結果となった。星の数は評価を表す。一つ星は特に美味しい料理を提供するレストラン。二つ星が「遠回りしてでも訪れる価値があるレストラン。三つ星はそれを味わうために訪れる事自体が旅の目的になり得る、という判断基準である。評価は正体を隠した5人の覆面調査員が1年半かけて味やサービス、見た目の美しさなどを評価する。星を与えられた店は予約が殺到し、星を与えられることは料理人にとっても最高の名誉といえる。　②　星を辞退した店もあった。50年の歴史を持つその老舗店のオーナーは「うちの店はカードが使えないし、従業員に語学ができるものがいない。外国人のお客さまが来ても満足なサービスができない」と話す。

전 세계의 레스토랑을 엄격하게 등급을 매겨 온 '①미슈랑 가이드'의 도쿄판이 마침내 등장했다. 별이 붙은 레스토랑은 파리의 64개 점을 크게 웃도는 150개 점이라는 놀랄만한 결과가 나왔다. 별의 수는 평가를 나타낸다. 한 개의 별은 특히 맛있는 요리를 제공하는 레스토랑. 두 개의 별은 멀리 돌아서라도 방문할 가치가 있는 레스토랑. 세 개의 별은 그것을 맛보기 위해서 방문하는 일 자체가 여행의 목적이 될 수 있다, 라고 하는 판단기준이다. 평가는 정체를 숨긴 5명의 익명조사원이 1년 반에 걸쳐서 맛과 서비스, 시각의 아름다움 등을 평가한다. 별을 받은 가게는 예약이 쇄도하고, 별을 받았다는 것은 요리사에게 있어서도 최고의 명예라고 할 수 있다.
　②　별을 사퇴한 가게도 있었다. 50년의 역사와 전통을 자랑하는 유명 레스토랑의 오너는 "우리 가게는 카드를 사용할 수 없고, 종업원 중 외국어가 가능한 자가 없다. 외국인 손님이 와도 만족할 서비스를 할 수 없다"라고 말한다.

27 ①ミシュランガイドとは何ですか。

(A) 有名レストランのシェフを紹介する本

(B) 世界中のレストランを格付けする本

(C) レストランの内部調査の結果をまとめた本

(D) 東京のおいしいレストランを紹介する本

①미슈랑 가이드라는 것은 무엇입니까?

(A) 유명 레스토랑의 쉐프를 소개하는 책

(B) 세계 전역의 레스토랑을 등급을 매기는 책

(C) 레스토랑의 내부조사의 결과를 정리한 책

(D) 도쿄의 맛있는 레스토랑을 소개하는 책

28 評価はどのように行いますか。

(A) ミシュランガイドの読者からの人気投票で決める。

(B) レストランの売り上げと客数の多さで決める。

(C) 一般の客を装った調査員がさまざまな観点から評価する。

(D) 候補のレストランが調査員の前で料理を作って競い合う。

평가는 어떻게 행해집니까?

(A) 미슈랑 가이드의 독자 인기 투표로 결정된다.

(B) 레스토랑의 매상과 손님의 수로 결정된다.

(C) 일반 손님으로 가장한 조사원이 다양한 관점에서 평가한다.

(D) 후보 레스토랑이 조사원 앞에서 요리를 만들어서 서로 경쟁한다.

29 ② に入る言葉はどれですか。

(A) それにしても

(B) もしくは

(C) しかも

(D) その一方で

② 에 들어갈 말은 어느 것입니까?

(A) 그것 치고는

(B) 혹은

(C) 게다가

(D) 반면에

30 本文の内容と合っていないものはどれですか。

(A) 一番評価が高いのは三つ星である。

(B) 星のついた店はパリより東京が多い。

(C) 外国人客に対応できないと星はもらえない。

(D) 星がついた店はすべておいしい店だ。

본문의 내용과 맞지 않는 것은 어느 것입니까?

(A) 가장 평가가 높은 것은 3개의 별이다.

(B) 별이 붙은 가게는 파리보다 도쿄가 많다.

(C) 외국인 손님에 대응할 수 없으면 별은 받을 수 없다.

(D) 별이 붙은 가게는 모두 맛있는 집이다.

해설 **28** 정체를 숨긴 익명조사원이 일반 손님으로 가장하여 식사를 하고, 조사를 하고 있다는 내용으로 정답은 (C)

30 본문의 유명 레스토랑은 스스로 사퇴한 것이고 별은 받을 수 있다.

어휘 格付かくづけ 등급을 매김　東京版とうきょうばん 도쿄판　驚おどろくべき 놀랄만 한　遠回とおまわり 먼 길을 돌아감, 우회적임

覆面ふくめん 익명　調査員ちょうさいん 조사원　名誉めいよ 명예　殺到さっとう 쇄도　辞退じたい 사퇴

老舗しにせ 대대로 이어 온 전통, 격식, 신용이 있는 오래된 점포　従業員じゅうぎょういん 종업원

01	(C)	02	(C)	03	(C)	04	(B)	05	(B)
06	(B)	07	(D)	08	(B)	09	(C)	10	(D)
11	(C)	12	(B)	13	(B)	14	(B)	15	(D)
16	(B)	17	(B)	18	(B)	19	(B)	20	(C)
21	(B)	22	(B)	23	(B)	24	(A)	25	(A)
26	(C)	27	(C)	28	(D)	29	(C)	30	(D)

모의TEST2 30問

Ⅳ. 아래 문장을 읽고, 다음 물음에 가장 적합한 것을 (A)에서 (D) 가운데 하나를 고르시오.

01-04

①高浜旅館の料理は魚料理がメインです。おいしい料理がとてもたくさん出てきて、最後のほうはおなかがいっぱいで全部食べられなかったのが残念でした。近くに海岸がありますが、私たちの部屋からは見えませんでした。場所は駅から少し遠いですが、電話をすれば駅まで旅館の人が車で迎えに来てくれるので安心です。また、希望者には車で近くの観光名所を案内してくれるそうです。②このサービスを希望する人は、予約をする時に申し込めばいいそうです。私は来年もまたこの旅館に泊まりたいです。

①다카하마 여관의 요리는 생선요리가 메인입니다. 맛있는 요리가 무척 많이 나와서, 마지막에는 배가 잔뜩 불러서 다 먹을 수 없었던 것이 유감이었습니다. 근처에 해안이 있습니다만, 우리들의 방에서는 보이지 않았습니다. 장소는 역에서 조금 멀지만, 전화를 하면 역까지 여관 사람이 차로 마중하러 와주기 때문에 안심입니다. 또, 희망자는 차로 가까운 관광명소를 안내해 준다고 합니다. ②이 서비스를 희망하는 사람은 예약을 할 때에 신청하면 된다고 합니다. 나는 내년에도 또 이 여관에 묵고 싶습니다.

01 ①高浜旅館はどこにありますか。

(A) 駅の近く

(B) 山の近く

(C) 海の近く

(D) 街の中

①다카하마 여관은 어디에 있습니까?

(A) 역 근처

(B) 산 근처

(C) 바다 근처

(D) 동네

148

02 どうして全部食べられなかったのですか。

(A) おいしくなかったから。

(B) 魚が好きではないから。

(C) 量が多かったから。

(D) 時間が足りなかったから。

왜 전부 먹을 수 없었습니까?

(A) 맛있지 않았기 때문에

(B) 생선을 좋아하지 않기 때문에

(C) 양이 많았기 때문에

(D) 시간이 부족했기 때문에

03 ②このサービスとはどんなサービスですか。

(A) 釣った魚を料理してくれるサービス

(B) 駅まで迎えに来てくれるサービス

(C) 観光名所を案内してくれるサービス

(D) 早く予約すると宿泊代が安くなるサービス

②이 서비스란 어떤 서비스입니까?

(A) 잡은 생선을 요리해서 주는 서비스

(B) 역까지 마중하러 와 주는 서비스

(C) 관광명소를 안내해 주는 서비스

(D) 빨리 예약하면 숙박비가 싸지는 서비스

04 この文の内容に合っているものはどれですか。

(A) 私は料理を少ししか食べませんでした。

(B) 私は高浜旅館に満足しています。

(C) 私たちは海岸で泳ぎました。

(D) 私たちは次の日も高浜旅館に泊まります。

이 글의 내용과 맞는 것은 어느 것입니까?

(A) 나는 요리를 조금밖에 먹지 않았습니다.

(B) 나는 다카하마 여관에 만족하고 있습니다.

(C) 우리들은 해안에서 수영했습니다.

(D) 우리들은 다음 날도 다카하마 여관에 머뭅니다.

해설 01 近くに海岸があります(근처에 해안이 있다)고 말하고 있다.

02 おなかがいっぱいで(배가 불러서)라고 말하고 있다.

어휘 旅館(りょかん) 여관   メイン 메인   どれも 어느 것도   海岸(かいがん) 해안   迎(むか)えに来(く)る 마중하러 오다
観光名所(かんこうめいしょ) 관광명소   申(もう)し込(こ)む 신청하다

05-07

私には年の離れた弟がいます。私は高校に通っていますが、弟はまだ5才です。ある日の夜、弟が泣きながらやって来て、眠れないと言いました。寝ようと思っても眠くならないというのです。すると母が「これは魔法の薬よ。」と言って弟に白い粉をあげました。次の日、弟が嬉しそうにやって来て「お母さん、①魔法が効いたよ。」と言いました。私はびっくりして母に「どんな薬なの。」と聞くと、母は「これよ。」と言って、台所の砂糖を見せてくれました。

나에게는 나이 차이가 많이 나는 남동생이 있습니다. 나는 고등학교를 다니고 있는데, 남동생은 아직 5살입니다. 어느 날 밤, 남동생이 울면서 오더니 잠을 못 자겠다고 말했습니다. 자려고해도 잠이 오지 않는다는 것입니다. 그러자 엄마가 "이것은 마법의 약이야"라고 말하고 동생에게 하얀 가루를 주었습니다. 다음 날, 동생이 기쁜 듯이 와서 "엄마, ①마법이 효과가 있었어"라고 말했습니다. 나는 깜짝 놀라서 엄마에게 "어떤 약이야?"라고 묻자, 엄마는 "이것이야"라고 말하고, 부엌의 설탕을 보여 주었습니다.

05 弟はどうして泣きながら私のところに来たのですか。

(A) まだ、寝たくないから。
(B) 寝たいのに眠れないから。
(C) こわい夢をみたから。
(D) 勉強をやりたくないから。

남동생은 왜 울면서 나한테 왔습니까?

(A) 아직 자고 싶지 않으니까
(B) 자고 싶은데 잘 수 없으니까
(C) 무서운 꿈을 꾸어서
(D) 공부가 하기 싫어서

06 ①魔法が効いたとはどういう意味ですか。

(A) 薬を飲んだ
(B) よく眠れた
(C) 魔法を覚えた
(D) 薬を下さい

①마법이 효과가 있었어라는 것은 어떤 의미입니까?

(A) 약을 먹었다.
(B) 잘 잤다.
(C) 마법을 익혔다.
(D) 약을 주세요.

07 正しいものはどれですか。

(A) 私と弟の年の差は5才だ。
(B) 私は高校で働いている。
(C) 弟は魔法が使えると嘘をついた。
(D) 母は砂糖を薬だと言った。

바른 것은 어느 것입니까?

(A) 나와 남동생의 나이 차는 5살이다.
(B) 나는 고등학교에서 일하고 있다.
(C) 남동생은 마법을 사용할 수 있다고 거짓말을 했다.
(D) 엄마는 설탕을 약이라고 말했다.

어휘 眠(ねむ)る 잠들다　魔法(まほう) 마법　粉(こな) 가루　効(き)く 효과가 있다　台所(だいどころ) 부엌　砂糖(さとう) 설탕

08-11

小橋さん、面倒なことをお願いしてすみません。小包は多分8日の夜に届くと思います。小橋さんが帰宅するのが7時ぐらいだと聞きましたので、さっき郵便局に電話をして「私が留守にするので、9時ごろ隣の201号室に届けてください」と言いました。それから、小包の中身は食べ物なので箱から出して冷蔵庫で保管してください。急な海外出張で小橋さんに迷惑をかけてしまってすみません。私は13日の日曜日に帰る予定です。8時ごろ小包を取りに行きます。それまでよろしくお願いします。

08 小橋さんに何をお願いしましたか。
(A) 小包を郵便局に取りに行くこと。
(B) 小包をあずかって保管すること。
(C) 小包を海外に送ること。
(D) 小包を隣の部屋にもって行くこと。

09 小包が来るのは何時ごろですか。
(A) 8日の7時
(B) 13日の8時
(C) 8日の9時
(D) 13日の10時

10 この人はどうして家にいないのですか。
(A) 残業で遅く帰宅するから。
(B) 外国に旅行に行くから。
(C) 急に故郷に帰ることになったから。
(D) 仕事で出張するから。

11 本文の内容と合っているものはどれですか。

(A) 小包は箱のまま冷蔵庫に入れる。
(B) 小包には本や洋服が入っている。
(C) 私と小橋さんは部屋が隣だ。
(D) 私は土曜日に帰ってくる予定だ。

본문의 내용과 맞는 것은 어느 것입니까?

(A) 소포는 상자째로 냉장고에 넣는다.
(B) 소포에는 책과 옷이 들어 있다.
(C) 나와 고하시 씨는 방이 옆이다.
(D) 나는 토요일에 돌아올 예정이다.

해설 09 8일 밤, 9시경 도착하기로 되어있다.
10 (D) 海外出張 해외출장

어휘 面倒めんどう 귀찮음　小包こづつみ 소포　届とどく 도착하다　留守るす 부재　中身なかみ 내용물　出だす 보내다
保管ほかん 보관

12-15

お客様へ①お知らせ

北村屋新宿店をいつもご利用いただきまして、誠にありがとうございます。

このたび、弊社が販売いたしましたベビーカー（品名パッソン）にボタンを押さなくても、ベルトが外れてしまうものが発見されましたため、弊社では万全を期して回収をさせていただくことにしました。つきましては、該当商品をお買い上げのお客様には誠にお手数ですが、全国の北村屋チェーン各店に申し出ていただくか、送料着払いで　②　。お客様には多大なご心配とご迷惑をおかけしますことを深くお詫び申し上げます。今後、より一層の品質管理の強化に努めてまいりますので、どうぞご理解とご協力をお願い申し上げます。

株式会社北村屋

손님 여러분께 ①알려드리는 글

기타무라야 신주쿠 점을 항상 이용해주셔서, 대단히 감사드립니다.

이번에, 저희 회사가 판매했던 베이비 카(품명 팟슨)에 버튼을 누르지 않아도 벨트가 풀려버리는 것이 발견되었기에, 본사에서는 만전을 기하여 회수를 하기로 했습니다. 따라서 해당 상품을 구매하신 손님들께는 정말로 번거로우시겠지만, 전국의 기타무라야 체인점에 방문하여 주시던지, 착불로　②　. 손님 여러분께 심히 걱정과 폐를 끼쳐드린 점 깊이 사죄 드립니다.

앞으로, 한층 더 품질관리 강화에 힘써나갈 터이니, 아무쪼록 이해와 협력을 부탁 드립니다.

주식회사 기타무라야

12	何についての①お知らせですか。	무엇에 관한 ① 알려드리는 글입니까?
	(A) 新商品のお知らせ	(A) 신상품의 알림
	(B) 商品回収のお知らせ	**(B) 상품회수 알림**
	(C) 年末休業のお知らせ	(C) 연말휴업 알림
	(D) 商品発送のお知らせ	(D) 상품발송 알림

13	_____②_____ に入る言葉はどれですか。	_____②_____ 에 들어갈 말은 어느 것입니까?
	(A) お送りになってください。	(A) (×문법틀림)
	(B) お送りください。	**(B) 보내 주시기 바랍니다**
	(C) お送りしなさい。	(C) 보내거라
	(D) お送りされてください。	(D) (×문법틀림)

14	商品にはどんな問題がありましたか。	상품에는 어떤 문제가 있었습니까?
	(A) ベルトがきちんと締まらない。	(A) 벨트가 확실히 조여지지 않는다.
	(B) ベルトが勝手に外れる。	**(B) 벨트가 제멋대로 풀린다.**
	(C) ボタンを押してもベルトが外れない。	(C) 버튼을 눌러도 벨트가 풀리지 않는다.
	(D) ベルトを外すボタンがついていない。	(D) 벨트를 푸는 버튼이 달려있지 않다.

15	本文の内容に合っているものはどれですか。	본문의 내용에 맞는 것은 어느 것입니까?
	(A) 北村屋は紳士服の専門店だ。	(A) 기타무라야는 신사복 전문점이다.
	(B) 北村屋は新宿店しかない。	(B) 기타무라야는 신주쿠 점 밖에 없다.
	(C) 北村屋は店の評判がよくない。	(C) 기타무라야는 가게 평판이 좋지 않다.
	(D) 北村屋は品質管理を徹底するつもりだ。	**(D) 기타무라야는 품질관리를 철저하게 할 계획이다.**

해설 13 お + 동사의 ます형 + 下さい ~해 주십시오
예 お書きください 써 주십시오 | お聞きください 들어 주십시오 | お試しください 시험해 주십시오

어휘 誠に 진심으로　弊社 저희 회사　押す 누르다　ベルト 벨트　外れる 벗겨지다, 끌러지다
万全を期す 만전을 기하다　回収 회수　該当 해당　お手数 수고, 성가심
チェーン店 체인점　送料 운송요금　着払い 착불　多大な 매우 큼, 많음　お詫び 사죄
強化 강화

16-18

メールや電話で事足りる現在、手紙やはがきの嬉しさは昔よりも倍増していますが、近頃はスゴイです。手紙なのに文字だけではなく声まで届くんです。これは「①しゃベレター紙レコ」といい、用紙の中にIC録音装置、スピーカー、電池を内蔵しているため、声や音を自由に録音・再生できる機能をもっています。使い方はまず録音ボタンを押して、用紙に録音します。録音時間は20秒。大きな声で話すのがポイントです。メッセージだけでなく、バースデーソングなどを歌ってみてもいいかもしれません。出来上がりは手紙と全く同じ。そのまま封筒に入れて投函できます。メールや電話は便利ですが、②手間暇かけてやってくる手紙には、なんともいえないぬくもりがあります。また、声も届けてくれるのですから、喜びもひとしおでしょう。

메일이나 전화로 부족함이 없는 현재, 편지나 엽서의 기쁨은 예전보다도 배증하고 있습니다만, 요즘은 굉장합니다. 편지인데도 문자뿐만이 아니라, 목소리까지 도착합니다. 이것은 '①말하는 편지 종이레코'라고 하며, 용지 안에 IC녹음장치, 스피커, 전지를 내장하고 있기 때문에, 음성이나 소리를 자유롭게 녹음·재생 가능한 기능을 가지고 있습니다. 사용 방법은 우선 녹음버튼을 누르고, 용지에 녹음합니다. 녹음시간은 20초. 큰 목소리로 말하는 것이 포인트입니다. 메시지뿐만 아니라, 생일 노래 등을 불러도 좋을지도 모르겠습니다. 완성품은 편지와 똑 같습니다. 그대로 봉투에 넣어서 우체통에 넣을 수 있습니다. 메일이나 전화는 편리하지만, ②수고와 시간을 들여서 찾아오는 편지에는 뭐라고 말할 수 없는 따스함이 있습니다. 또, 목소리도 전해주기 때문에 기쁨도 더하겠죠?

16 ①しゃベレター紙レコとは何ですか。

(A) 自分の歌を録音できるレコード

(B) 自分の声を録音できる用紙

(C) 手紙を届けてくれるロボット

(D) 相手に電話でメッセージを伝えるサービス

①말하는 편지 종이레코란 무엇입니까?

(A) 자신의 노래를 녹음할 수 있는 레코드

(B) 자신의 목소리를 녹음할 수 있는 용지

(C) 편지를 가져다 주는 로봇

(D) 상대에게 전화로 메시지를 전하는 서비스

17 ②手間暇かけての正しい意味はどれですか。

(A) 暇な時間を使って

(B) 労力と時間を費やして

(C) 手書きの文字で

(D) 思いがけずに

②수고와 시간을 들여서의 올바른 의미는 어느 것입니까?

(A) 한가한 시간을 사용해서

(B) 수고와 시간을 들여서

(C) 자필 문자로

(D) 뜻밖에

18 本文の内容と合っているものはどれですか。

(A) 最近メロディが流れるカードが発売された。
(B) メールや電話より手紙の方が心が込もっている。
(C) しゃべレター紙レコを送るときは小包扱いだ。
(D) 録音時間が短いので気を付けなくてはならない。

본문의 내용과 맞는 것은 어느 것입니까?

(A) 최근 멜로디가 흐르는 카드가 발매되었다.
(B) 메일이나 전화보다 편지 쪽이 마음이 담겨 있다.
(C) 말하는 편지 종이 레코를 보낼 때는 소포취급이다.
(D) 녹음시간이 짧아서 조심하지 않으면 안 된다.

해설 〜はひとしお 한층 더, 한결, 더욱
예 苦労した分、合格したときの感激はひとしおだ (고생했던 만큼, 합격했을 때의 감격은 한층 더했다)

어휘 事足りる 충족되다, 족하다 倍増 배증 録音 녹음 装置 장치 内蔵 내장
再生 재생 機能 기능 封筒 봉투 投函 투함(우체통에 넣음)
手間暇 품과 시간, 수고와 시간 温もり 온기, 따스함 だけでなく〜まで 〜뿐만이 아니라〜까지

19-22

仙台市の学習塾が夏期講習の無料化合戦を繰り広げている。仙台市に進出した大手学習塾が教材費を除いてゼロ円にすることを決めたのが引き金だ。それを受けて地元の塾も教材費以外は無料にしている。少子化で塾の経営が厳しくなり、塾生の争奪競争は過熱する一方だ。ゼロ円講習で受講生を呼び込み、夏休み明けの有料の通常授業に誘導しようという「①損して得取れ作戦」だ。この大手学習塾経営者は「100万人都市仙台は魅力的な市場。無料化でも採算が合うと判断した。」と自信を見せる。一方、地元の塾も②同様のサービスで迎え撃つ。仙台圏に30校を構えるある学院は「無料化だけでなく、地元で長年培った経験を生かし、きめ細かいサービスで勝負する」と対抗心を燃やす。ただ、ゼロ円競争のあまりの加熱ぶりに、塾関係者の間では「これでは経営基盤の弱い小規模な塾は厳しい状況に置かれるのではないか」と見通す③声が上がっている。

센다이시의 학원들이 하기수강료 무료화 전쟁을 펼치고 있다. 센다이시에 진출한 대형 학습학원이 교재비를 제외하고 0엔으로 하기로 결정한 것이 계기였다. 이에 따라 지방 학원도 교재비 외에는 무료로 하고 있다. 저출산으로 학원의 경영이 어려워져서, 학원생 쟁탈경쟁도 과열되고 있다. 0엔 강습으로 수강생을 불러모아, 여름방학 끝머리에 유료 통상 수업으로 유도하려는 ①이득을 취하기 위해 먼저 손해를 감수하는 작전이다. 이 대형 학원의 경영자는 "100만명 도시 센다이는 매력적인 시장. 무료화도 채산이 맞는다고 판단했다"라고 자신을 보인다. 한편, 이 지역의 학원도 ②같은 상황의 서비스로 맞서 싸운다. 센다이권에 학원 30개를 가지고 있는 한 학원은 "무료화뿐만 아니라, 이 지역에서 오랫동안 축적한 경험을 살려서 빈틈없는 서비스로 승부한다"라고 대항심을 불태운다. 그러나, 0엔 경쟁의 가열양상에 학원관계자 사이에서는 "이렇게 되면 경영기반이 약한 소규모 학원은 가혹한 상황에 놓이는 것은 아닌가"라고 전망하는 ③목소리가 높아지고 있다.

19 ① 損して得取れ作戦とはどんな作戦ですか。

(A) 授業料をすべてゼロ円にして塾の知名度を上げる作戦

(B) **一定期間無料にして生徒を集めようという作戦**

(C) きめ細かいサービスで生徒を満足させようという作戦

(D) 小規模な塾と合併して、塾の規模を大きくする作戦

①이득을 취하기 위해 먼저 손해를 감수하는 작전이라는 것은 어떤 작전입니까?

(A) 수업료를 모두 0엔으로 해서 학원 지명도를 높이는 작전

(B) 일정기간 무료로 해서 학생을 모으려고 하는 작전

(C) 빈틈없는 서비스로 학생을 만족시키고자 하는 작전

(D) 소규모인 학원과 합병해서 학원의 규모를 크게 하려는 작전

20 ② 同様のサービスとはどんなサービスですか。

(A) 親身な進路相談

(B) 教材費無料

(C) **夏期講習費無料**

(D) 有名講師による指導

②같은 상황의 서비스라는 것은 어떤 서비스입니까?

(A) 아주 친절한 진로상담

(B) 교재비 무료

(C) 하기수강료 무료

(D) 유명강사에 의한 지도

21 ③ 声と用法が同じものはどれですか。

(A) 風邪を引いて声ががらがらだ。

(B) **政治家は国民の声に耳を貸すべきだ。**

(C) 困っている人がいたので声をかけた。

(D) 声を大にして言う。私は無実だ。

③ 声와 용법이 같은 것은 어느 것입니까?

(A) 감기에 걸려서 목소리가 잠겼다.

(B) 정치가는 국민의 소리를 들어주어야 한다.

(C) 곤란해 하는 사람이 있어서 말을 걸었다.

(D) 목소리를 크게 해서 말한다. 나는 무고하다.

22 本文の内容に合っているものはどれですか。

(A) 無料化競争は地元の塾から始まった。

(B) 地元の塾は授業料無料化ではなく授業の質で勝負する。

(C) **争奪競争が厳しくなった一因は少子化である。**

(D) 夏期講習の無料化は大手塾の経営も圧迫するだろう。

본문 내용에 맞는 것은 어느 것입니까?

(A) 무료화 경쟁은 지방 학원에서 시작되었다.

(B) 지방 학원은 수업료 무료화가 아니라, 수업의 질로 승부한다.

(C) 쟁탈경쟁이 심해진 원인 중의 하나는 출산율 저하이다.

(D) 하기수강료의 무료화는 대형 학원의 경영도 압박할 것이다.

해설 **19** 損して得取れ作戦은 처음은 손해를 보지만 마지막에는 이익을 얻도록 하는 작전 본문에서는 처음에 무료로 해서 학생을 모집하고 그 후 그 학생을 유료수업으로 유도한다.

21 (B) 의견의 의미

어휘 無料化 むりょうか 무료화　合戦 かっせん 전투, 교전　除 のぞく 없애다, 제거하다　引き金 ひきがね 유인, 계기, 빌미
引き金 ①피스톨 등 손으로 당기는 발사 장치의 금속류　②원인·계기
争奪 そうだつ 쟁탈　過熱 かねつする 과열하다　呼び込む よびこむ 불러들이다, 끌어들이다　誘導 ゆうどう 유도　損 そん 손해
得 とく 이득　採算が合う さいさんがあう 채산이 맞다, 수지 타산이 맞다　迎え撃つ むかえうつ 요격하다　培う つちかう 북돋우다, 배양하다
対抗心 たいこうしん 대항심　経営 けいえい 경영　基盤 きばん 기반　見通す みとおす 전망하다

23-26

ひきこもりの男女比は、男性7女性3と言われる。男性が女性の約2倍の現象といって他に思いつくのが、不登校や自殺である。これらの現象は、「社会からの撤退行動」という形でくくることができ、①共通の根をもっていると推察できる。アメリカの社会心理学者ネッセは、希望という感情は努力が報われると感じた時に生じ、絶望は努力しても同じだと感じたときに生じるという。「社会からの撤退行動」が男性に多いのは、絶望感を感じる人が男性に多いからではないのか。現在の男らしさは、「競争に勝つこと」によってもたらされる。この競争社会に適応できないと、ひきこもりを誘発するという側面があるのではないか。　②　男らしくあれ＝競争に負けるな、というプレッシャーが関係していると考えられるのである。

은둔형 외톨이의 남녀 비율은 남성이 7, 여성이 3이라고 한다. 남성이 여성의 약 2배가 되는 현상으로 떠오른 것이 등교거부와 자살이다. 이런 현상은 '사회로부터의 철퇴행동'이라고 하는 형태로 묶을 수 있어, ①공통의 뿌리를 가지고 있다고 짐작할 수 있다. 미국의 사회심리학자 넷세는 희망이라고 하는 감정은 노력이 보상 받았다고 느낄 때 발생하고, 절망은 노력해도 똑같다고 느꼈을 때 발생한다고 말한다. '사회로부터 철퇴행동'이 남성에게 많은 것은 절망감을 느끼는 사람이 남성이 많기 때문은 아닐까? 현재의 남성다움은 '경쟁에 이기는 것'에 의해 야기된다. 이 경쟁사회에 적응할 수 없으면, 은둔형 외톨이를 유발하는 측면이 있는 것은 아닐까?　②　남자다워라=경쟁에 지지마라고 하는 압박감이 관계하고 있다고 생각된다.

23 ①共通の根とは何ですか。

(A) ジェンダー論

(B) 絶望感

(C) 男らしさ

(D) 撤退行動

①공통의 뿌리란 무엇입니까?

(A) 젠더론

(B) 절망감

(C) 남자다움

(D) 철퇴행동

24 本文では男性のひきこもりの原因を何だと考えていますか。

(A) 競争社会からの脱落

(B) 人間関係の欠如

(C) 精神的な弱さ

(D) 社会への反発

본문에서 남성의 은둔형 외톨이의 원인을 뭐라고 생각하고 있습니까?

(A) 경쟁사회에서의 탈락

(B) 인간관계의 결여

(C) 정신적안 나약함

(D) 사회에 대한 반발

25 ＿＿＿②＿＿＿に入る接続詞はどれですか。　　　　＿＿＿②＿＿＿에 들어갈 접속사는 어느 것입니까?

(A) つまり　　　　　　　　　　　　　　　　　　　(A) 즉

(B) しかし　　　　　　　　　　　　　　　　　　　(B) 그러나

(C) その上　　　　　　　　　　　　　　　　　　　(C) 게다가

(D) だから　　　　　　　　　　　　　　　　　　　(D) 그러니까

26 本文の内容に合っているものはどれですか。　　　본문의 내용에 맞는 것은 어느 것입니까?

(A) 希望という感情は努力が実った時に生じる。　　(A) 희망이라고 하는 감정은 노력이 결실을 맺을 때 발생한다.

(B) 女性は男性よりも絶望感を感じやすい。　　　　(B) 여성은 남성보다도 절망감을 느끼기 쉽다.

(C) 現在の男らしさとは競争に勝つことである。　　(C) 현재의 남자다움이라는 것은 경쟁에서 이기는 것이다.

(D) ひきこもりや自殺は中高年の男性に多い。　　　(D) 은둔형 외톨이나 자살은 중장년 남성에 많다.

해설 **23** 共通の根(공통의 뿌리)＝共通の原因(공통의 원인)이라고 바꿔 말할 수 있다.
본문에서는 은둔형 외톨이, 등교거부, 자살의 공통의 원인은 절망감이라고 말하고 있다.

26 (A) 결실을 맺을 때 아닌, 결실을 맺을 것 같다라고 확신했을 때에 희망이 보이는 것이다.

어휘 ひきこもり 자신의 방 등에서 대부분의 시간을 보내고, 사회로 나오지 않는 상태, 또는 그런 사람　現象げんしょう 현상
不登校ふとうこう 등교거부　撤退行動てったいこうどう 철퇴행동　くくる 묶다, 잡아매다, 옭아매다　報むくわれる 보상받다
絶望感ぜつぼうかん 절망감　誘発ゆうはつする 유발하다　側面そくめん 측면

27-30

「1日2パック納豆を食べるとダイエット効果がある」と、人気テレビ番組で紹介されました。番組が放送された翌日から、全国では納豆を買い求める人が急激に増えて、納豆が売り切れるスーパーが相次ぎました。納豆メーカーにはいつもの何倍もの注文が舞い込んで、急いで生産しました。ところが番組が放送されてから約2週間後になって、その実験結果がほとんどでたらめだったことが判明。番組を放送した関西テレビは謝罪し、この番組を打ち切ると発表しました。しかし、困ってしまったのは①納豆メーカーです。スーパーなどからの大口の注文はキャンセルとなり、納豆メーカーは納豆を処分しなければならなくなりました。番組を信じて納豆を食べていた視聴者も怒りをあらわにし、「信じていたのに裏切られた」「過去の番組で、同じようなでたらめはなかったのか」と、テレビ局には ② の電話が殺到しています。正確な事実を伝えなければならないテレビ局が嘘の情報を流した責任は重大です。しかし、視聴者も③そんなうまい話はないことを肝に銘じておくべきでしょう。

"하루에 낫토 두 팩을 먹으면 다이어트 효과가 있다"고, 인기 텔레비전 프로그램에서 소개되었습니다. 프로그램이 방송된 다음 날부터, 전국에서는 낫토를 사들이는 사람이 급격히 증가해, 낫토가 매진되는 슈퍼가 줄을 이었습니다. 낫토 메이커에는 평소보다 몇 배나 되는 주문이 들어와서, 급하게 생산을 가동했습니다. 그런데 프로그램이 방송된 지 2주가 지나자, 그 실험결과가 거의 엉터리였다는 것이 판명. 프로그램을 방송한 간사이 텔레비전은 사죄하고, 이 프로그램을 중단하겠다고 발표했습니다. 그러나 난처해진 쪽은 ① 낫토 제조회사입니다. 슈퍼 등으로부터 받은 대량 주문은 취소가 되어, 낫토 제조회사는 낫토를 처분해야만 했습니다. 프로그램을 믿고 낫토를 먹고 있었던 청취자들도 노골적으로 분통을 터뜨리며, "믿고 있었는데 배신당했다" "과거의 프로그램에서 이같은 엉터리 프로그램은 없었나"라고, 방송국에는 ② 의 전화가 쇄도하고 있습니다. 정확한 사실을 전하지 않으면 안 되는 방송국이 거짓정보를 내보낸 책임은 중대합니다. 그러나 시청자도 ③그런 달콤한 이야기는 없다는 것을 명심해 두어야 겠습니다.

27 ①納豆メーカーが困ってしまったのはどうしてですか。

(A) 番組が急に打ち切られることになったから。
(B) 納豆が健康によくないことが発覚したから。
(C) 大量の注文が急にキャンセルになったから。
(D) 納豆にダイエット効果があると紹介されたから。

① 낫토 제조회사가 난처해진 것은 왜 입니까?

(A) 프로그램이 갑자기 중단되게 되었기 때문에
(B) 낫토가 건강에 좋지 않다는 것이 발각되었기 때문에
(C) 대량 주문이 갑자기 취소되었기 때문에
(D) 낫토에 다이어트 효과가 있다고 소개되었기 때문에

28 ② に当てはまる言葉はどれですか。

(A) 応援
(B) 問い合わせ
(C) 相談
(D) 抗議

② 에 해당하는 말은 어느 것입니까?

(A) 응원
(B) 문의
(C) 상담
(D) 항의

29 ③そんなうまい話の内容に合っているものはどれですか。　③그런 달콤한 이야기의 내용에 맞는 것은 어느 것입니까?

(A) 納豆メーカーに大量の注文が入ったということ。　(A) 낫토 제조회사에 대량주문이 들어왔다고 하는 것

(B) 嘘でも面白い番組を作れば視聴率が取れるということ。　(B) 거짓말이라도 재미있는 프로그램을 만들면 시청률이 높아진다는 것

(C) 納豆を食べただけで痩せられるということ。　(C) 낫토를 먹은 것만으로 살을 뺄 수 있다는 것

(D) 実験結果がすべてでたらめだと判明したこと。　(D) 실험결과가 모두 엉터리라고 판명된 것

30 本文の内容に合っているものはどれですか。　본문의 내용에 맞는 것은 어느 것입니까?

(A) テレビ番組のせいで納豆メーカーが次々倒産した。　(A) 텔레비전 프로그램 탓으로 낫토 제조회사가 잇달아 도산했다.

(B) 人々は嘘の情報を流した納豆メーカーに怒りを感じている。　(B) 사람들은 거짓 정보를 흘린 낫토 제조회사에게 분노를 느끼고 있다.

(C) テレビ局は今後この番組で嘘の情報を流さないことを約束した。　(C) 방송국은 앞으로 이 프로그램에서 거짓 정보를 내보내지 않을 것을 약속했다.

(D) 納豆メーカーが急いで増産した納豆は売れなかった。　(D) 낫토 제조회사가 서둘러 증산한 낫토는 팔리지 않았다.

해설 **28** (D)怒りをあらわにし (분통을 터뜨리며)라고 있으므로 항의의 전화이다.

29 시청자에게 달콤한 이야기는 낫토를 먹는 것만으로 살을 뺄 수 있다는 것이다.

어휘 納豆(なっとう) 낫토　買(か)い求(もと)める 사들이다　相次(あいつ)ぐ 잇달다 연달다　でたらめ 엉터리. 무책임함
判明(はんめい) 판명　謝罪(しゃざい) 사죄　打(う)ち切(き)る (힘주어) 자르다, 절단하다　大口(おおぐち) 거액, 대량
殺到(さっとう)する 쇄도하다　肝(きも)に銘(めい)じる 명심하다, 새기다